초수익
성장주 투자

TRADE LIKE A STOCK MARKET
W I Z A R D

세계에서 가장 비밀스러운 주식 투자 시스템

초수익
성장주 투자

마크 미너비니 지음 ｜ 김태훈 옮김 ｜ 김대현 감수

이레미디어

일러두기

- 이 책은 한글 맞춤법 통일안에 따라 편집했습니다. 의미 전달을 위해 허용 범위 내에서 표현한 것도 있습니다.

- 최근 바뀐 외래어 표기법에 따라 정리했으나, 몇몇 이름과 용어는 사회에서 더 많이 통용되는 것으로 정리했습니다.

초수익 성장주 투자

TRADE LIKE A STOCK MARKET WIZARD

마크 미너비니

헌사

~

누나와 내가 더 나은 삶을 살 수 있도록 너무나 많이 당신의 삶을 희생한 나의 어머니 레아_{Lea}와 모험을 감행하고 꿈을 좇으라고 북돋아준 나의 아버지 네이트_{Nate}에게 이 책을 바칩니다. 두 분의 명복을 빕니다. 또한 나의 등불이자 미래의 희망인 아내 엘레나_{Elena}와 딸 안젤리아_{Angelia}에게 이 책을 바칩니다.

세상에서 가장 위대한 트레이더는 누굴까? 더불어 '트레이딩의 신'에 가장 근접한 사람은?

나는 이 책의 저자인 마크 미너비니라고 생각한다. 그는 1997년과 2021년 미국 투자 챔피언십 US Investing Championship에서 우승하며 본인의 실력을 전 세계에 알렸다. 미너비니는 1990년대에 5년 동안 연 복리 220%(!)라는 전설적인 수익률을 달성해서 잭 슈웨거의 《시장의 마법사들》에 등장했다.

마크 미너비니가 트레이딩만 잘하는 사람이었으면 우리에게 큰 도움이 되지 않았을 것이다. 그는 매우 성공한 트레이더이기도 하지만, 뛰어난 트레이딩 스승이기도 하다. 미국 투자 챔피언십 대회 Top 20 수상자 중 24명(2021년은 11명, 2020년은 13명)이 그의 세미나에 참여한 제자다!

미너비니의 트위터는 내가 지속적으로 팔로우하는 몇 안 되는 계정이다. 나는 미너비니처럼 마켓 타이밍을 잘 맞히는 사람을 거의 보지 못했다. 2020년 4월 코로나 직후에 "주식을 사라"고 말한 그는 2021년 11월 하락장이 시작되고 두 달이 지난 시점에서 미국 시장을 매도하라는 시그널을 던졌다. 2000년 5월에는 TV에 나와서 큰 하락장이 올 것이라고 경고하기도 했다. 그때부터 2003년 초까지 S&P500은 50%, 나스닥은 85% 하락했다.

미너비니는 트레이딩이라는 종합예술을 누구나 따라 하고 이해할 수 있게, 실천 가능한 단계로 나눠서 설명하는 능력을 가졌다. 그뿐만 아니라 '위너의 마인드셋'에 관해서도 논하는데, 이 책의 첫 챕터는 뛰어난 자기계발 서적이라고 봐도 손색이 없다. 《초수익 성장주 투자》에서 미너비니는 본인이 40년 동안 체험한 엄청난 경험과 지식을 독자와 아낌없이 나눈다. 초보든, 중급자든, 고급자든 얻어 가는 것이 분명 있을 것이다.

이 책은 그가 어떤 펀더멘털, 기술적 지표를 보고 성장주에 투자를 하는지, '성장주의 1-4단계'가 무엇이고 왜 2단계 주식에만 투자를 해야 하는지, 차트를 어떻게 보고 진입을 하는지 설명한다. 내게 가장 도움이 된 지표는 '이익 성장률의 가속화 Earning Acceleration'이다. 단순히 성장하는 기업을 사는 것이 아니라, 성장률이 커지는 기업을 사라는 것이다! 들어보면 당연한데 처음 읽는 순간에는 '그래! 이런 주식이 진정한 성장주지!'라는 영감을 준다. 여기 나오는 내용만 읽고 적용해도 평생 좋은 주식을 훌륭한 타이밍에 살 수 있을 것이다.

그러나 그보다 더 중요한 것이 있다. 이 책의 서론을 쓴 데이비드 라이언은 "마지막 두 챕터를 먼저 읽는 것이 좋다. 리스크 관리에 관한 내용인데, 대부분 투자자는 좋은 주식을 고르는 데 성공하지만 언제 손절을 해야 할지, 언제 이익을 실현해야 할지 모른다. 마크 미너비니의 승률이 50%밖에 안 되는 것이 믿어지는가? 그 정도 승률로 저 정도의 경이로운 수익을 냈다!"라고 주장했는데, 나도 이것에 동참하고 싶다. 주식을 오래하면 '무엇을 사느냐'보다는 '언제 사느냐'와 '어떻게 사고파느냐'가 훨씬 더 중요하다는 것을 깨닫게 된다.

나는 왜 이 책이 아직도 한국에 번역되지 않았나 늘 궁금해했고, 아쉬워했다. 역사에 남을 트레이딩 서적을 번역한 이레미디어에 감사의 말씀을 드린다. 세상에서 가장 위대한 트레이더의 책에 추천사를 남길 수 있다니, 영광이다. 주식시장에서 성공하고 싶은 사람에게 이 책은 필수다.

미너비니는 8학년에 중퇴를 한 '초졸'이지만 수많은 트레이딩 명언과 일화를 남겼다. 나에게 가장 강렬한 인상을 준 일화를 설명하고 이 추천사를 마치려 한다.

잭 슈웨거와 '시장의 마법사들' 인터뷰를 할 때 미너비니는 계속 손절의 중요성에 대해 언급했다고 한다. 이에 슈웨거는 조용히 듣더니 "마크, 매우 좋은 얘기를 해줘서 고마운데, 다른 트레이더들도 똑같은 얘기를 하더라. 혹시 다른 조언은 없니?"라고 물었고, 미너비니는 "잭, 너는 지금 '시장의 마법사'들을 인터뷰하는 것이지, '시장의 루저'들을 인터뷰하는 것이 아니잖아? 우리는 손절을 잘해서 마법사가 된 거야"라고 답했다고 한다.

현존 최강의 트레이더의 조언, 한 번 잘 곱씹어 보자. 루저에서 마법사가 되는 것, 의외로 어렵지 않다.

《퀀트 투자 무작정 따라하기》 저자

강환국

나는 지금까지 40년 동안 투자를 하면서 수많은 투자서를 읽었다. 그러면 우리 집에 투자서로 가득한 큰 서재가 있다고 생각할 수도 있는데, 사실 내가 소장한 책은 아주 적다. 소장할 만한 가치가 있는 투자서는 많지 않기 때문이다. 나는 읽을 만한 가치가 있는 도서 목록에 마크 미너비니가 쓴《초수익 성장주 투자》를 더하려 한다. 이 책은 모든 투자자의 책장에 꽂혀야 한다. 성장주 투자에 대해 내가 지금까지 읽은 책 중 가장 포괄적인 내용을 담고 있다. 또한 이 주제를 다룬 다른 유명 도서에서는 찾을 수 없는 필수적인 세부 사항도 담고 있다. 투자서 중에는 펀더멘털 측면만 다루는 것도 있고, 기술적인 측면만 다루는 것도 있는데 이 책은 둘 다를 다룬다. 이 책은 초고수익 종목을 찾는 데 도움이 되는 가장 중요한 요소를 아우른다. 누구나 차세대 애플, 코스트코, 홈디포를 보유하고 싶어 하는데, 미너비니는 당신에게 무엇을 찾아야 할지 보여준다.

미너비니는 성공을 가져다준 투자법을 오랫동안 연구했다. 대다수 투자자는 존재하는 줄도 몰랐던 뛰어난 투자 관련 도서와 논문에서 보석 같은 투자 지식을 캐냈다. 그가 인용한 리처드 러브 Richard Love 의《초고수익 주식 Superperformance Stocks》은 그중 하나다. 이런 폭넓은 조사 결과에 시장 주기를 거듭 거치면서 습득한 경험을 합치면, 모든 투자자에게 도움이 되는 필수적인 조언으로 가득한 책이 된다. 미너비니는 각 장에서 성공적인 투자의 중요한 요소를 명확하게 제시한다. 이 책에 담겨 있는 모든 내용을 제대로 이해하려면 여러 번 읽어야 한다.

이 책에서 가장 뛰어난 부분 중 하나는 성장주의 라이프 사이클에 대한 설명이다. 그 내용을 읽으면, 해당 종목이 처음 시작하는 1단계, 실적과 주가가 빠르게 상승하는 2단계, 정점을 찍는 3단계, 실적 증가 속도가 느려지면서 주가가 하락하는 4단계 중에서 어느 단계에 속하는지를 펀더멘털적, 기술적 측면에서 파악할 수 있다. 그는 주가 차트뿐 아니라 영업이익 및 매출에 대한 표를 동원하여 성장주가 나아가는 과정에서 근본적으로 어떤 일이 일어나는지 보여준다.

어쩌면 가장 먼저 읽어야 하는 마지막 두 장에서, 저자는 리스크 관리에 대해 말한다. 이 내용은 대단히 중요하다. 올바른 종목을 보유했지만 주가가 잘못된 방향으로 흐를 때 수익을 실현하는 방법이나 매도하는 시기를 모르는 투자자가 너무나 많기 때문이다. 그는 대다수의 투자자가 손절하지 못하는 이유를 설명한다. 미너비니같이 위대한 투자자도 예측이 맞는 경우가 50퍼센트밖에 되지 않는다. 그렇지만 그는 여전히 큰돈을 번다. 이 사실을 믿을 수 있는가? 그 비법이 마지막 두 장에 담겨 있다.

나는 성공적인 투자자가 되고자 한다면 비싼 수업료를 지불해야 하는 월스트리트라는 대학을 졸업해야 한다고 믿어 왔다. 하지만 미너비니가 성장주 투자에 대한 최고의 교과서를 제공하므로, 이제는 아주 비싼 수업료를 지불하지 않아도 된다. 누구나 이 책 한 권으로 아이비리그 수준의 교육을 받을 수 있다. 나 역시 그 덕분에 많은 시간을 아낄 수 있었다. 내가 항상 쓰고 싶었던 책을 그가 대신, 게다가 훨씬 잘 써주었기 때문이다!

여러분 모두가 이 책을 재미있게 읽고 투자에 성공하기를 빈다.

3회 연속 전미투자대회 우승자

데이비드 라이언 Daivd Ryan

시장이 자신에게 도전하는 사람에게 잔혹하다는 말은 사실이다. 그러나 그 점은 에베레스트산도 똑같다. 그렇다고 해서 정상에 오르는 시도를 멈춰서는 안 되고, 멈추지도 않는다. 높은 산이나 시장은 누구도 편애하지 않는다. 즉, 모든 도전자를 평등하게 대한다. 트레이딩은 돈을 버는 수단인 동시에 지적 자극이 될 수 있다. 트레이딩을 잘하려면 최고 수준의 기술이 필요하다. 트레이더는 그 기술을 습득하기 위해 열심히 노력해야 한다. 잘 기획하고 실행한 거래는 경험하고, 즐기고, 기억해야 할 만큼 미적인 대상이다. 거기에는 금전적인 보상을 초월하는 정수가 있어야 한다. 각각의 거래는 영원히 당신과 함께 남아야 한다. 그 기억은 중요하기 때문이다. 이는 수차례 겪을 수밖에 없는 성공적이지 않은 거래의 경우도 마찬가지다. 나쁜 포지션에서 신속하게 빠져나왔다면 짜증이 아니라 만족감을 느껴야 한다.

- 윌리엄 갤러허 William R. Gallacher

차례

추천사 8
서문 11

1장 읽을 만한 가치가 있는 머리글

- 꿈을 따르고, 자신을 믿어라   26
- 거래가 너희를 자유롭게 하리라   27
- 두 세계에서 최고의 성과를 달성하다   28
- 먼저 자신에게 투자하라   29
- 기회와 준비가 만날 때   29
- 영구적인 지식을 획득하라   31
- 열정을 기울여라   31
- 시작하기에 가장 좋은 때   32
- 나눔의 시간   33

2장 당신이 먼저 알아야 할 것

- 운은 필요 없다   39
- 작게 시작할 수 있다   40
- 이번이라고 해서 다르지 않다   41
- 가장 큰 난관은 시장이 아니다   42
- 누구도 대신해주지 않는다   43
- 답을 맞히고 싶은가, 아니면 돈을 벌고 싶은가?   44
- 연습해도 완벽해지지 않는다   46
- 내가 모의 투자를 좋아하지 않는 이유   47
- 주식투자는 사업이다   48
- 펀드 매니저처럼 투자하지 마라   49
- 통상적인 방식은 통상적인 결과를 낳는다   52
- 피할 수 없는 성공의 대가   53

- 하나라도 잘하려면 집중하라   53
- 트레이더 아니면 투자자?   54
- 고난의 시기를 예상하라   56
- 기록은 깨어지기 위해 만들어진다   57

3장   세파® 전략

- 전환점의 시작   61
- 지식의 용광로   63
- 마침내 등장한 기술   65
- 투자 공부의 활용   65
- 리더십 프로필   66
- 세파: 정밀성의 전략   67
- 세파의 다섯 가지 핵심 요소   67
- 확률 수렴   70
- 초고수익 속성   71
- 초고수익 종목은 어리다   72
- 크기는 중요하다   72
- 종목 검색   73
- 하나의 접근법에 헌신하라   74

4장   가치에는 대가가 따른다

- PER, 남용과 오해   78
- 저가 매수의 행복   79
- 저가의 함정   80
- PER이 높다고 배제하지 마라   81
- 고성장은 애널리스트를 당황하게 만든다   82
- 어디가 높은가? 어디가 낮은가?   84
- 페라리가 현대보다 비싼 데는 이유가 있다   85
- 주가를 움직이는 것은 가치가 아닌 사람이다   90

- 가치를 찾아서   91
- 마법의 숫자는 없다   93
- 주의: 초저PER   94
- PER의 속임수   95
- 한물간 주도주를 선호하는 현상   96
- PER은 심리의 바로미터다   98
- PEG(주가이익성장비율)   99
- PER 상승에 대한 판단   100
- 이 모든 것의 의미   102

5장   추세에 따른 투자

- 추세와 친해지기   107
- 초고수익과 단계 분석   108
- 주가의 성숙: 4단계   109
- 1단계—무시 국면: 보합   110
- 2단계—상승 국면: 매집   114
- 3단계—고점 국면: 분산   116
- 4단계—하락 국면: 투매   118
- 주가 성숙 주기   120
- 2단계를 짚어내는 방법   123
- 파도타기의 타이밍   124
- 이 산의 어디까지 올랐을까?   125
- 신뢰하되 검증하라   127
- 추세 반전에 주의하라   128
- 임박한 위험을 경고하는 금융주   130
- 귀가 아니라 눈을 믿어라   131
- 증권사의 투자 의견   134
- 주가 움직임의 중대한 변화는 주요 경보   135
- 순풍을 타라   139

6장 범주, 산업군, 재료

- 주도주   143
- 최고 경쟁 기업: 경쟁 상황을 주시하라   148
- 기관 선호 기업   152
- 실적 반등 기업(턴어라운드)   153
- 경기 민감 기업   155
- 부진 종목을 멀리하라   157
- 특정 산업군이 새로운 강세장을 이끈다   159
- 혁신은 새로운 기회를 창출한다   161
- 산업군 주기 역학   162
- 주도주가 재채기를 하면 해당 산업군은 감기에 걸린다   163
- 신기술은 구기술이 된다   164

7장 초점을 맞춰야 할 펀더멘털

- 무엇이 초수익을 이끄는가?   169
- 왜 영업이익이 중요할까?   170
- 예상과 서프라이즈   171
- 어닝 서프라이즈   173
- 바퀴벌레 효과   174
- 모든 서프라이즈가 같은 것은 아니다   175
- 애널리스트의 추정치 조정   176
- 대규모 이익은 대규모 관심을 끌어들인다   178
- 재무제표에 나타난 실적   180
- 영업이익 증가율 상승   184
- 매출이 이익을 받쳐주는 종목을 찾아라   186
- 추세를 확인하라   187
- 연 실적   188
- 박스권 돌파 연도를 찾아라   189
- 실적 개선 종목을 포착하는 법   190
- 증가율 감소는 위험 신호다   191

8장 이익의 질 평가

- 영업외 수익 또는 일회성 수익 196
- 조정된 수치에 주의하라 197
- 일회성 비용 198
- 감가상각과 매출 이전 198
- 비용 삭감을 통한 수익 실현에 주의하라 199
- 마진 측정 201
- 검증의 시간 203
- 기업 제시 가이던스 206
- 장기 전망 209
- 재고 분석 209
- 재고와 매출을 비교하라 211
- 매출채권 분석 213
- 차등 공시 215
- 모든 실린더 가동: 코드 33 215

9장 주도주를 따르라

- 보조 맞추기 221
- 소외장, 기다리는 조정은 오지 않는다 223
- 최고의 종목은 먼저 저점을 찍는다 224
- 기회의 창 226
- 기조적 성장 주기 233
- 시장 주도주의 전형적 사례 234
- 기술적 주제를 찾아라 236
- 어느 주도주를 먼저 매수해야 할까? 238
- 양날의 검 242
- 주도주는 다가오는 난관을 예고한다 243
- 주도주를 매수하고 부진 종목을 피하는 법을 배워라 244
- 언론을 걸러라 246

10장 그림 한 장이 백 마디 설명보다 낫다

- 차트가 초고수익을 달성하는 데 도움을 줄까?   252
- 차트를 도구로 활용하라   253
- 차트는 원인이 아닌 결과다?   253
- 기차가 정시에 오는가?   255
- 먼저 해야 할 일   257
- 보합 구간을 찾아라   259
- 변동성 축소 패턴   260
- 축소 횟수 계산   261
- 기술적 발자국   263
- 변동성 축소는 무엇을 말해주는가?   266
- 매물대 감지하기   268
- 왜 신고가 부근에서 매수해야 할까?   270
- 깊은 조정 패턴은 붕괴에 취약하다   273
- 시간 압축   275
- 흔들기   277
- 수요의 증거를 확인하라   280
- 보합 이전의 급등   286
- 피봇 지점   287
- 피봇 지점에서의 거래량   291
- 일중 거래량을 통한 추정   293
- 피봇 지점을 넘을 때까지 항상 기다려라   294
- 스쿼트와 반전 회복   295
- 돌파 실패 여부는 어떻게 알까?   297
- 오전장 반락에 대한 대응   298
- 모든 요소의 통합   298
- 관심 종목 구성   301
- 정상적인 반응과 테니스공 액션   302
- 플랫폼을 갖춘 접시형   307
- 3C 패턴   308
- 추세 전환 과정   311
- 왜 추세 전환을 기다려야 할까?   313

- 리버모어 시스템   314
- 실패 재설정   315
- 실패 피봇 재설정   319
- 파워 플레이   319
- 탄탄한 펀더멘털 대 준비된 가격   322

11장   아는 종목만 매수하지 마라

- 기본 베이스   327
- 기본 베이스가 형성될 시간을 줘라   328
- 누구도 검토하지 않는 기본 베이스   330
- 모든 개구리가 왕자가 되는 것은 아니다   334
- 혁신 기업에서 파산 기업으로   336

12장   리스크의 속성

- 챔피언의 공통점   344
- 지켜내야 내 돈이다   345
- 타당한 원칙은 명확성을 제공한다   346
- 잭 사범님의 교훈   347
- 손실은 더 많은 고생을 불러온다   348
- 2번 상승, 1번 하락   349
- 확신 갖기: 손실 조정 연습   350
- 시장의 판결 받아들이기   353
- 자신이 틀렸을 때를 아는 것   353
- 큰 오류를 피하라   354
- 비자발적 장기 투자자가 되지 마라   356
- 내려가봐야 얼마나 내려갈까?   357
- 카지노 방문   359
- 100만 분의 1   361

- 무엇이 다를까?   361
- 아주 좋은 조건   362
- 실수가 문제가 될 때   363
- 바보 같다는 생각이 들지 않는다면 리스크를 관리하지 않는 것이다   364
- 왜 손절에 실패할까?   365

13장 리스크 대처 및 통제 방법

- 생활 습관을 길러라   371
- 비상 계획 수립   372
- 손실은 기대 수익의 함수다   378
- 언제 손절해야 할까?   379
- 투자자의 대죄를 피하라   380
- 실패 수용   381
- 미리 리스크를 확정하라   382
- 손절 원칙을 준수하라   382
- 손절 슬리피지에 대한 대응   384
- 연속적인 매수 실패에 대처하는 법   385
- 재난을 보장하는 관행   386
- 속도 조절법을 배워라   388
- 성공하면 규모를 키워라   388
- 분할 매수 대 물타기   390
- 손절선을 본전까지 높여야 할 때   391
- 모든 비율이 같은 것은 아니다   391
- 분산한다고 보호받는 건 아니다   394
- 눈밭을 맨발로 걸었던 이야기   396

감사의 글   **399**

TRADE LIKE
A STOCK MARKET
WIZARD

1장

읽을 만한 가치가
있는 머리글

> 챔피언은 체육관에서 만들어지지 않는다. 챔피언은 내면 깊은 곳에 있는 어떤 것, 즉 욕망과 꿈 그리고 비전에서 만들어진다.
>
> - 무하마드 알리_{Muhammad Ali}, 세계 헤비급 복싱 챔피언 3회

챔피언은 열띤 경쟁에서 강점을 발휘하여 하찮은 경쟁자들을 이긴다. 마라톤 주자는 뛰어난 지구력과 예리한 페이스 조절 감각을 바탕으로 승리한다. 제1차 세계대전의 뛰어난 조종사들은 3차원 공간에서 더 빨리, 더 잘 생각함으로써 공중전에서 이겨 적을 물리쳤다. 체스는 놓을 수 있는 수의 미로를 더 분명하게 꿰뚫어 보고 승리의 수를 풀어낸 플레이어에게 승리가 돌아간다. 사실상 모든 인간의 경쟁은 해당 분야에 필요한 고유한 속성과 기술을 소유한 소수가 장악한다. 주식시장도 다르지 않다.

시장 참가자마다 투자 스타일은 다를 수 있다. 그러나 예외 없이 승리하는 주식 트레이더들은 모두 성공에 필요한 특정한 핵심 속성을 가지고 있다. 이런 자질이 부족하면 반드시 돈을 잃는다. 다행인 점은 그런 자질은 타고나는 게 아니라는 것이다. 효과적인 트레이딩 전술은 물론이고 주식시장에서 성공하는 데 필요한 마음가짐과 절제력을 계발할 수 있다. 나는 이 책

에서 나의 승리 전략이 어떻게 성공을 안겼으며, 당신도 같은 일을 할 수 있는 방법은 무엇인지를 알려줄 것이다.

나는 성인이 된 후로 줄곧 주식시장에서 투자를 했다. 이 책을 쓰는 현재까지 30여 년간 주식투자로 생계를 유지했고, 큰돈을 벌었다. 겨우 몇 천 달러로 시작했지만 수익을 재투자한 끝에 34세에 백만장자가 되었다. 아마 부자가 되지 못했더라도 여전히 주식투자를 하고 있을 것이다. 내게 주식투자는 취미나 돈을 버는 수단이 아니다. 주식투자는 나의 인생이다.

출발은 성공적이지 않았다. 처음에는 모든 초보 투자자들과 똑같은 실수를 저질렀다. 그러나 오랫동안 공부하고 연습하면서, 대부분의 사람들은 글로만 접한 수익을 달성하는 데 필요한 노하우를 습득했다. 그러니까 **초고수익**superperformance 말이다. 주식시장에서 괜찮은 수익을 올리는 것과 초고수익을 달성하는 것 간에는 큰 차이가 있다. 그 차이는 삶을 바꾼다. 회계사든, 교사든, 의사든, 변호사든, 배관공이든, 또는 내가 처음 시작할 때처럼 파산 상태의 실업자든 간에 초고수익을 올릴 수 있다.

성공에는 기회가 필요하다. 주식시장은 매일 놀라운 기회를 제공한다. 하이테크 의료 장비부터 소매 매장, 동네 레스토랑까지, 모든 분야에서 새로운 기업이 시장의 리더로 부상하고 있다. 그들을 포착하고 그들의 성공을 통해 이득을 보려면, 적절한 투자 기법을 적용할 줄 아는 노하우와 절제력을 지녀야 한다. 지금부터 차세대 초고수익 종목을 찾아내기 위한 전문성을 개발하는 방법을 알려주겠다.

꿈을 따르고, 자신을 믿어라

🖋 불가능은 세상을 바꾸기 위해 자신의 힘을 탐구하기보다 주어진 세상에 안
주하는 소심한 사람들이 내뱉는 거창한 말일 뿐이다.
- 라일라 알리_{Laila Ali}

성공에 대한 헌신과 열망은 주식에서 초고수익을 달성하는 데 반드시 필
요하다. 오히려 통념이나 대학 교육이 필요 없다. 나는 청소년기에 세상 공
부를 시작했다. 중학교 2학년이던 15세에 학교를 중퇴했다. 그러니까 거의
전적으로 독학했다는 말이다. 그렇다. 나는 15세에 학교를 떠났다. 대학에
들어가지 못한 것은 물론이거니와, 학생이 되어 고등학교에 들어가본 적도
없다. 그래도 지식에 대한 갈증과 성공에 대한 열망이 있었다. 그리고 최고
의 트레이더가 되고 싶었다. 나는 주식시장과 그 역사, 인간 행동을 열성적
으로 공부하는 학생이 되었다. 먼저 동네 도서관에서 금융 뉴스와 주식 보
고서를 읽는 것부터 시작했다. 그 후에는 오랫동안 엄청나게 많은 수의 투
자서를 읽었다. 개인 서재에 있는 1,000여 권도 포함해서다.

자원과 정식 교육 없이 시작했다는 점을 고려할 때, 내가 이룬 성공을 비
현실적이거나 불가능하게 여기는 사람도 있다. 누군가는 내 의욕을 꺾으
려 들었다. 당신도 애쓰지 말라고 설득하는 사람과 마주칠 것이다. 이를테
면 "주식시장은 조작되었어"라거나, "주식투자는 도박이야", "주식은 너무
위험해" 같은 말을 듣는다. 그러나 할 수 없다고 설득당하지 마라. 주식에서
초고수익을 올릴 수 없다고 말하는 이유는, 그들이 한 번도 그런 수익을 올
린 적이 없고 그래서 가능하다고 상상할 수 없기 때문이다. 그러니 할 수 없
을 거라는 말에 설득당하지 마라.

그 대신 내가 설명하는 고무적인 원칙들에 주의를 기울여라. 이 원칙을

공부하고 적용하려 노력하면, 야심 찬 낙관론자마저 놀랠 만한 결과를 실현할 수 있다. 그러면 이전에는 못할 거라고 말하던 사람이 항상 내가 받는 질문을 당신에게 던질 것이다. "도대체 방법이 무엇입니까?"

거래가 너희를 자유롭게 하리라

처음부터 주식시장을 금전적 보상을 얻을 궁극적인 기회의 장으로 여겼다. 주식투자는 공간 제약이 없다는 자유가 있었고, 나 자신의 성공에 대해 책임질 수 있다는 점에서 매력적이었다. 나는 청년 시절에 여러 사업에 도전했고, 사업에 열의가 있었지만 타오르는 열정은 여전히 결여되어 있었다. 나는 주식투자를 하고 나서야 내가 가장 열정하는 항목이 자유라는 사실을 깨달았다. 내가 원하는 것을 원하는 때에 원하는 곳에서 할 자유 말이다.

어느 날 문득, 나는 부자가 아니지만 삶은 풍요롭다는 생각이 들었다. 매일 좋거나 나쁜 일들이 일어나는 이 사회에서 나는 어떤 일의 일부가 되고 싶은지를 결정해야 했다. 사람들은 주식시장에서 부자가 되고 있었다. 그 모습을 보고 '나는 왜 거기에 속하지 않는 거지' 하고 생각했다. 나는 시장에서 투자하는 법을 배우고 성공적으로 거래하면 금전적인 자유, 보다 중요하게는 개인적인 자유라는 꿈을 이룰 수 있음을 알았다. 게다가 어느 회사에서 중학교 중퇴자를 채용할까? 하지만 주식시장은 편견 없이 무한한 잠재력을 제공하는 유일한 곳이었다. 저자이자 성공적인 사업가인 하비 맥케이**Harvey Mackay**는 이런 말로 이를 완벽하게 표현했다. "낙관론자들은 옳다. 비관론자들도 옳다. 어느 쪽이 될지는 당신이 선택할 문제다."

두 세계에서 최고의 성과를 달성하다

1980년대 초, 주식투자를 시작할 때 투자 자금은 몇 천 달러에 불과했다. 나는 수많은 투자자가 손실을 보고 나가떨어지는 주식시장에서 살아남고 매매를 지속할 수 있는 자금을 보존하기 위해 소규모 계좌로 큰 수익을 올려야 했다. 이런 절박한 상황은 매일 주식시장에서 꾸준한 수익을 뽑아내는 데 필요한 전술을 익히고 정확한 타이밍에 매매하는 방법을 연마하게 해주었다. 안정된 생활을 영위하는 한편 꾸준히 자금을 불리는 프로 포커 플레이어처럼, 나는 주식시장의 '꾼'이 되었다.

주식투자에 대한 나의 철학과 접근법은 방어적이면서 공격적인 기회주의자가 되는 것이다. 언뜻 모순되는 말처럼 들릴지 모르지만, 그렇지 않다. 이 말은 그저 공격적으로 큰 잠재적 보상을 추구하는 동시에 극도로 리스크에 주의한다는 뜻이다. 나는 공격적으로 투자하거나 트레이딩하지만, 주된 사고 과정은 '얼마나 벌까?'가 아니라 '얼마나 잃을까?'로 시작된다.

나는 30년 동안 주식 트레이딩을 하면서 리스크 우선 접근법이 가장 잘 맞는다는 사실을 발견했다. 이 접근법은 그저 그렇거나 꽤 괜찮은 정도의 성과가 아니라, 엄청나게 차이가 나는 초고수익을 달성하게 해주었다. 다시 말해 1997년에 전미투자대회 우승자가 된 것을 비롯하여 1994~2000년에 연평균 220퍼센트의 수익률(누적수익률 3만 3,500퍼센트)을 올릴 수 있었다. 또한 이 접근법은 가장 필요할 때 더없이 귀중한 가치를 증명했다. 나는 8번의 약세장 전에 미리 현금화했다. 그중에는 미국 주식시장 역사상 최악이었던 두 번의 하락장이 포함되었다. 나는 절제된 전략을 지킴으로써 무엇보다 중요한 목표를 달성할 수 있었다. 그것은 투자 계좌를 보호하고, 이전의 강세장에서 벌어들인 수익을 지키는 것이었다.

먼저 자신에게 투자하라

주식투자를 시작한 1980년대 초에는 전혀 돈을 벌지 못한 상태로 6년을 벼텼지만 오히려 순손실을 보았다. 나는 1989년이 되어서야 의미 있는 성공을 맛보기 시작했다. 무엇이 나를 계속 나아가게 만들었을까? 끈기였다. 한 가지 삶의 방식에 흔들림 없이 헌신하면, 성공을 향한 경주에서 대다수의 사람들을 앞설 수 있다. 왜 그럴까? 대다수 사람은 단기적으로 이룰 수 있는 것을 **과대평가**하고, 장기적으로 이룰 수 있는 것을 **과소평가**하는 경향이 있기 때문이다. 그들은 자신이 헌신했다고 생각하지만, 난관에 부딪히면 의욕을 잃거나 포기한다.

많은 사람들이 주식투자에 관심을 가지지만, 진정으로 헌신하는 사람은 드물다. **관심과 헌신의 차이는 포기하지 않겠다는 의지에 있다. 진정으로 어떤 것에 헌신하면 성공은 당연하다.** 관심은 어떤 일을 시작하게 만들지만 결승선에 데려가는 것은 헌신이다. 당신이 가장 먼저 할 수 있는 투자는 자신에 대한 투자다. 필요한 일을 하고, 끈질기게 버티겠다고 다짐하는 것이다. 끈기는 지식보다 중요하다. 어떤 일에서든 성공하려면 끈기를 발휘해야 한다. 지식과 기술은 공부와 연습을 통해 습득할 수 있다. 그러나 포기하는 사람은 큰일을 이룰 수 없다.

기회와 준비가 만날 때

사람들이 나의 성공담을 듣고 가장 많이 하는 두 가지 질문이 있다면, "어떻게 했어요?"와 "그냥 운이 좋았던 건가요?"다. 그들은 내가 큰 리스크를 감수했거나, 운이 좋았을 거라고 여긴다.

그렇다면 나는 **어떻게** 성공할 수 있었을까?

나는 수년 동안 투자법을 완벽하게 다듬으려고 노력했다. 일주일에 70~80 시간씩 공부하면서, 다음 날 해가 뜰 때까지 주식 차트와 기업 재무 자료를 들여다보곤 했다. 성과가 나오지는 않았지만 꾸준히 공부했다. 수년 동안 알곡과 쭉정이를 가려내면서 매매 과정을 완벽하게 다듬었다. 그러기 위해 성공한 매매뿐 아니라, 더 중요하게는 실패했던 매매를 분석했다. 나는 위대한 투자자들이 어떻게 시장에 접근하고 매매 전략을 수립·실행했는지와 그들이 그들의 모델을 따르기 위해 어떤 절제를 해왔는지를 파악하는 데 많은 시간을 투자했다.

그러자 멋진 일이 일어났다. 끈기 있게 준비했더니 결국 기회가 찾아왔다. 나는 수년 동안 실력을 연마했고, 1990년 무렵에는 새롭게 시작되는 강세장을 활용할 준비가 되어 있었다. 시행착오를 거치며 모든 교훈을 익힌 상태에서, 공이 타석으로 날아오고 있었다. 나는 홈런을 칠 기회를 노리고 있었다. 연습에 연습을 거듭하여 완벽한 실력을 선보일 준비가 된 올림픽 선수처럼, 100퍼센트 준비되어 있었다.

주식시장의 기회는 어느 순간에 다가올 수 있다. 이런 기회를 이용하려면 미리 대비하고 행동할 준비를 해야 한다. **지금도 세상의 어딘가에서는 누군가 쉼 없이 성공을 준비하고 있다. 만약 준비되지 않은 상태라면 누군가가 큰돈을 벌 때 당신도 할 수 있었고 어쩌면 해야만 했던 일을 당신은 상상만 하게 될 것이다.** 그러니 준비하고, 준비하고, 준비하라. 기회는 반드시 당신의 문을 두드릴 것이다.

영구적인 지식을 획득하라

지금부터 주식투자에서 성공하는 데 도움이 되는 다양한 정보와 구체적인 전술을 공유할 것이다. 다만 현실의 경험을 대체할 수 있는 것은 없다. 책으로 자전거 타는 법을 배울 수 없듯, 경험을 쌓는 유일한 방법은 행동에 나서서 결과를 내는 것이다. 그다음에 좋든 나쁘든 그로부터 교훈을 얻어야 한다. 안타깝게도 경험은 억지로 떠먹여줄 수 없다. 시간을 들여서 직접 획득해야 한다. 학습 과정에서 어려움도 있고 회의감도 들 수 있겠지만 일단 능숙한 주식투자 기술을 획득하기만 한다면 절대 빼앗길 일은 없다. 당신이 하는 일을 그만두게 할 사람은 아무도 없다. 오직 당신과 시장만 존재한다. 당신이 배운 모든 것과 당신이 얻은 모든 경험은 앞으로 오랫동안 결실을 맺게 해줄 것이다. 획득한 지식과 직접적인 경험은 주식투자와 삶에서 최고의 도구가 될 것이다.

열정을 기울여라

최고의 트레이더는 매일 트레이딩과 투기~speculation~(앞으로 가격이 오를 것을 기대하고 자산을 매입하는 것으로, 현재의 가격 변동에 초점을 맞추는 트레이딩과 대비되는 개념—옮긴이)에 대한 기대로 잠에서 깬다. 그들은 매일 거래에 나서고, 다음에 초고수익을 거둘 종목을 찾기를 고대한다. 그들은 매일 시장의 도전을 받으며, 운동선수들을 최고의 경지로 이끄는 것과 같은 열정과 흥분을 느낀다. 마이클 조던이 역사상 최고의 농구 선수가 된 것은 광고 모델이 되고 싶어서가 아니라 농구에 열정이 있었기 때문이다. 뛰어난 트레이더도 마찬가지다. 그들은 돈보다는 최고가 되려는 열정에 더욱 이끌린다.

열정은 배울 수 있는 것이 아니다. 열정은 내면에서 나온다. 열정은 금전적 보상을 초월한다. 걱정하지 마라. 최고의 작가든, 변호사든, 고고학자든, 농구 선수든, 쇠똥구리 권위자든 간에, 진정으로 즐기는 일을 하고 그 일을 잘하면 돈은 저절로 따라온다. **나는 돈에 신경 쓰지 않고 최고의 트레이더가 되는 데 집중했고, 마침내 성공을 이뤘다. 돈은 그다음에 따라왔다.**

투자와 투기의 기술을 즐기는 사람은 주식시장에서 성공하는 데 필요한 기법과 규율을 익힐 수 있다. 최고가 되는 데 집중하면 돈은 저절로 따라온다. 중요한 것은 열정이 당신을 이끌도록 하는 것이다.

시작하기에 가장 좋은 때

👉 뛰어나지 않아도 시작할 수 있지만, 뛰어나려면 시작해야 한다.

- 레스 브라운 Les Brown

우리는 매일 선택을 하고 미래를 좌우할 기회를 얻는다. 매일은 남은 인생의 첫날이다. 시간이 지나면 그날은 사라진다. 우리는 실패에서 배움을 얻을지 아니면 실패를 후회할지 선택할 수 있다. 그러나 꿈을 좇는 일은 이와 달리 빨리 시작할수록 더 빨리 이룰 수 있다. 주식투자에 성공하고 싶다면 즉시 행동하라. 되찾을 수 없는 귀중한 시간을 낭비하지 않겠다는 결심 말고는 다른 이유나 누군가의 허락은 필요 없다. 모든 것은 시작과 함께 시작된다! 당신은 꿈꾸고, 긍정적으로 생각하고, 계획하고, 목표를 세울 수 있다. 행동하지 않는 한 아무것도 실현되지 않는다. 로버트 슐러 Robert Schuller 는 《가능적 사고 Possibility Thinking》에서 "흠잡을 데 없이 아무것도 하지 않는 것보다 불완전하더라도 뭔가를 하는 것이 낫다"고 말했다. 한 줌의 행동은 한 더미의 이론만큼의 가치를 지닌다. 주식시장에서 우리는 핑계를 대거나 돈을 벌 수 있다. 그러나 둘 다를 할 수는 없다.

　지식, 꿈, 열정을 갖는 것으로는 충분치 않다. 아는 것으로 무엇을 하느냐가 중요하다. 부자가 되지 않더라도 열정을 느끼는 일을 하면 행복하다. 인생에서 성공할 수 있는 최고의 방법은 즐기는 일을 하고 그 일에 모든 것을 쏟아붓는 것이다. 매일 아침 일어나 사랑하는 일을 하면 평생 하루도 노동할 필요가 없다. 오늘부터 시작할 수 있다. 시작하기에 가장 좋은 때는 바로 지금이다!

나눔의 시간

　결국 모두에게 당신이 해온 일에 대해 말하지 못한다면, 그 모든 일은 무가치해진다.

- 에르빈 슈뢰딩거Erwin Schrödinger

　왜 내가 지금 이 책을 쓰기로 했는지 궁금할 것이다. 10여 년 전에 여러 대형 출판사에서 책을 내자고 제안했다. 그러나 나는 그러지 않기로 결정했다. 맞다. 책을 내면 신뢰도와 위상이 생긴다. 심지어 자존감도 높아진다. 출판 제안은 솔깃했지만 나는 망설였다. '왜 많지도 않은 돈을 벌자고 내가 힘들게 얻은 지식을 나눠야 해? 어차피 대다수의 사람은 제대로 활용하지도 못할 텐데 말이야'라는 생각이 들었다. 솔직히 나는 약간 냉소적이었다. 그러다가 설령 한 명이라도 내 책을 통해, 내가 초기에 했던 노력을 기울여서 꿈을 이룰 수 있을지도 모른다는 생각이 들었다. 어쩌면 그 사람이 당신일지도 모른다.

나는 20대 초반에 세계적으로 유명한 동기부여 강연자이자 저술가인 웨인 다이어_{Wayne Dyer} 박사의 말에 많은 감명을 받았다. 얼마 전에 나는 그가 쓴 《성공과 내면의 평화를 위한 10가지 비밀_{10 Secrets for Success and Inner Peace}》을 다시 읽었다. 이 책에는 '내면의 음악이 꺼지도록 놔두지 마라'라는 챕터가 있다. 이 챕터는 실로 내 마음을 울렸다. 나의 아버지는 비교적 젊은 나이인 50대에 세상을 떠났다. 어머니도 병에 걸렸고, 오랜 투병 끝에 얼마 전에 돌아가셨다. 이 일은 내 삶을 돌아보게 만들었다. 오랫동안 지식과 전문성이라는 보물상자를 채워나간 나는 그 모든 것을 그냥 묻어버리는 것이 낭비라는 사실을 깨달았다. 뛰어난 투자자들이 쓴 책은 내가 일어서는 발판을 제공했다. 말하자면 내게 등불을 건네준 셈이다. 마찬가지로 다른 사람들도 나의 책에서 도움을 받고 그 내용을 발전시켰으면 좋겠다.

주식시장은 금전적 보상을 위해 세상에서 가장 좋은 기회를 제공한다. 또한 승리하고 패배하는 사람들에게 훌륭한 교훈을 준다. 이 교육의 영향력은 매매와 투자하는 법을 아는 것 이상이다. 주식시장은 이겼을 때는 엄청난 쾌감을, 졌을 때는 깊은 자괴감을 안긴다. 주식투자는 세계 최고의 게임이며, 내게는 세계 최고의 **사업 기회**를 제공했다.

주식투자로 수익을 올리려면 세 가지 결정을 올바르게 내려야 한다. 무엇을 살 것인지, 언제 살 것인지, 언제 팔 것인지에 대한 결정이다. 모든 결정이 옳지는 않을 것이다. 그래도 명민한 결정을 내릴 수는 **있다.** 나의 목표는 당신이 **양질의 선택**을 할 수 있도록 도움을 주는 것이다.

나는 지금까지 주식투자 방법론을 완벽하게 다듬는 데 많은 시간을 들였다. 이제부터 그 원칙을 당신과 자세히 공유할 것이다. 이 귀중한 지식으로 무장하면 당신도 주식시장에서 성공을 누리고, 등불을 다시금 다른 사람에게 건네줄 수 있을 것이라고 믿는다.

　이 책에 나오는 대부분의 사례는 내가 1984년부터 2012년까지 직접 거래한 것이다. 이 검증된 조사 내용은 내게 매우 밀접하고 소중하다. 당신이 이 힘들게 얻은 지식에서 유용한 통찰을 얻기를 바란다. 또한 내 성공담이 당신의 주식과 인생에서 초성과를 달성하게끔 의욕을 불어주길 바란다. 기꺼이 노력하고 자신을 믿으면 어떤 일도 가능하다.

TRADE LIKE

A STOCK MARKET

WIZARD

2장

당신이 먼저
알아야 할 것

> 자신이 할 수 있다고 생각하는 것보다 많은 일을 할 수 없는 사람은 없다.
>
> - 헨리 포드Henry Ford

    많은 사람이 주식시장에서 큰 성공을 거두기를 바란다. 그러나 실제로 성공하는 사람은 드물다. 장기적으로 보면 평균적인 투자자는 기껏해야 평범하거나 꾸준하지 않은 결과만을 낸다. 그들은 왜 성공하지 못하는 것일까? 대다수의 투자자는 시간을 들여서 주식시장에서 정말로 통하는 게 무엇인지, 실제로 초고수익을 올리게 하는 게 무엇인지를 공부하지 않기 때문이다. 대다수의 투자자는 편견 없는 팩트가 아니라 개인적인 의견이나 이론에 기반한 잘못된 가정에 따라 투자한다. 주식 트레이더 중에서도 소수만이 초고수익 종목의 특성과 패턴을 세심하게 살핀다. 또한 필요한 지식을 습득한 사람들 중 다수는 승리의 계획을 실행에 옮기기 위한 절제력을 연마하지 못한다.

    너무나 많은 사람이 목표를 이루지 못하고 주식시장에서 성공하지 못하는 이면에는 어떤 이유가 있을까? 주로 그 이유는 자신이 주식으로 초고수익을 올릴 수 있다고 진정으로 믿는 사람이 드물다는 사실로 귀결된다. 대다수는 큰 수익은 큰 리스크를 수반한다거나 기업에 대해 조사하다가 놀라운 호재가 숨겨져 있다는 것을 발견했다고 해도 설마 사실이 아닐 거라고 믿지 않는 경향을 보인다. 그러나 장담컨대 초고수익을 올릴 수 있다고 믿는다면 주식으로 초고수익을 낼 수 있다. 또한 그 일이 반드시 높은 리스크를 수반하는 것도 아니다. 다만 하룻밤 사이에 이룰 수는 없다. 즉 당신의 타고난 본능에 어긋나는 특정한 일을 하는 법을 배워야 할 테고, 어쩌면 깊이 자리 잡은 투자에 대한 신념도 바꿔야 할 것이다. 그래도 올바른 도구와 태도를 갖추고 선택하기만 하면 누구나 할 수 있다.

운은 필요 없다

❧ 많이 연습할수록 운은 더 좋아진다.

- 게리 플레이어Gary Player

주식으로 초고수익을 내는 일은 운이나 여건에 좌우되지 않는다. 통념과 달리, 주식투자는 도박이 아니다. 모든 성취와 마찬가지로 최고의 성과는 지식, 끈기, 기술을 통해 나온다. 이것들은 오랜 기간에 걸친 헌신과 노력으로 습득해야 한다. 무엇보다 주식시장에서의 장기적인 성공은 절제력을 가지고, 타당한 계획을 일관되게 실행하고, 자멸적인 행동을 억누르는 능력에서 나온다. 이런 자질을 갖추면 성공할 가능성이 높다.

반면 도박의 경우, 불리한 확률하에 게임을 해야 한다. 게임의 횟수가 늘어날수록 분명히 돈을 잃는다. 주식투자가 도박이라고 생각한다면 뇌수술도 그렇다고 말할 수 있다(내가 집도한다면 확실히 도박이 될 것이다). 그러나 전문성을 갖춘 의사가 수술한다면, 수술에 따른 리스크는 지식과 훈련, 궁극적으로는 기술로 상쇄된다. 주식투자도 다르지 않다.

주식시장에서의 성공은 운과 관계가 없다. 오히려 타당한 계획을 많이 실행할수록 운이 더 좋아진다.

작게 시작할 수 있다

> ☞ 새로운 아이디어는 섬세하다. 그래서 조롱이나 하품에도 죽을 수 있다. 또한 빈정거림에 찔려 죽거나, 중요한 사람이 얼굴을 찡그리기만 해도 근심에 휩싸여 죽는다.
>
> - 찰스 브로워 Charles Brower

새로운 일을 시도할 때마다 부정적인 반응에 직면할 것이다. 다시 말해, 당신은 할 수 없다고 말하는 사람들이 있을 것이다. 그들은 돈이 많지 않으면 투자 자금이 부족하니 시도할 필요조차 없다고 말한다. 하지만 말도 안 된다! 나는 적은 금액으로 시작해도 주식시장에서 부자가 될 수 있다고 장담한다. 당신이 이미 다른 직업으로 성공하지 않았다면 주식투자에 할애할 돈이 많지 않을 것이다. 또한 사회생활을 막 시작한 청년이라면 주식투자를 할 자금을 모으기가 불가능해 보일 수 있다. 그러나 낙담하지 마라. 소액으로 시작할 수 있다. 나도 그랬다.

내 친구는 주식을 거래하는 방법을 배우려 한 지 얼마 되지 않아서 비관론에 휩싸였다. 그는 가까운 친구여서, 나는 매일 그를 투자 사무실로 불러서 옆자리에 앉히고 직접적인 경험을 조금씩 쌓게 했다. 그는 비교적 적은 금액으로 거래하면서 일관성을 유지하고 리스크를 관리하는 방법을 배웠다. 요령을 터득한 그는 집에서 혼자 해보기로 했다. 그러던 어느 날 나는 그가 주식을 그만뒀다는 이야기를 들었다. 출발이 상당히 괜찮았던 터라 뜻밖의 소식이었다. 포기한 이유를 묻자, 그는 투자 자금이 너무 적어서 안 될 것이고 시간을 낭비하고 있다는 이야기를 다른 친구에게서 들었기 때문이라고 했다. 그 말을 듣고 낙담한 그는 그냥 포기해버렸다.

마이클 델Michael Dell은 대학교 기숙사에서 컴퓨터를 팔면서 사업을 시작했다. 그러다가 1984년에 겨우 1,000달러를 가지고 훗날 델 컴퓨터 코퍼레이션Dell Computer Corporation으로 성장하는 회사를 설립했다. 델은 세계 최대의 개인용 컴퓨터 기업이 되었다. 나도 수천 달러로 시작했지만, 3~4년 만에 16만 달러 이상으로 자금을 불렸다. 그로부터 1년 후에는 50만 달러가 되었다. 마침내 두둑한 자금을 확보한 후로는 투자 수익을 밑천으로 재산을 불릴 수 있었다. 그 이후의 일은 말할 필요도 없다.

이런 초고수익을 달성한 사람이 나뿐만은 아니다. 데이비드 라이언은 해마다 세 자릿수 수익률을 기록하면서 3회 연속 전미투자대회를 석권했다. 나는 1980년대 중반에 데이비드에 대한 기사를 읽고 초고수익을 달성하기 위한 나만의 여정에 나섰다. 나중에는 전미투자대회에서도 우승했다.

이처럼 소액으로 시작했지만 결국에는 부자가 된 사람들이 많다. 우리의 공통점은 할 수 없다는 다른 사람들의 말에 흔들리지 않았다는 것이다. 할 수 없다고 말하는 사람은 결코 스스로 해낸 적이 없다는 사실을 명심하라. 용기를 북돋워주는 사람을 주위에 둬라. 비관론자들 때문에 길에서 벗어나지 않도록 하라.

이번이라고 해서 다르지 않다

지난 30년간 모든 강세장과 약세장을 거치면서 "이번에는 달라"라는 말을 자주 들었다. 물론 전설적인 주식투자자인 제시 리버모어Jesse Livermore도 똑같은 말을 들었다. 그는 《주식 매매하는 법》에서 이렇게 말했다. "언제나 사람들은 탐욕, 공포, 무지, 희망이라는 감정 때문에 시장에서 늘 같은 행동과 반응을 보인다. 호주머니는 바뀌고, 주식도 바뀐다. 그러나 월스트리트는 결코 변하지 않는다. 인간의 본성이 결코 변하지 않기 때문이다."

그동안 많은 기술적 진보가 이뤄졌고, 특정한 투자 스타일이 다른 스타일보다 나은 시기도 존재한다. 그러나 늘 그렇듯 주가는 근본적인 이유에 따라 오르내린다. 즉, 사람들이 주가를 이끈다. 주식투자를 하다 보면 감정에 이끌릴 수 있다. 하지만 항상 감정은 투자자들을 잘못된 결론으로 이끈다. **30년간의 개인적 경험과 1900년대 초까지 거슬러 올라가는 모든 시장 주기에 대한 역사적 분석을 토대로 나는 어느 것도 그다지 많이 바뀌지는 않았다고 장담한다. 실제로 역사는 거듭 반복된다.**

논평가들이 이번에는 다르다고 떠들게 놔둬라. 그사이에 주식시장에서는 새로운 주도주가 부상하여 신고가를 찍으면서 모든 전문가를 놀라게 만든다. 시대를 초월하여 똑같은 이유로 부가 생기고 사라진다. 당신이 믿을수 있는 한 가지 사실은 역사가 반복된다는 것이다. 그렇다면 질문은 하나뿐이다. "당신은 얼마나 훌륭한 학생인가?"

가장 큰 난관은 시장이 아니다

> ☙ 세상은 성공의 비법을 찾는 사람들로 가득하다. 그들은 스스로 생각하고 싶어 하지 않는다. 그저 무작정 따를 수 있는 지침을 원한다. 바로 그런 이유로 전략이라는 개념에 이끌린다.
>
> - 로버트 그린Robert Greene

가장 빠른 프로세서를 갖춘 최고의 컴퓨터도 심리나 마음가짐을 개선하는 데는 전혀 도움이 되지 않는다. 주식시장에서 성공으로 가는 길은 시스템이나 전략에 있지 않다. 그것은 당신의 내면에 있다. 또한 그 길은 난관에 부딪혔을 때 감정을 통제하고 유도할 수 있는 만큼만 열린다. 장담컨대, 많은 난관에 부딪힐 것이다. 시작하기 전에 이 사실을 알아두는 것이 좋다. 그렇지 않으면 헛된 희망을 좇게 되기 때문이다.

양호한 수익을 내고 싶다면 좋은 뮤추얼펀드나 헤지펀드 또는 인덱스펀드에 돈을 넣어두면 된다. 그러나 초고수익을 원한다면 더 많은 노력을 기울여야 한다. 넘어야 할 가장 큰 난관은 시장이 아니라 바로 자기 자신이라는 사실을 명심해야 할 것이다.

누구도 대신해주지 않는다

나는 1980년대 초에 종합 증권사를 통해 처음으로 주식투자를 경험했다. 그 경험은 유쾌하지 않았다. 겨우 몇 달 만에 모든 금액을 날려버렸던 것이다. 이는 고통스럽고도 금전적으로 중대한 실패였다. 그러나 이 경험을 통해 가장 귀중한 교훈을 얻기도 했다.

당시 중개인은 에이즈 치료제를 개발한 것으로 알려진 바이오테크 기업의 주식을 사라고 설득했다. 그는 업계의 '전문가'에게서 FDA 승인이 곧 떨어질 것이고, 그 호재로 주가가 급등할 것이라는 귀띔을 받았다고 말했다. 초보자였던 나는 그 헛소리에 넘어갔다. 나는 잠재적인 보상에 눈이 멀어서 리스크는 생각도 하지 않았다.

해당 종목을 매수한 지 얼마 지나지 않아서, 주가는 18달러에서 12달러로 급락했다. 나는 너무 걱정스러워서 중개인에게 전화를 걸었다. 그러나 그는 이것이 "일생일대의 기회"이며, 지금의 주가는 "헐값"이라고 장담했다. 오히려 포지션을 두 배로 키울 것을 권했는데, 그러면 평균 단가가 내려가서 나중에 주가가 오를 때 더 많은 수익이 난다는 것이었다. (이 말이 친숙하게 들리는가?) 결론부터 말하자면 주가는 계속 내려갔고, 결국 모든 돈을 잃었다. 나는 주가가 1달러 아래로 떨어지는 모습을 공포에 질린 눈으로 바라보았다. 물론 중개인은 여전히 수수료를 챙겼다.

다시 생각해보면 이 중개인은 아주 큰 호의를 베푼 셈이다. 그 일을 겪고 나서 나는 직접 조사하고 거래하기로 했다. 다시는 다른 사람에게 투자 결정을 맡기지 않겠다고 다짐했다. **투자하기 전에 충분히 준비하지 않는다면 이는 주사위를 굴리는 것과 다를 바 없다. 언젠가는 분명히 털린다.**

자신의 능력을 믿어라. 스스로 조사하고 생각하는 법을 배워라. 스스로 확보한 자원이 외부의 조사, 팁, 소위 전문가의 의견보다 훨씬 뛰어나다. 당신이 만든 것이고, 따라서 계속 살필 수 있기 때문이다. 누구도 당신만큼 당신의 돈과 미래를 신경 쓰지 않는다. 시도와 실패를 당신의 것으로 만들어라. 그러면 성공도 당신의 것이 된다. 자기 자신 말고는 누구도 당신을 부자로 만들어주지 않는다.

답을 맞히고 싶은가, 아니면 돈을 벌고 싶은가?

증권사를 통해 바이오테크주에 투자했다가 대실패를 겪은 후, 나는 스스로 문제를 처리하기로 결심했다. 나는 디스카운트 증권사에 주식 계좌를 열었다. 거기서 론$_{Ron}$이라는 중개인을 만났다. 론과 나는 두어 해 만에 아주 가까운 친구가 되었다. 우리는 몇 가지 공통점이 있었다. 하지만 투자 스타일 측면에서는 그 공통점을 찾기가 어려웠다. 그는 가치투자자라서 수급이나 가격 추세를 신경 쓰지 않았다. 반면에 나는 비교적 안 알려졌지만 새롭게 부상하는 종목을 매수했다. 그래서 가격이 상승 추세를 보여야 했다. 또한 주가가 매수가보다 많이 내려가면 매도했다. 적어도 계획은 그랬다.

론과 나는 서로의 거래 내역을 확인했다. 우리가 가장 즐기는 놀이는 상대방이 택한 종목이 부진할 때 짓궂게 놀리는 것이었다. 내가 연달아 손해를 보면 론은 "어이, 천재. 어떻게 된 거야? 주가가 완전히 지하까지 내려갔잖아!"라고 놀렸다. 그의 조롱은 정말로 매서웠다. 그래서 손실 종목을 계속 붙들고 있을 때도 있었다. 매도 주문을 낼 때 론에게 조롱당할 생각을 하니 견딜 수가 없었다.

나는 주가가 5퍼센트 떨어졌다가 뒤이어 10퍼센트까지 떨어지면 매도해야 한다는 사실을 알았다. 그러나 론 때문에 망한 종목을 계속 붙들고 있었다. 그사이에 주가는 15퍼센트를 지나 20퍼센트까지 떨어졌다. 손실이 클수록 론에게 전화를 걸어서 매도 주문을 내기가 어려웠다. 설령 그가 아무 말을 하지 않아도 나는 수치심을 느꼈다. 한편 문제의 종목은 선체에 난 구멍처럼 내 계좌에서 돈을 계속 빨아들였다.

시장에서는 기회와 위기 모두 갑자기 나타난다. 기회를 활용하고 위기를 피하려면 신속하고 단호하게 행동해야 한다. 주식 거래에서 크게 손실을 입는 것만큼 투자자의 기를 꺾는 일은 없다. **나는 큰 손실을 입은 후에야 내 실적을 평범한 수준에서 탁월한 수준으로 끌어올리는 결정을 했다. 자존심 때문에 스트레스를 받는 대신 돈을 벌겠다는 것이었다.** 나는 손실이 난 종목을 재빨리 매도하기 시작했다. 이 결정으로 나는 손실을 최소화하고 그간 어렵사리 모은 자금을 지킬 수 있었다. 하룻밤 사이에 나는 통제감을 되찾았다.

또한 이 새로운 접근법은 성과를 객관적으로 바라보게 해주었다. 이전에는 손실이 난 거래를 잊으려고 애썼지만, 이제는 해당 거래를 분석하고 교훈을 얻었다. 나는 새로운 관점으로 포트폴리오를 살폈다. 그리고 마침내 투자는 고점과 저점을 잡아내거나 내가 얼마나 똑똑한지를 증명하는 일이 아님을 이해했다. 주식 거래는 돈을 벌기 위한 것이다. 시장에서 큰 수익을 내고 싶다면, 투자와 자존심을 분리하라. 당신이 옳다는 것을 입증하는 것보다 돈을 버는 게 더 중요하다.

연습해도 완벽해지지 않는다

수십 년 동안 월스트리트에서 자금을 운용했지만 평범한 결과밖에 내지 못한 사람들도 있다. 그토록 경력이 오래되었으니 그들의 성과가 탁월하거나 점차 나아질 거라고 생각하겠지만, 반드시 그런 것은 아니다. 연습해도 완벽해질 수 없다. 사실 잘못된 연습을 하면 오히려 성과가 나빠진다. 어떤 일을 계속 반복하면 뇌는 그 행동을 강화하도록 신경 회로를 보강한다. 문제는 이 회로가 올바른 행동뿐 아니라 잘못된 행동도 강화한다는 것이다. **반복된 모든 행동 패턴은 결국 습관이 된다. 그러므로 연습한다고 해서 완벽해지는 것은 아니다. 연습은 습관을 만들 뿐이다.** 다시 말해 어떤 일을 한동안 계속했다는 사실이 성공을 보장하는 것은 아니다. 어쩌면 나쁜 습관을 강화한 것일 수도 있다. 전설적인 미식축구 코치인 빈스 롬바르디Vince Lombardi의 조언을 따르면, "연습해도 완벽해지지 않는다. 완벽하게 연습해야만 완벽해진다".

주식시장에서는 잘못된 원칙에 따라 틀린 연습을 해도 성공할 때가 가끔 있다. 종목이라는 판에 다트를 던지면 수익을 안기는 종목을 가끔은 맞출수 있기 때문이다. 그러나 꾸준한 수익을 낼 수는 없으며, 결국에는 돈을 잃는다. 대다수의 투자자가 틀린 연습을 하는 이유는 결과를 객관적으로 분석해서 어디가 잘못되었는지 찾으려 하지 않기 때문이다. 그들은 손실을 잊고항상 하던 대로만 하려 든다.

저렴한 수수료, 인터넷 트레이딩, 웹 기반 주식시장 데이터의 확산은 누구에게나 동등한 투자 환경을 제공한다. 그러나 그 리소스를 활용하는 능력까지 같은 것은 아니다. 5번 아이언을 휘두른다고 해서 타이거 우즈가 되는 것은 아닌 것과 마찬가지다. 증권 계좌를 열고 컴퓨터 앞에 앉는다고 해서 피터 린치나 워런 버핏이 되는 것은 아니다. 그렇게 되려면 노력해야 하며, 시간과 연습이 필요하다. 중요한 것은 올바로 연습하는 법을 익히는 것이다.

내가 모의 투자를 좋아하지 않는 이유

～ 실행하면 힘이 생긴다.

- 랄프 왈도 에머슨Ralph Waldo Emerson

신규 투자자들은 투자를 배울 때 종종 모의로 연습한다. 이는 합리적인것처럼 보인다. 그러나 나는 모의 투자를 좋아하지 않는다. 또한 투자할 돈을 모으는 데 필요한 기간보다 길게 연습할 것을 권하지 않는다. 내가 보기에 모의 투자는 잘못된 연습이다. 이는 섀도 복싱만 하면서 프로 복싱 경기를 준비하는 것과 같다. 실제로 상대와 링에 서기 전까지는 얻어맞는 게 어떤 것인지 알 수 없다. 모의 투자는 시장이 진짜 주먹을 날릴 때를 대비하는데는 도움이 되지 않는다. 금전적 압박뿐 아니라 심리적 압박을 받는 데 익숙하지 않기 때문에 모의로 투자할 때처럼 결정을 내릴 가능성이 낮다. 모의 투자는 시장에 익숙해지는 데는 도움을 주지만, 동시에 잘못된 심리적 안정감을 심어주어서 성과와 학습 과정을 망칠 수 있다.

심리학자이자 워싱턴 대학교 심리학과의 연구 책임자인 헨리 뢰디거 3세 **Henry L. Roediger III**는 학생들을 두 그룹으로 나눠서 자연사 교과서로 공부하게 했다. A그룹은 네 번에 걸쳐 교과서를 공부했고, B그룹은 한 번만 공부하는 대신 세 번에 걸쳐 시험을 치렀다. 일주일 후, 두 그룹을 대상으로 테스트한 결과 B그룹의 점수가 A그룹보다 50퍼센트나 높았다. 이는 모의로 준비하는 것과는 달리, 이루고자 하는 일을 실제로 하는 것의 힘을 보여준다.

주식을 시작했다면, 최대한 빨리 실제 돈으로 거래해야 한다. 초보 투자자가 경험을 쌓는 좋은 방법은 잃어도 인생이 바뀌지 않을 만큼 적으면서도, 손실을 보면 조금은 고통스러울 만큼의 큰 금액으로 거래하는 것이다. 잘못된 현실감으로 자신을 속이지 마라. 실제로 거래하는 데 익숙해져라. 진짜 돈을 벌려면 진짜 거래를 해야 하기 때문이다.

주식투자는 사업이다

많은 사람이 주식투자가 일반 사업과는 다른 법칙을 따르는 불가사의한 일이라고 오해한다. 주식투자와 사업 운영은 사실상 똑같다. 실제로 주식투자에 성공하려면 사업을 운영하듯 해야 한다. 투자자로서 당신의 상품은 주식이다. 당신의 목적은 수요가 많은 종목을 사서 더 높은 가격에 파는 것이다. 얼마나 많은 마진을 남길지는 운영하는 사업(포트폴리오)의 유형에 좌우된다. 당신은 박리다매 전략을 지닌 월마트처럼 투자할 수도 있고, 트렌디

한 상품을 소량으로 제공하면서 높은 마진을 남기는 부티크처럼 투자할 수도 있다. 또한 적은 수익을 내지만 많은 거래를 해서 연말에 인상적인 수익률을 올릴 수도 있고, 탄탄한 수익을 안기는 엄선된 종목을 보유한 장기 투자자가 될 수도 있다.

결국 모든 문제는 평균적으로 손실보다 많은 이득을 올리고 수익을 확보하는 과정을 반복하는 것으로 귀결된다. 이는 모든 사업 활동의 기본적인 목표다. 대개 투자자는 주식투자를 취미처럼 대하는데, 본업이 있기 때문이다. 하지만 만약 당신이 주식투자를 사업처럼 여기면 사업과 같은 보상을 얻을 수 있을 것이다. 반대로 당신이 주식투자를 취미로 대하면 취미 같은 보상을 얻을 것이다. 취미로는 돈을 벌 수 없다. 오히려 돈이 든다.

펀드 매니저처럼 투자하지 마라

꼭 아마추어 투자자는 전문가를 능가할 수 있는 많은 내재적 이점이 있다. 첫 번째 규칙은 프로의 말을 듣지 않는 것이다.

- 피터 린치

초고수익을 추구하는 주식투자자라면, 전문가의 말을 듣지 말아야 할 뿐 아니라 그들처럼 투자하지 말아야 한다. 펀드 매니저처럼 투자할 거라면 그들에게 돈을 맡기는 편이 낫지 않을까? 그러면 가만히 있어도 근본적으로 같은 결과를 얻을 테니 말이다. 아니면 대다수 펀드 매니저들을 이기는 지수펀드에 투자하는 것이 나을 것이다. 사실 대형 펀드 매니저들은 대개의 펀드 매니저처럼 투자하지 않고 초고수익 트레이더처럼 투자하는 법을 익혀야 동료들을 앞지를 수 있다. 대개 대형 펀드는 평범한 수익밖에 올릴 수 없다. 개인은 이런 기관 투자자에 비해 큰 이점을 지닌다.

통념과 달리, 전문적인 자금 운용가들은 개인 투자자보다 불리하다. 대형 기관들은 개인적 의견, 관습, 자존심뿐 아니라, 많은 경우에는 순전히 무지로 인해 잘못된 원칙을 활용한다. 사실 모든 대형 펀드 매니저들이 직면한 가장 큰 핸디캡은 자금 규모가 지나치게 크다는 것이다. 무엇보다 기관 투자자들은 대규모의 물량을 처리할 수 있는 유동성을 필요로 한다. 그래야 포트폴리오에 영향을 미칠 만한 포지션을 추가할 수 있다. 그렇기 때문에 대형 투자자들은 비교적 많은 수의 주식이 유통되는 종목을 고를 수밖에 없다. 이는 초고수익을 위한 핵심 요소, 즉 비교적 적은 유통 주식수와는 상반된다.

대형 기관은 유통 주식수가 적은 종목에서 포지션을 잡기가 어렵다. 설령 가능하더라도 나중에 하락장에서 주식을 팔 때 문제가 생긴다. 그들이 포지션을 정리하고자 대량 매도를 할 경우 주가 하락을 부채질할 가능성이 있다. 반면 개인 투자자는 빠르게 진입하거나 탈출할 수 있고, 즉시 대응할 수 있다.

또 다른 난관은 많은 펀드 매니저가 위원회에서 승인한 종목에만 투자할 수 있다는 것이다. 그들은 위원회에서 매수 및 매도 결정을 정당화해야 한다. 그들이 두려워하는 일은 잘못되었을 경우 그에 대해 해명하는 것이다. 대형주와 달리 중·소형주의 경우 아무리 우수한 성장 가능성을 보인 기업일지라도 가격 변동성이 크기 때문에 위험한 포지션을 잡을 가능성이 있다. 그래서 IBM이나 애플처럼 안전한 대형주를 매수하는 것이 그들에게는 일자리를 지켜주는 안전한 베팅이 되고 만다. 이 경우에는 문제가 생겨도 시장 전체가 하락하고 있을 가능성이 높아서 손실은 전반적인 환경의 탓으로 돌아간다. 매니저의 명성도 '양질'의 종목을 매수했다는 사실로 보호된다. 월스트리트의 오랜 격언처럼 "IBM 주식으로 고객의 돈을 잃을 경우에는 절대 일자리는 잃지 않는다".

기관은 대체로 여러 종목과 산업에 걸쳐 분산된 포트폴리오를 유지해야한다. 이는 주로 유동성에 대한 필요와 여러 종목으로 리스크를 분산하면한 종목에 대한 리스크가 줄어든다는 믿음에 따른 것이다. 대다수 펀드는끔찍한 하락장에도 일정 금액의 투자를 유지해야 한다. 안전하게 현금으로이동하면 눈총을 받는다. 대다수 뮤추얼펀드는 절대 현금을 5~10퍼센트 이상 보유하지 않는다. 매니저의 실적은 언제나 S&P500 같은 지수와 비교된다. 일정한 기간에 기준 지수보다 수익률이 뒤처지면 투자자들은 펀드를 해지할 것이고, 매니저는 일자리를 잃을 수 있다.

반면 개인은 새로운 가격 추세를 만드는 갑작스러운 사태에 즉시 대응할수 있다. 위원회의 승인 절차나 분산화 의무 같은 것이 없기 때문이다. 오늘날의 기술 발전 덕분에 전문가든 개인이든, 투자자는 같은 도구를 활용할수 있다. 그래도 개인 투자자는 전문가보다 상당한 이점을 누린다. 더 많은유동성과 더 빠른 속도를 활용할 수 있기 때문이다. 게다가 기관 투자자와달리 개인은 잘 선별된 소수의 종목에 집중적으로 투자할 수 있다. 슬리피지_{slippage}(호가와 체결가 사이의 차이—옮긴이) 없이, 또는 적은 슬리피지로 손절매 보호책을 활용할 수 있기 때문이다. 개인은 대응 시간이 빨라서 끈기 있게 기다리다가 더 좋은 기회만 공략할 수 있다. 이는 최고의 이점이다.

대다수 대형 기관은 대규모 수익을 추구하기보다는 안전해 보이는 투자를선호한다. 그들은 지수가 40퍼센트 하락했을 때 자신의 포트폴리오는 32퍼센트만 하락했다며 자랑한다. 이것이 소위 시장을 이겼다는 사례다! **대형 기관의 접근법이 더 안전하거나 덜 위험하다고 생각한 적이 있다면, 당신이 좋아하는 뮤추얼펀드가 지난 대형 약세장에서 어떤 실적을 냈는지 살펴보라.**

대형 펀드 매니저의 경우 규모가 정확성을 저해한다. 정확성이란 가격에 부정적인 영향을 미치지 않고 포지션을 드나들 수 있는 능력을 말한다. 이런 기술적 불리함은 정보의 우월성을 추구하게 만든다. 전술과 기법은 사실상 모든 투자자에게 그 나름의 역할을 한다. 그러나 개인은 대형 기관 투자자보다 훨씬 효율적이고 효과적으로 전술적 접근법을 활용할 수 있다.

따라서 뮤추얼펀드와 같은 결과를 원한다면 펀드 매니저처럼 투자하고, 초고수익을 원한다면 초고수익 투자자처럼 투자하라.

통상적인 방식은 통상적인 결과를 낳는다

☛ 안타깝게도 '유능한' 은행가는 위험을 내다보고 피하는 사람이 아니라, 동료들과 같이 통상적이고 정통적인 방식으로 망해서 누구도 쉽게 비난하지 못하는 사람이다.

- 존 메이너드 케인즈 John Maynard Keynes

앞으로 주식시장에서 성공하는 방법에 대한 여러 통념을 뒤집는 통찰과 팩트를 마주하게 될 것이다. 기존의 엉터리 격언들 중 다수는 대학에서 강의되고 있다. 그중 일부는 투자에 대한 기준이라고 내세워진다. 이는 놀라운 일이 아니다. 우리 사회에서 통념만큼 존중받는 것은 없다.

내 경험상 주식시장에서 초고수익을 획득하고자 한다면 인기 있는 것과는 다른 방식을 따라야 한다. 이는 종종 위험하다는 오해를 받는다. 하지만 통상적인 방식을 적용하면 초고수익이 아닌 통상적인 결과를 얻는다. 다른 사람처럼 행동해서 쉽게 성공할 수 있다면 대중을 따라 하기만 해도 부자가 될 것이다.

시장을 관찰하고 분석할 때, 열린 자세로 대다수는 하지 않을 법한 일을 기꺼이 감행하라. 성장은 편안함을 대가로 삼는다. 안전지대를 벗어나 모험에 나서는 법을 배우고, 언제나 통념에 의문을 제기하라. 탁월해지고 싶다면 통념을 거슬러야 한다.

피할 수 없는 성공의 대가

🖎 최고가 되고 싶다면 다른 사람들은 하지 않으려는 일을 해야 한다.
- 마이클 펠프스Michael Phelps, 올림픽 17관왕

목표가 무엇인지 자문하라. 인생 계획을 세우지 않았어도 서너 가지 바람이 곧바로 떠오를 것이다. 이제 그 목표를 이루기 위해 무엇을 포기할 것인지 자문하라. 그러면 이야기가 달라진다. 무엇을 희생할지를 선택하기는 어렵기 때문이다. 그러나 이는 성공을 추구하는 과정에서 내려야 하는 가장 중요한 결정 중 하나다. 희생은 우선순위를 정한다는 뜻이다. 투자에 할애할 시간을 만들기 위해 어떤 일은 포기해야 할지도 모른다. 이것이 쉽지 않은 단계임은 인정한다. 금메달을 노리는 챔피언이 완전히 균형 잡힌 생활을 하는 경우는 없다. 챔피언은 목표에 고도로 집중한다. 그들은 확고한 초점의 힘을 안다. 거기에는 대가가 따른다. 그것을 희생이라 부른다.

하나라도 잘하려면 집중하라

🖎 1만 가지 발차기를 한 번씩 연습한 사람은 두렵지 않다. 그러나 한 가지 발차기를 1만 번 연습한 사람은 두렵다.

- 이소룡

당신은 지금 이 책을 읽고 있으므로 최고의 주식투자자가 되고자 하거나 적어도 투자 실적을 개선하고자 할 것이다. 당신이 성공의 확률을 높이고자 한다면 그 목표를 어떻게 추구할지 선택해야 한다. 분명 당신은 최고의 가치투자자이자 최고의 성장주 투자자이자 최고의 데이트레이더이자 최고의 장기 투자자가 되지는 못할 것이다. 이 모든 것을 시도하려다가는 투자에 대해 두루 알더라도 평범한 수준에 그칠 것이다. 의사라고 해서 다 같은 의사가 아니듯이, 트레이더라고 해서 다 같은 트레이더가 아니다. 내과 의사가 최고의 뇌 전문의, 최고의 심장 전문의, 최고의 정신과 전문의, 최고의 소아과 전문의, 최고의 류머티즘 전문의, 최고의 관절 전문의가 될 수 있을까? 당연히 그럴 수는 없다.

어느 특정한 시장 사이클에서는 당신의 트레이딩 방식이 다른 방식보다 높은 수익을 안겨 줄 것이다. 한편으로는 당신의 트레이딩 방식과 잘 맞지 않는 시장 사이클을 받아들이는 법도 배우게 될 것이다. 그렇다고 매번 어려움에 부딪힐 때마다 다른 방식에 적응할 수도 없을 것이다. 주식 트레이딩에 관한 한 나는 가령 한 주기에서는 성공적으로 가치투자를 하다가 다음 주기에서는 성장투자로 전환하고, 어느 날은 장기 투자자였다가 다른 날은 그날의 시장에 맞춰서 데이트레이더가 되는 경우를 본 적이 없다. 하나라도 잘하려면 초점을 맞춰서 전문가가 되어야 한다.

트레이더 아니면 투자자?

일반적인 트레이더는 우유부단과 후회라는 두 감정 사이를 오간다. 이는 자신의 스타일을 명확하게 정하지 않는 데서 기인한다. 사람을 무력하게 만드는 감정과 싸우는 유일한 방법은 명확하게 설정한 목표와 함께 규칙을 따르는 것이다. 그저 판단하기만 하면 된다. 당신은 트레이더인가, 아니면 투자자인가? 트레이딩에 잘 맞는 성격을 지닌 사람도 있고, 장기 투자 접근 법을 선호하는 사람도 있다. 어느 쪽이 자신에게 더 나은지 판단해야 한다. 투자 스타일을 정하지 못하면 중요한 결정을 해야 하는 순간에 내적 갈등 에 휘말리게 된다.

우유부단

- 사야 할까?
- 팔아야 할까?
- 계속 보유했어야 할까?

후회

- 샀어야 했는데.
- 팔았어야 했는데.
- 계속 보유했어야 했는데.

당신이 단기 트레이더라면 익절한 종목의 주가가 두 배 오르는 것에 별 다른 반응을 보이지 않을 것이다. 특정 구간에서 거래했을 것이기 때문이 다. 한편 당신이 장기 투자자라면 단기적으로 양호하게 주가가 상승했을지 라도 매도하지 않을 것이고, 이에 상승분 모두를 반납하는 경우가 많을 것 이다. 핵심은 특정한 방식에 집중하는 것이다. 이는 곧 다른 방식의 희생을 뜻한다. 나만의 방식과 목표를 정하고 나면 계획을 지켜서 성공에 이르기가 훨씬 쉬워진다. 시간이 지나면 분명 자신만의 전문성으로 희생에 대한 보답 을 받는다.

고난의 시기를 예상하라

> 인생의 실패를 겪은 사람은 대개 자신이 포기했을 때 성공에 얼마나 가까이
> 다가갔는지 모른다.
>
> - 토머스 에디슨

성공의 열쇠는 성공할 수 있다고 생각하고, 그 생각을 실천에 옮기는 것이다. 그렇다고 해서 모든 아이디어와 행동이 항상 원하는 결과를 낳는 것은 아니다. 도저히 성공할 수 없을 것처럼 느껴지는 때도 있다. 포기하고 싶을 수도 있다. 나도 그런 시기를 겪었다. 주식투자를 배울 때 6년 동안 한 푼도 벌지 못했다. 불만족스러운 결과에 낙담한 나머지, 포기할 뻔한 날도 있었다. 그러나 나는 끈기의 힘을 알았다. 실제로 10여 년간 시행착오를 거친 후에는, 1년에 이만큼은 벌었으면 좋겠다고 생각한 것보다 더 많은 금액을 일주일 만에 벌었다. 나는 영국의 시인이자 극작가인 로버트 브라우닝Robert Browning이 말한 "1분의 성공은 수년의 실패를 보상한다"의 의미를 경험했다.

위험을 감수하는 일 없이 안전한 길로만 가면 꿈을 이루는 것이 어떤 기분인지 알 수 없다는 것을 명심하라. **과감하게 원하는 것을 향해 나아가되, 약간의 좌절, 약간의 낙심, 약간의 고난을 예상하라. 그 모두를 과정의 귀중한 일부로 받아들이고 "선생님, 고맙습니다"라고 말하는 법을 배워라.** 행복한 마음을 갖고, 고마움을 느끼고, 성공을 축하하라. 후회의 눈길로 실패를 돌아보지 마라. 과거는 바꿀 수 없고, 오직 교훈을 얻을 수 있을 뿐이다. 무엇보다 중요한 것은 고난의 시기 때문에 포기해서는 안 된다는 것이다.

기록은 깨어지기 위해 만들어진다

인간이 1마일(1,609미터)을 4분 안에 뛰는 것은 불가능하다고 오랫동안 믿었다. 사실 건강에 상당히 피해를 입히지 않고는 넘을 수 없는 물리적인 장벽이라고 생각했다. 그러다가 1954년 5월 6일, 영국 아마추어육상연맹AAA과 옥스퍼드 대학의 대항전에서 로저 배니스터Roger Bannister가 1마일을 3분 59.4초 만에 주파했다. 갑자기 불가능한 일이 가능해졌다. 배니스터가 4분 벽을 깨고 56일 후, 호주의 육상 챔피언인 존 랜디John Landy가 핀란드에서 1마일을 3분 57.9초에 주파했다. 인간이 1마일을 4분 안에 달리지 못하도록 막았던 물리적 장벽에 무슨 일이 생긴 걸까? 갑자기 진화적 도약이 이뤄진 걸까? 아니다. **생각의 변화**가 차이를 만들었다.

우리가 인지하는 장벽은 우리의 머릿속에만 존재한다. 믿음은 우리가 인생에서 시도하거나 시도하지 않은 것에 영향을 미친다. 이제부터 주식투자로 얻을 수 있는 성과에 엄청난 차이를 만들어내는 강력한 교훈과 검증된 기법을 배울 것이다. 기록은 깨어지기 위한 것이다. 거기에는 내가 세운 기록도 포함된다. 기꺼이 노력하고 교훈을 배울 의지가 있다면 어떻게 실패할 수 있을까? **할 수 있다**고 믿어라. 그것이 가장 먼저 알아야 할 사실이다.

TRADE LIKE

A STOCK MARKET

WIZARD

3장

세파® 전략

1980년대 초에 주식투자를 시작할 때 내가 생각한 전략은 주가가 급락한 저가 종목을 충동적으로 매수하는 것뿐이었다. 나는 역사적 저점 근처에서 거래되는 종목은 싼 것이 확실하다고 생각했다. 그러나 이 접근법으로는 별로 성공하지 못했다. 사실 결과는 정말 끔찍했다. 나는 오래지 않아 그중 다수는 그럴 만한 이유가 있어서 주가가 낮은 것이며, 대부분은 주가가 더 낮아진다는 사실을 곧 깨달았다. 반면 다른 많은 종목은 52주 신고가를 찍은 다음에도 주가가 더 올랐다. 그래서 고공행진 종목과 불발탄 종목을 가르는 것은 무엇인지 그리고 대박 종목이 대박을 치기 전에 파악하는 방법이 있는지가 궁금해졌다.

1983년부터 1988년까지 5년간 나는 구할 수 있는 책을 전부 읽고 금융 뉴스를 열심히 시청하면서 포괄적인 연구에 나섰다. 나는 여유가 될 때마다 책을 샀다. 책을 살 사정이 안 되면 서점 진열대 앞에 서서 읽었다. 공책에 필기까지 해가면서 말이다. 호주머니 가득 동전을 넣고 지역 대학 도서관에 가서는 한 페이지에 1페니를 주고 책 전체를 복사해서 스테이플러로 묶기도 했다. 돌이켜 보면 철침으로 묶은 복사본을 거실 구석에 있는 책상 대용으로 쓰던 접이식 테이블에 앉아서 읽던 내 모습이 꽤나 우스웠을 것 같다. 가족 중 누구도 내가 그 복사물들로 무엇을 하는지 몰랐다. 소박하게 시작했지만 결국 그만한 노력을 기울인 값을 한 시절이었다.

전환점의 시작

내가 축적한 지식은 30년에 걸친 직접적인 경험뿐 아니라 선배 투자자들에 대한 공부에서 나왔다. 나는 정보를 받아들여서 다듬은 후, 내 투자 방식에 맞춰 '스페시픽 엔트리 포인트 어낼러시스Specific Entry Point Analysis', 즉 세파SEPA를 적용했다. 그래도 수십 년 전에 토대를 깔아준 시장의 대가들에게 많은 빛을 졌다. 내 눈을 뜨게 해준 책은 리처드 러브Richard Love의《초고수익 주식Superperformance Stocks》이었다. 이 책은 정부 정책에 따른 경제 주기의 변화를 다루는데, 나는 대박 종목의 공통점에 초점을 맞춘 7장에 흥미를 느꼈다. 러브는 1962년부터 1976년까지의 시장을 연구했는데 2년 동안 적어도 300퍼센트 이상 상승한 종목의 특성에 초점을 맞췄다. 그는 이런 종목을 초고수익 종목이라 불렀다.

러브의 접근법은 나의 눈길을 끌었다. 그러나 초기에는 어떻게 활용해야 할지 몰랐다. 그래서 그 정보는 더 많이 배우기 위해 탐구를 계속하는 동안 활용되지 않은 채 머릿속에 보관되어 있었다. 1988년에 나는 〈파이낸셜 애널리스트 저널Financial Analyst Journal〉 3~4월호에 실린 '주식시장 승자의 해부The Anatomy of a Stock Market Winner'라는 제목의 논문을 읽었다. 이 논문은 1년 동안 100퍼센트 이상 상승한 우월한 종목에 대한 연구 결과를 담은 것이었다. 마크 라인가눔Marc R. Reinganum은 1970년부터 1983년까지 시장의 승자에 해당하는 222개 종목을 분석하여, 뛰어난 상승률에 기여한 요소가 무엇인지 파악했다.

그의 논문을 읽는 동안, 내 머릿속에 전구가 켜졌다. 나는 러브의 책을 떠올렸다. 일단 러브와 라인가눔이 연구한 기간이 일부분 겹쳐 있었다. 게다가 두 연구의 목적이 거의 같았다. 바로 최대 상승률을 기록한 주식에 초점을 맞춰서 탁월한 성과에 기여하는 속성을 파악하는 것이었다. 이제 필요한 것은 절판된 러브의 책을 손에 넣는 것이었다. 다행히 내 친구 중 하나가 캐나다에서 열린 도서 축제에서 1달러에 내놓은 중고 책을 발견했다. 그는 그 책을 사서 보내주었다. 러브의 책과 라인가눔의 연구 결과를 확보한 나는 그 내용을 비교하면서 유사성에 초점을 맞췄다. 이 대조 과정에서 ('역인자 모형화reverse factor modeling'로 불리는) 이 접근법이 장점이 있으며, 그것을 체계적으로 활용하여 대박 종목을 찾아낼 수 있다는 확신이 강해졌다. 최고를 찾아내기 위해 최고를 연구하는 것은 직관적으로 타당해 보였다.

러브가 연구한 내용을 공부한 후에는, 어떤 종목의 주가를 크게 높여서 초고수익 종목이라는 엘리트 집단에 속하게 하는 요소가 무엇인지 배웠다. 이는 결국 평생의 작업이 되었다. 러브의 연구 결과는 세 가지 확신을 심어주었다.

1. 주식을 매수하기에 올바른 때와 잘못된 때가 있다.
2. 주가가 크게 오르기 **전에** 초고수익 잠재력을 지닌 종목을 파악할 수 있다.
3. 해당 종목에 정확하게 투자하면 비교적 단기간에 적은 자본을 큰돈으로 불릴 수 있다.

지식의 용광로

내 투자 경력 전반에는 리처드 러브 책 외에 다른 사람들의 책도 영향을 미쳤다. 그중 한 권이 로버트 레비Robert A. Levy가 쓴《보통주 주가 예측의 상대 강도 개념The Relative Strength Concept of Common Stock Price Forecasting》이다. 이 책은 저가 매수 사고방식을 버리는 데 도움을 주었으며, 지수 대비 상대 강도에 초점을 맞추는 새로운 접근법의 토대가 되었다. 또 다른 책은 1967년에 출간된 에드워드 젠슨Edward S. Jensen의《주식시장의 청사진Stock Market Blueprints》이다. 젠슨의 책은 소득, 주기적 성장, 역동적 성장 같은 요건에 기반한 유형별 주식의 청사진을 담고 있다. 나는 러브처럼 주식에 대한 객관적 분석에서 출발하여 요인 모형에 따른 견본을 만들었다는 점에서 그를 좋아했다. 이 엄격한 접근법은 내가 리더십 프로필Leadership Profile®을 만드는 데 영감을 주었다.

영향을 받은 또 다른 사람이 있다면, 코네티컷 주 하트퍼드Hartford 출신인 리처드 돈키언Richard Donchian이다. 그는 예일대 경제학과를 졸업하고 1930년 대에 월스트리트에서 일했다. 그는 운용형 선물managed futures 산업의 창조자이자, '추세 추종'으로 알려진 규칙 기반 트레이딩 접근법을 개발했다. 그의 원칙 중 하나는 5주기 이동평균선(5주기 이동평균선이란, 일봉에서는 5일간의 이동평균선, 분봉에서는 5분간의 이동평균선을 뜻함—옮긴이)이 20주기 이동평균선을 위 혹은 아래로 교차할 때 매매하는 것이다. 돈키언의 연구로 인해 특정한 추세 요소를 내 모형에 추가하여 거래를 정량화하고 진입 타이밍을 잡을 수 있었다.

그다음으로, 차트 패턴과 관련하여 방대한 연구를 한 윌리엄 자일러William L. Jiler를 알게 되었다. 그는 그의 저서에서 당시 증권사인 헤이든 스톤Hayden Stone의 원자재 리서치 책임자로 일하던 돈키언의 기여를 인정했다. 이들은 내가 시장을 꼼꼼히 공부하는 동안 나의 스승이 되어주었다. 러브에게는 역사적 전례 분석과 초고수익 주식의 공통점을 배웠다. 젠슨에게는 청사진 및 프로필 구성법을, 돈키언에게는 추세 추종을, 자일러에게는 유명한 플랫폼으로 이어지는 접시형 차트 패턴을 배웠다. 지금은 손잡이 달린 컵 패턴으로 불리는 이 패턴은 1960년대에 헤이든 스톤에서 일한 윌리엄 오닐Wiiliam O'Neil에 의해 널리 알려졌다.

물론 대가 중 대가는 역대 최고의 트레이더인 제시 리버모어였다. 그는 1907년에 하루 동안 300만 달러를 벌었다. 또한 대다수 투자자는 1929년의 대폭락 때 망했지만 그는 공매도로 무려 1억 달러를 벌었다. 이런 기록은 내게 엄청난 영감을 주었다. 대다수 사람은 리버모어라고 하면 《어느 주식투자자의 회상》이라는 책을 떠올린다. 그러나 나는 실용적인 내용을 담은 《제시 리버모어의 주식투자 바이블》에 더 끌렸다. 나는 그의 책을 읽으면서 투자관을 확고하게 다졌다. 내게 수익을 안겨준 많은 원칙은 20세기 초반에 리버모어에게 수익을 안겼던 원칙과 다르지 않다.

스승은 여럿이지만 교훈은 일관되고 명확했다. 초고수익 주식을 만든 근본적인 요소는 과거나 지금이나 크게 달라지지 않았다. 경제가 얼마나 발전했든 어떤 산업이 부상했든 간에, 초고수익의 기본 요건은 꾸준히 유지되었다. 나의 많은 투자 선배는 같은 결론에 이르렀다. 이름이 다르고 각자 해당 현상을 활용하는 나름의 전술을 갖고 있었지만 지식의 집약체는 존재했다. 이 집약체는 자신을 토대로 삼을 새로운 탐구자를 기다렸다.

마침내 등장한 기술

1980년대 말, 나는 처음으로 '강력한' 컴퓨터를 샀다. 강력하다는 것은 테니스 퐁_{Tennis Pong} 게임 말고 다른 일에도 활용할 수 있다는 뜻이다. 컴퓨터는 실시간 호가를 화면에 띄워주었을 뿐 아니라 데이터베이스를 만들고 더 많은 정보에 접근할 수 있게 해주었다. 이제 나는 정량적 분석을 할 수 있었다. 즉 더 많은 대박 종목을 추적·분석하고, 실시간으로 주가를 관찰하면서, 역사적 연구 결과가 현대에도 적용되는지를 확인할 수 있었다. 또한 컴퓨터는 초고수익의 특성을 토대로 수천 개의 잠재적 기업을 걸러낼 수 있도록 해주었다. 이전에는 수작업으로 종목을 찾아내고 관찰해야 해서 내가 확인할 수 있는 종목이 상당히 한정되어 있었다. 초기에는 매일 그래픽용지에 손으로 차트를 그리기도 했다. 얼마나 귀찮던지!

실시간으로 주식을 분석하고 거래하는 동안 내가 수집한 데이터와 거둔 결과는 러브와 라인가눔의 결론에 부합했다. 이 시점까지 나는 구체적인 거래법을 개발하지 못했다. 그래도 초고수익 주식의 특성에 접근하고 있었으며, 그 통찰에 따라 거래하면서 의미 있는 성공을 거두기 시작했다.

투자 공부의 활용

1990년대 초반에 이뤄진 기술, 소매, 의료 부문의 급성장은 무명 기업을 유명 기업으로 탈바꿈시켰다. 나는 1980년대에 배운 내용을 활용하여, 주식시장이 1990년의 약세장에서 벗어나 새로운 강세장으로 옮겨 가는 동안 급등할 종목을 포착할 수 있었다. US서지컬_{US Surgical}, 암젠_{Amgen}, 아메리칸 파워 컨버전American Power Conversion, 발라드 메디컬 프로덕츠Ballard Medical Products, US 헬스케어US Healthcare, 서지컬 케어 어필리에이츠Surgical Care Affiliates, 메드코 컨테인먼트Medco Containment, 마이크로소프트, 홈디포, 델 컴퓨터, 인터내셔널 게임 테크놀로지International Game Technology, 시스코시스템즈는 당시에는 비교적 덜 알려졌지만 강한 펀더멘털과 기술적 특성을 보였다. 하지만 많은 투자자가 놀라운 상승기에 비교적 높은 PER(주가수익비율) 때문에 이 위대한 기업을 놓쳤다. 1991년에 상승률 상위 40대 종목(주당 12달러 이상)의 평균 PER은 연초에 29배로 시작하여 연말에 83배로 높아졌다.

리더십 프로필

나는 거의 30년에 걸친 거래 내역과 1800년대 말까지 거슬러 올라가 꼼꼼히 수집한 역사적 데이터를 활용하여 초고수익 종목이 공유한 속성의 청사진을 만들었다. 나는 이를 '리더십 프로필'이라 부른다. 리더십 프로필은 과거에 가장 많이 상승한 종목들의 특질과 속성을 자세히 확인하고자 지속적으로 노력한 결과물이다. 그 목적은 어떤 종목이 앞으로 다른 종목들을 크게 앞지를 가능성을 높이는 요소가 무엇인지 파악하는 것이다. 나는 가격 변동의 규모(얼마나 상승했는가?)뿐 아니라 시간적 요소에도 초점을 맞춘다. 즉 주가가 얼마나 빨리 올랐으며 급등 요인은 무엇인지를 살핀다. 주식시장에서 타이밍은 대단히 중요하다. 시간은 돈이기 때문이다. 나는 데이터베이스를 걸러낼 때 각각의 후보 종목이 최적의 리더십 프로필에 얼마나 잘 맞는지 비교하고 그에 따라 순위를 매긴다. 그 결과, 초고수익 종목을 찾을 확률이 크게 높아졌다.

세파: 정밀성의 전략

나는 매수 및 매도의 타이밍을 가다듬는 데 초점을 맞췄다. 그 결과 나의 세파 방법론은 외과 수술에 맞먹는 정밀성으로 거래한다는 평을 듣는 전략으로 진화했다. 나중에 자세히 설명하겠지만, 세파 접근법은 초고수익 종목이 될 만한 잠재력을 지닌 엘리트 후보 종목을 찾도록 해준다. 세파의 목적은 관련된 모든 정보를 취하여 리스크 대비 보상 측면에서 성공할 확률이 높은 매수 지점을 정확히 골라내는 것이다. 세파는 기업의 펀더멘털과 주식의 기술적 행동을 통합한다. 그 이면의 요건은 개인적 의견이나 학문적 이론이 아닌 엄격한 조사, 수십 년간 현실에 적용한 결과, 직접 관찰한 팩트에 기반한다.

세파의 다섯 가지 핵심 요소

세파 방법론의 핵심 구성 요소를 포함하는 주요 범주에 따라 기본적인 속성을 나누면 다음과 같다.

1. 추세: 대형 상승 종목의 초고수익 구간은 대부분 주가가 상승 추세를 그릴 때 등장했다. 대부분의 사례에서 초고수익 상승 초반에 추세를 파악할 수 있었다.

2. 펀더멘털: 대다수의 초고수익 구간은 영업이익, 매출, 마진이 이끌었다. 이 요건은 대개 초고수익 구간이 시작되기 **전에** 실현된다. 대부분의 경우 영업이익과 매출은 일찍 제시되며 측정이 가능하다. 거의 언제나 초고수익 구간이 진행되는 동안에 매출, 마진 그리고 궁극적으

로는 영업이익과 관련한 펀더멘털이 뚜렷하게 개선된다.

3. 재료: 크게 상승하는 모든 종목의 이면에는 재료가 있다. 재료가 항상 쉽게 드러나는 것은 아니다. 그러나 기업의 이야기를 조금만 조사해보면 초고수익 잠재력을 지닌 종목에 대한 팁을 얻을 수 있다. 매출에서 의미 있는 부분을 차지하는 인기 신제품은 주가의 초고수익 구간을 촉발할 불씨를 제공할지도 모른다. FDA 승인이나 신규 계약 또는 새 CEO도 이전까지 잠잠하던 주가에 활력을 불어넣을 수 있다. 덜 알려진 작은 기업의 경우 대개 이목을 끌 만한 이벤트가 필요하다. 나는 투자자를 흥분시키는 요소를 가진 기업을 좋아한다. 맥_{Mac}과 '아이' 제품군으로 숭배의 대상이 된 애플, (인터넷과 이메일 중독자들에게 너무나 중독적이어서 크랙베리_{CrackBerry}라는 별명이 붙은) 블랙베리를 보유한 리서치 인 모션_{RIM, Research in Motion}, 인터넷 검색엔진의 대명사가 되어 동사로 사전에 등재된 구글_{GOOGLE}이 이에 해당한다. 성장 종목인지, 실적 개선 종목인지, 경기 민감 종목인지, 또는 신약에 대한 기대감으로 거래되는 바이오테크 종목인지 등 각 상황은 다를 수 있다. 그러나 이유가 무엇이든 간에 모든 초고수익 종목의 이면에는 언제나 기관의 흥미를 끄는 재료가 있다.

4. 매수 지점: 대다수 초고수익 종목은 리스크는 적지만 급등할 수 있는 포인트를 적어도 한 번, 때로는 여러 번 제공한다. 매수 타이밍을 잡는 일은 대단히 중요하다. 매수 타이밍을 잘못 잡으면 불필요하게 손절해야 하는 경우가 생기거나 돌파 후 다시 매수 시점 이하로 떨어질 때 빨리 매도하지 못해서 큰 손실을 입는다. 반면 강세장에서 매수 타이밍을 잘 잡으면 대규모 상승으로 이어진다.

5. 매도 지점: 초고수익 속성을 드러내는 모든 종목이 수익으로 이어지

는 것은 아니다. 다수는 정확한 지점에서 매수해도 주가가 오르지 않을 것이다. 계좌를 보호하기 위해 손실이 난 포지션에서 강제로 빠져나오도록 손절 지점을 설정해야 하는 이유다. 반대로 일정한 시점이 되면 보유 주식을 팔아서 수익을 실현해야 한다. 지금까지 거둔 수익을 지키려면 초고수익 구간의 끝을 파악해야 한다.

세파 순위 매기기 과정은 다음과 같이 정리할 수 있다.

1. 잠정적 세파 후보 종목이 되려면 먼저 '트렌드 템플레이트_{Trend Template}'(5장 참고)를 충족해야 한다.

2. 트렌드 템플레이트를 충족하는 종목은 영업이익, 매출, 마진 증가율, 지수 대비 상대 강도(Investor's Business Daily에서 제공하는 보조 지표로, S&P500 대비 동 기간에 얼마큼 가격이 상승 또는 하락했는지 비교한 것. 지수 대비 상대 강도가 강할수록 주도주일 확률이 높다. 현재 한국에서는 이 보조 지표를 제공하는 HTS는 없다—감수자), 가격 변동성에 토대를 둔 일련의 필터로 걸러진다. 트렌드 템플레이트를 충족하는 주식의 약 95퍼센트가 이 심사 과정을 통과하지 못한다.

3. 남은 종목은 리더십 프로필과의 유사성을 살펴서 과거 초고수익 종목의 역사적 모형이 드러내는 구체적인 펀더멘털적, 기술적 요소와 맞는지 파악한다. 이 단계에서 남은 종목 중 대다수가 제거된다. 그리고 더 긴밀하게 검토하고 평가할 만한 몇 종목만 남는다.

4. 마지막 단계는 개별적 검토다. 후보 종목은 개별적인 심사를 거쳐서 다음에 열거한 속성을 고려하는 '상대적 우선순위' 설정 과정에 따라 점수를 매긴다.

- 발표된 영업이익 및 매출

- 깜짝 영업이익 및 매출 기록

- 주당순이익$_{EPS}$ 증가 및 증가율 상승

- 매출 증가 및 증가율 상승

- 기업 제시 가이던스$_{guidance}$

- 애널리스트의 실적 추정치 수정

- 마진률

- 산업 및 시장 내 위치

- 잠재적 재료(새로운 제품 및 서비스 또는 산업 내지 기업 관련 소식)

- 동일 업종에 속한 다른 종목과의 상승률 비교

- 주가 및 거래량 분석

- 유동성 리스크

세파 순위 설정 과정은 다음의 요소에 대한 잠재력을 파악하는 데 초점을 맞춘다.

1. 미래의 깜짝 영업이익 및 매출과 긍정적인 추정치 조정
2. 강력한 거래량을 동반한 기관의 매수세
3. 수급 불균형(매수 물량 대비 매도 물량 부족)에 따른 빠른 주가 상승

확률 수렴

나는 리스크가 가장 적고 보상 잠재력은 가장 큰 진입 지점을 파악하기 위해 세파를 개발했다. 내 목표는 주식을 사자마자 바로 수익을 내는 것이

다. 이를 달성하기 위해 관련된 펀더멘털적, 기술적, 시장적 요소를 모두 고려하며, 이 모든 요인이 이뤄지는 지점을 찾아낸다. **나는 전반적인 시장 여건뿐 아니라 기업의 펀더멘털, 주가, 거래량이 모두 조건에 부합하는 경우에만 매수한다.** 나는 이런 요소들이 사거리 교차로에 동시에 도착한 넉 대의 차처럼 수렴하기를 바란다.

사실상 모든 대박 종목은 크게 상승하기 전에 매우 구체적이고 측정할 수 있는 요건을 드러낸다. 이 종목들은 초고수익을 내는 기간에 신제품이든, 혁신적인 서비스든, 근본적인 변화든, 다른 기업보다 더 많이, 더 빨리, 그리고 어떤 경우에는 오래 돈을 벌 수 있게 해주는 뚜렷한 속성을 지닌다. 그 결과, 해당 종목의 주가는 기관 매수세를 끌어들이면서 크게 상승한다. 기업이나 시장에 대해 모든 것을 알 필요는 없지만 올바른 것들은 알아야 한다. 펀더멘털적, 기술적, 정량적, 시장적 요소를 모두 통합하고 여러 난관을 넘을 수 있는 능력을 확인하면 탁월한 종목을 파악할 가능성이 훨씬 높아진다. 이 변수들의 종합적 가치는 부분의 합보다 크다.

초고수익 속성

오랜 기간에 걸쳐 나는 초고수익 종목은 인식이 가능하다는 결론을 내렸다. 대부분의 경우 실적은 재무제표를 통해 확인이 가능하다. 사실 대다수의 초고수익 종목은 최대 상승폭을 기록하기 전에 펀더멘털뿐 아니라 기술적 측면에서도 이미 일정 기간 동안 우월한 면모를 보인다. 초고수익 종목의 90퍼센트 이상은 시장이 조정이나 약세 국면에서 벗어날 때 놀라운 상승을 시작한다. 흥미로운 건 이런 종목은 아주 드물다는 것이다.

초고수익 종목은 어리다

대체로 초고수익 국면은 해당 종목이 비교적 어릴 때, 이를테면 상장_{IPO}
후 10년 이내에 등장한다. 역사적으로 많은 초고수익 종목은 상장되기 전
에 오랫동안 개인 기업이어서, 상장되었을 때 검증된 실적과 성장 기록을
가지고 있었다. 일부 초고수익 기업은 상장되기 전에 이미 성공적인 제품
라인 및 브랜드를 구축하기도 한다.

나는 1990년대 초반에 약세장 조정에도 불구하고 견조하게 잘 버티면서
시장의 저점을 벗어나 신고가를 찍는 종목들에 집중했다. 당시에 내가 거래
한 대다수 종목은 비교적 덜 알려져 있었다. 큰 폭의 실적 성장과 제품에 대
한 강한 수요 같은 속성들이 이런 종목을 추동했다. US서지컬이 그중 하나
였다. 이 기업은 수술용 스테이플러와 복강경 수술 장비 분야를 선도했다.
소프트웨어, 컴퓨터 주변기기, 기술 관련 주식도 개인용 컴퓨터의 인기에
힘입어 같은 기간에 양호한 증가율을 보였다. 대다수 투자자는 익숙하지 않
은 이름의 새로운 종목을 피하는 경향이 있다. 대박 종목을 찾는 것이 목표
라면 절대 그래서는 안 된다.

크기는 중요하다

대다수 기업은 비교적 규모가 작고 기민할 때 고성장 국면을 지난다. 그
러다가 나이가 들고, 더 커지고, 더 성숙해지면서 성장 속도가 느려지고, 그
와 함께 주가 상승률도 낮아진다. 초고수익 종목은 소형주가 많다. 가끔은
대형주도 실적 반전이나 약세장에 따른 침체기 이후 주가가 급등한다. 그

러나 일정한 기간에 걸쳐 빠르게 주가가 상승하면서 곧이어 초고수익 구간을 형성하는 것은 대개 소형주나 중형주다. 초고수익에 관심 있는 투자자는 (이익과 매출 증가 속도가 빨라지는) 성장기에 있는 중소기업을 지켜봐야 한다. 종합적으로 볼 때 영업이익과 매출 그리고 주가의 상승 속도는 보통 크고 성숙한 기업보다 중소기업이 더 빠르다. 다만 대부분의 대기업은 실적이 검증되어 있는 반면 중소기업은 검증이 필요하다. 따라서 이미 수익을 내고 있는지, 사업 모델을 복제하여 규모를 키울 수 있다는 게 검증되었는지를 확인하는 것이 중요하다.

비교적 시가총액과 유통 주식수가 적은 후보 종목을 찾아라. 다른 조건이 동일하다면, 소형주가 대형주보다 공급 물량에 따른 상승 잠재력이 크다. 즉, 대형주보다 유통 주식수가 적어서 훨씬 적은 수요로도 주가가 움직일 수 있다는 말이다.

이 사실을 알면 수익 측면을 현실적으로 예측하는 데 도움이 된다. 대형주는 젊고 작은 기업처럼 큰 폭으로 주가 상승을 이루기가 어렵다. 때로는 약세장이나 일시적 경기 부진으로 대형주의 주가가 침체되기도 한다. 이런 경우 주가가 회복되는 준수한 상승기의 초입에 코카콜라나 아메리칸 익스프레스 또는 월마트 같은 종목을 매수할 기회가 생긴다. 다만, 나는 대형주가 단기간에 급등하면 더 작고 빠르게 성장하는 종목보다 더 빨리 수익을 실현한다. 후자는 몇 달 동안 2~3배로 주가가 뛸 잠재력이 있기 때문이다.

종목 검색

1980년대 이후, 나는 컴퓨터로 검색하여 엄청난 양의 정보를 걸러냈다.

많게는 하루 1만 개 종목을 검색하여 최소 요건을 충족하는 관리 가능한 후보군을 추려내고 추가로 분석했다. 지금은 투자자들이 활용할 수 있는 검색 도구가 많다. 그래서 검색과 관련하여 몇 가지 제안을 하고 싶다.

정량적 분석(종목 검색)을 할 때, 복잡한 모형보다는 단순한 모형을 활용하는 편이 낫다. 검색할 때는 너무 많은 요건을 적용하지 않도록 주의한다. 안 그러면 하나를 제외하고 모든 요건을 충족하는 좋은 후보를 뜻하지 않게 걸러낼 수 있기 때문이다. 가령 특정한 수준의 영업이익, 시가총액, 추정치 조정 등 12가지 요건에 맞는 종목을 고르려 한다고 가정하자. 이 경우 11가지 요건을 충족하지만 12번째 요건에 아슬아슬하게 못 미치는 종목은 놓치게 된다. 요건이 100가지면 다른 99가지 요건을 충족하더라도 한 가지 요건에 못 미치는 종목은 거르게 된다는 사실을 명심하라.

이보다 나은 접근법은 몇몇 연관된 요건을 토대로 따로 검색하는 것이다. 이를테면 지수 대비 상대 강도와 추세를 살피거나, 영업이익과 매출을 토대로 삼는 검색을 할 수도 있다. 이렇게 따로 검색하면 하나의 목록에만 나오는 종목도 있지만 같은 종목이 반복적으로 나오는 경우가 많다. 컴퓨터는 잡음을 걸러내고 올바른 방향으로 조사하는 데 아주 유용하다. 그러나 꾸준히 초고수익을 올리고 싶다면, 소매를 걷어붙이고 옛날식으로 수동 분석을 해야 한다. 이는 주식투자의 흥미로운 부분이며, 주식투자를 재미있고 보람차게 만든다.

하나의 접근법에 헌신하라

수학 박사나 물리학 박사가 아니어도 주식시장에서 성공할 수 있다. 올바른 지식, 건전한 노동 윤리, 절제력만 있으면 된다. 세파 방법론은 수십 년에 걸친 조사와 검증 그리고 실제로 통하는 것을 찾아내기 위해 수많은 재구성을 거쳐 개발되었다. 오랜 시간의 시험을 견뎌냈고, 실질적인 결과를 통해 현실에서 효과를 증명했다. 당신도 나름의 시행착오를 거칠 것이고, 가치투자, 성장투자, 펀더멘털 분석, 기술적 분석 또는 복합적 분석 등 주식시장에 대한 다양한 개념과 접근법을 훑어보고 시험할 것이다. 결국 성공하려면 당신에게 합리적으로 보이는 한 가지 접근법에 정착해야 한다. 주식거래 전략을 활용하는 일은 결혼과 같아서 신의를 지키지 않으면 좋은 결과를 얻지 못한다. 좋은 결과를 얻으려면 시간과 노력이 필요하다. 시장에 대한 자신만의 접근법을 가지고 전문가가 되고자 해야 한다.

전략도 중요하지만, 그보다는 규칙을 적용하고 준수하기 위한 지식과 규율이 더욱 중요하다. 자신이 활용하는 전략의 강점과 약점을 제대로 아는 투자자는 우월한 전략을 조금만 아는 투자자보다 훨씬 잘할 수 있다. 물론 좋은 전략에 대해 많이 아는 것이 이상적이며, 그것을 궁극적인 목표로 삼아야 한다.

TRADE LIKE
A STOCK MARKET
WIZARD

4장

가치에는 대가가 따른다

> 적당한 종목을 아주 좋은 가격에 매수하는 것보다 아주 좋은 종목을 적당한 가격에 매수하는 것이 훨씬 낫다.
>
> ‐ 워런 버핏

전통적인 의미에서 '가치'라고 하면 헐값이 바로 떠오를 것이다. 전에는 비쌌던 것이 지금은 싸졌다는 의미다. 이는 논리적으로 보인다. 그러나 성장주 투자는 이 정의를 뒤집는다. 주식시장에서는 저렴하게 보이는 것이 실은 비싼 것이고, 비싸거나 주가가 너무 높아 보이는 것이 결국 초고수익 종목이 될 수 있다. 간단히 말해서, 가치에는 대가가 따른다.

PER, 남용과 오해

매일 애널리스트들과 월스트리트 전문가들은 주식 가치에 대해 수많은 의견을 쏟아낸다. 이 주식은 고평가되었다거나, 저 주식은 헐값이라면서 말이다. 이런 가치평가의 근거는 무엇일까? 대개는 주가가 이익의 몇 배인지 말해주는 PER이 그 근거가 된다. 그런데 PER은 과대평가되고 있다. 많은 투자자가 오해나 지식의 부족으로 인해 이 인기 공식에 지나치게 의존한다. **의외일지 모르지만, 과거의 초고수익 종목을 분석해보면 PER은 그 자체만으로는 월스트리트에서 가장 쓸모없는 통계 중 하나다.**

표준 PER은 지나간 결과를 반영하며, 주가가 상승하는 데 가장 중요한 요소인 미래를 고려하지 않는다. 물론 영업이익 추정치를 활용하여 추정 PER을 계산할 수 있지만, 이는 의견에 불과하며 종종 틀린 추정치에 의존한다. 기업에서 추정치에 미치지 못한 실망스러운 영업이익을 발표하면 애널리스트는 추정치를 하향 조정한다. 그 결과, 추정 PER의 분모, 즉 P/E에서 'E'가 작아진다. 이때 P는 바뀌지 않는다고 가정하면 비율이 늘어난다. 견조한 이익을 발표하는 기업에 집중하는 이유가 바로 이것이다. 그러면 영업이익 추정치가 상향 조정되기 때문이다. 영업이익의 견조한 성장은 주식의 가치를 높인다.

저가 매수의 행복

어떤 애널리스트는 주가가 심하게 하락한 종목을 매수하라고 권한다. PER이 역사적 구간의 저점이나 그 근처에 있다는 것이 그 근거다. 그러나 대개 이런 식의 가격 조정은 부실한 실적 보고의 예고다. 분기 결과가 발표되었을 때 영업이익이 추정치를 빗나가거나 손실이 나면, PER은 다시 오른다(일부 경우에는 급등한다). 그래서 주가는 더욱 하향 조정된다. 2007년 말 모건 스탠리 MS/NYSE의 경우가 그랬다. 당시 주가가 하락하면서 PER이 10년 저점에 이르렀고, 나중에는 실망스럽게도 전년 대비 마이너스 영업이익을 발

그림 4.1 아메리칸 인터내셔널 그룹(American Intl Group, AIG), 1999~2000

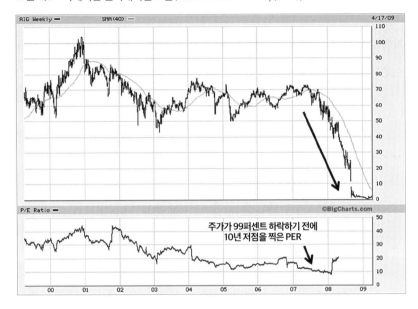

표했다. 그 결과, PER은 즉시 이익의 120배 이상으로 급등했다. 영업이익이 줄고 PER이 120배가 되자, 모건 스탠리의 주식은 갑자기 엄청나게 고평가된 종목이 되었다. 주가는 7달러 아래로 더욱 급락했다. 모건 스탠리의 실적이 부진했던 이유는 산업 전반을 덮친 금융위기 때문이었다. 2008년에 뱅크 오브 아메리카, 시티그룹, AIG은 모두 PER이 10년 저점을 찍었다. 은행과 금융 업종에 속한 다른 많은 종목도 마찬가지였다. 그러나 12개월 안에 3개 종목이 모두 90퍼센트 넘게 폭락했다.

저가의 함정

저렴한 주식을 사는 것은 포커의 함정패와 같아서 벗어나기가 어렵다.

싸다는 이유로 주식을 사면 주가가 하락해도 팔기가 힘들다. 애초에 싸서 산 것인데 더 싸졌기 때문이다. 즉, 싸질수록 '싸다'는 논리에 따른 매력이 커진다. 이는 투자자들을 커다란 궁지에 빠트리는 사고방식이다. 대다수 투자자는 주도 종목이 아니라 헐값 종목을 찾는다. 그래서 싸구려 주식을 사곤 한다.

PER이 높다고 배제하지 마라

성장주가 시장에서 프리미엄을 받는 것은 정상이다. 영업이익이 빠르게 느는 상황에서는 특히 더 그렇다. 빠르게 성장하는 기업의 주식은 전체 시장보다 3~4배 높은 멀티플$_{multiples}$(영업이익이나 매출 같은 척도의 배수로 주식의 가치를 측정한 것이며, 주로 PER을 기준으로 삼음─옮긴이)로 거래된다. 실제로 가파르게 성장하는 주도주는 성장주가 가치주보다 선호되는 시기에 더 높은 프리미엄을 누린다. 또한 성장주가 선호되지 않는 시기에도 시장에서 상당한 프리미엄을 받고 팔린다.

많은 경우, 초고수익 잠재력을 지닌 종목은 비합리적으로 높아 보이는 PER에 팔린다. 그래서 많은 아마추어 투자자가 겁을 먹는다. 기업의 성장률이 대단히 높으면 PER에 기반한 전통적인 가치평가 척도는 고평가 여부를 판단하는 데 도움이 되지 않는다. 그래서 PER이 높은 종목은 잠재적인 매수 대상으로 분석하고 고려해야 한다. 특히 해당 기업에 대해 새롭고 흥미로운 일이 일어나고 있고, 폭발적인 영업이익 증가로 이어질 재료가 있다면 더욱 그렇다. 애널리스트들이 해당 기업이나 사업을 오해하거나 간과하고 있다면 더더욱 좋다.

인터넷 사업자들이 좋은 예다. 야후가 전화기 이후로 가장 큰 기술적 변화를 선도하고 있을 때, 나는 TV 인터뷰에서 인터넷이 살아남을 것 같으냐는 질문을 받았다. 인터넷이 살아남지 못한다는 걸 상상할 수 있겠는가? 지금은 상상할 수 없다. 그러나 1990년대 초중반에는 내다보기 어려웠다. 많은 사람이 그랬기에, 당시에는 인터넷 기술 종목이 52주 신고가를 기록하면서 말도 안 되는 것처럼 보이는 가격에 거래되고 있었다.

최고의 성장주는 대부분 낮은 PER에 거래되지 않는다. 과거의 대박 종목 중 다수는 주가가 가장 많이 상승하기 전에 이익의 30~40배로 거래되었다. 빠르게 성장하는 기업의 주식은 느리게 성장하는 기업의 주식보다 더 높은 멀티플에 거래되는 것이 당연하다. 단지, 어떤 종목의 PER이나 주가가 너무 높아 보인다는 이유로 기피하면 최대 상승 종목을 여럿 놓치게 될 것이다. 커다란 잠재력을 가지고 빠르게 성장하는 흥미로운 기업의 주식이 재고떨이 판매대에 놓일 리가 **없다.** 최고의 상품은 양판점에서 팔리지 않는다. 정말로 좋은 기업의 주식은 언제나 비싸 보일 것이다. 그러나 대다수 투자자는 바로 그 이유 때문에 그 주식을 놓치고 만다.

고성장은 애널리스트를 당황하게 만든다

◞ (미너비니가) 10월 중순(1998년)에 여기 나와서 야후를 추천한 것을 기억할 겁니다. 그 이후로 야후는 100퍼센트가 올랐어요.

- 론 인사나_{Ron Insana}, CNBC 인터뷰, 1999년 11월

월스트리트는 엄청난 속도로 성장하는 기업에 PER을 어떻게 설정해야 할지 잘 모른다. 역동적인 새로운 주도 기업이나 산업을 상대할 때는 성장

국면이 얼마나 오래 이어질지, 그리고 특정한 기간에 얼마나 빠른 속도로 성장할지 예측하기가 불가능하거나 대단히 어렵다. 초고수익 종목은 극단적인 가격까지 오르는 경향이 있다. 애널리스트들은 말도 안 되는 것처럼 보이는데도 그 기업의 주가가 성층권까지 오르는 것을 보고 경악한다. 이런 대단한 주식을 놓치는 이유는 월스트리트가 주가가 움직이는 방식을 오해하고 엉뚱한 주가 변동 요인에 집중하기 때문이다.

나는 1997년 6월에 야후 주식을 매수했다. 당시 주가는 이익의 938배에 거래되고 있었다. 실로 높은 PER이었다! 기관 투자자들은 내가 야후 이야기를 하면 "말도 안 돼요. 야, 뭐요_{ya-WHO}?"라고 말했다. 당시 야후는 사실상 무명 기업이었다. 그래도 인터넷이라는 새로운 기술 혁명을 선도하고 있었다. 이 새로운 사업이 지닌 잠재력은 대체로 간과되고 있었다. 야후의 주가는 29주 만에 무려 7,800퍼센트나 올랐고, PER은 이익의 1,700배 이상으로 불어났다. 이 상승분의 일부만 취해도 엄청난 수익을 올릴 수 있었던 것이다.

그림 4.2 야후(YHOO), 1997~1999

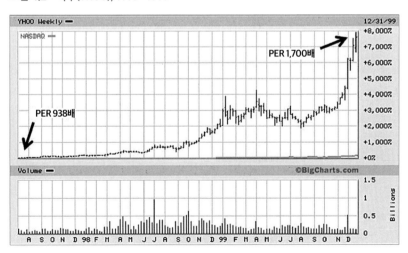

어디가 높은가? 어디가 낮은가?

☙ 미너비니는 1월 9일에 경찰이 쓰는 비살상 무기인 테이저건을 제조하는 테이저$_{Taser}$(TASR/나스닥)의 주식을 매수했다. 그는 독자적인 방법론인 세파를 활용하여 그 잠재력을 간파했다. 뒤이어 테이저 주식은 6주 만에 121퍼센트나 상승했다.

- 비즈니스위크 온라인, 2004년 5월 10일

"저가에 사서 고가에 팔라"는 오랜 격언은 누구나 안다. 이는 세일하는 물건을 찾아 매장에 가는 것처럼 당연한 일이다. 그러나 저가 매수, 고가 매도는 현재의 주가와 아무 관련이 없다. 이전 주가 수준에 비해 현재 주가가 높은지, 또는 낮은지는 주가가 계속 오를지 여부를 결정하는 요소가 **아니다**. 2달러에 거래되는 주식이 1달러가 되거나 심지어 0달러까지 떨어질

그림 4.3 테이저(TASR), 2004

그림 4.4 테이저(TASR), 2004

4주에 걸친 변동성이 적은 베이스에서 돌파에 성공한 TASR

수 있듯이, 60달러에 거래되는 주식이 260달러까지 오를 수도 있다. PER이 938배였을 때 야후의 주가가 너무 높았을까? 3개월 동안 300퍼센트 상승하기 직전인 2004년 1월에 테이저(TASR/나스닥)의 주가는 어땠을까? 200배 이상의 PER에 거래되었으니 너무 높았을까? 반대로 2008년 10월에 PER이 10년 저점을 찍었을 때 AIG의 주가는 헐값으로 보였다. 그러나 연말까지 주가는 99퍼센트나 떨어졌다.

페라리가 현대보다 비싼 데는 이유가 있다

페라리 같은 고성능 차를 사고 싶다면 높은 가격을 지불해야 한다. 고수

그림 4.5   CKE 레스토랑(CKE Restaurants, CKR), 1995

1995년 10월 13일에 CKR의 주가는 신고가에 오르면서 PER 55배에 거래되었다.

그림 4.6   CKE 레스토랑(CKR), 1998

CKR의 주가는 신고가에 오른 1995년 10월 13일 이후로 28개월 만에 400퍼센트 넘게 올랐다. 그래도 이익이 더 빨리 늘면서 PER이 오히려 낮아졌다.

익 종목도 마찬가지다. 1996년에서 1997년까지, 상승률 상위 100개 소형 주 및 중형주 종목의 평균 PER은 40배였고, 이후에는 평균값이 87배, 중위 값이 65배로 불어났다. 상대적으로 볼 때 초기의 '비싼' PER은 결국 대단히 싼 것이었다. 이 최고 주식들은 매수 지점부터 천장까지 평균 421퍼센트 상 승했는데, 같은 시기에 S&P500의 PER은 18~20배였다.

가치투자자들은 PER 멀티플이 높은 종목을 기피하곤 한다. 그들은 PER 이 S&P500의 PER보다 많이 높은 종목은 건드리지 않는다. 명민한 성장 주 투자자는 시장에서 최고의 상품을 사려면 더 많은 돈을 지불해야 한다 는 사실을 안다. CKE 레스토랑의 사례를 살펴보면, 이 종목은 주가가 급등 하기 직전에 비교적 높은 PER을 기록했다. 구체적으로는 1995년 10월 13일 에 대단히 빠른 상승세를 보이면서 주가가 신고가에 이르렀다. 급등 직전의 PER은 55배였다. 이는 S&P500의 PER인 18.9배보다 2.9배나 높은 수치였 다. 그러나 CKE 레스토랑은 직전 2분기 동안 세 자릿수로 영업이익이 성장 했다. 애널리스트들은 칼스 주니어_{Carl's Jr.} 버거 매장을 운영하는 이 기업의 이익이 다음 분기에 전년에 비해 무려 700퍼센트나 증가할 것으로 내다보 았다. 결국 주가는 103주 동안 상승한 끝에 1997년 10월에 41달러 근처에 서 정점을 찍었다. 상승률은 412퍼센트에 이르렀다. 그동안(1995년부터 1997 년까지) CKE 레스토랑은 평균 175퍼센트라는 놀라운 영업이익 증가율을 기록했다. 그 결과, PER은 S&P500의 PER보다 1.8배 높은 47배가 되었다.

아폴로그룹_{APOLLO GROUP, APOL}

주식으로 돈을 잃는 이유는 대개 PER이 너무 높기 때문이 아니라 영업 이익이 기대를 뒷받침할 만큼 빠르게 성장하지 못하기 때문이다. 즉, 기업 의 성장 잠재력을 오판해서다. 그래서 높은 PER을 정당화할 수 있는 성장

그림 4.7 아폴로그룹(APOL), 1999~2004

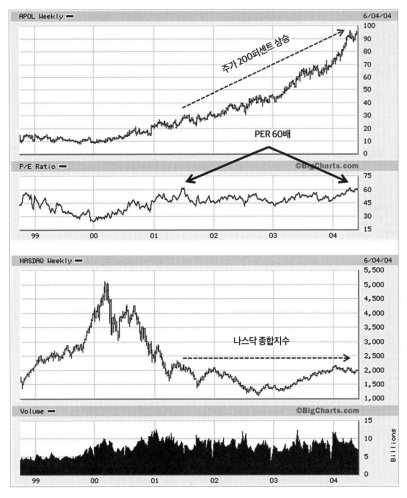

2001년에 APOL은 PER 60배에 거래되었다. 이후 2004년까지 주가가 200퍼센트나 상승했지만, 영업이익 증가율이 보조를 맞추면서 PER은 60배에 머물렀다.

가능성을 지닌 기업을 찾는 것이 이상적이다. 다시 말해 성과를 낼 수 있는 기업을 찾아야 하며, 강력한 성장을 오래 유지할수록 좋다.

아폴로그룹의 사례를 살펴보자. 2001년 중반부터 2004년까지 아폴로그룹의 PER은 주가가 200퍼센트나 올랐는데도 사실상 변하지 않았다. 주가가 급등했지만 PER이 여러 해 전과 같은 수준에 머문 이유는 무엇일까? 영업이익 증가율이 주가 상승률과 보조를 맞췄기 때문이다. 주가가 오르는 속도만큼, 또는 그보다 빨리 견조한 영업이익을 올릴 수 있다면 초기의 높은 주가가 아주 싼 것으로 드러날 수 있다. 아폴로그룹은 1994년 12월에 상장되었으며, 시가총액은 1억 1,200만 달러에 불과했다. 그러나 이후 45분기 연속으로 월스트리트의 추정치를 달성하거나 넘어섰다. 쉽게 상상할 수 있을 테지만 이로 인해 주가는 초수익의 경지로 올랐다.

2000년부터 2004년까지 아폴로그룹의 주가는 850퍼센트 넘게 올랐다. 같은 기간에 나스닥 종합지수는 60퍼센트 하락했다.

크록스 열풍

원래 정원사나 뱃사람들이 신던 플라스틱 신발인 크록스가 인기 아이템이 되자 너 나 할 것 없이 크록스를 신기 시작했다. 대중적인 인기는 주가 상승으로 이어졌다. 크록스는 주가가 급등하기 **전에** 60배가 넘는 PER을 자랑했다. 그러나 유행은 오고 가는 것이다. 어쩌면 사람들은 크록스가 더 이상 발에 맞지 않는다고 생각했을지도 모른다. 주가 상승 속도보다 영업이익 증가 속도가 더 빨라지면서, 크록스의 PER은 2006년 4월부터 2007년 10월까지 줄어들었다. PER이 60배(역사상 최대치) 이상일 때 크록스 주식을 샀다면 20개월 만에 700퍼센트의 수익률을 거둘 수 있었다. 그러나 주가가 합리적인 수준이 될 때까지 기다렸다가 PER이 역사적으로 저점에 내려왔을 때 매수했다면 1년이 채 못 되어 자금의 99퍼센트를 잃었을 것이다. 개인의 의견과 무관하게, 언제나 시장이 주가를 결정한다.

그림 4.8　크록스(CROX), 2006~2008

주가를 움직이는 것은 가치가 아닌 사람이다

🖎 사람들이 우리가 실제 기업 자체를 거래한다고, 우리가 거래하고, 투자하고, 보유하는 종잇조각이 일종의 환매권을 지닌다고 착각한다. 즉, 특정한 금액을 내주는 쿠폰이나 회사 금고에 들어 있는 현금 내지 건물의 일부를 갖게 해주는 권리증이라고 생각한다. 그러나 그렇지 않다. 그것은 결국 다른 사람보다 자본이 많은 사람들이 사고팔거나 가격을 조종하는 종잇조각에 불과하다. …… 기업의 펀더멘털은 주가 등락에 부분적인 역할만 할 뿐이다.

- 짐 크레이머Jim Cramer

통념과 달리 주식시장은 PER이나 PBR(주가순자산비율)처럼 '내재적 가치'를 재는 객관적이고 수학적인 척도를 토대로 거래하지 않는다. 만약 대차대조표 분석이 주식투자의 성배라면 회계사가 세계 최고의 트레이더가 될 것이다. 또한 컴퓨터로 구현한 모형을 맹목적으로 추종하기만 해도 계속 수익을 낼 수 있을 것이고, 펀드 매니저들은 꾸준히 시장의 평균 수익률을 넘어설 것이다. 그러나 현실은 그렇지 않다. 초과 수익률을 안정적으로 창출하는 비법이나 기계적 모형은 없다. 모든 것은 상대적이고, 주관적이며, 역동적이다.

특정한 시장 여건에서 훌륭하게 통하는 가치평가 수단이 다른 시장 여건에서는 형편없이 실패한다. 모든 주식은 성장을 가정한다. 이 가정은 계속 변하며, 대부분 개인적인 의견을 바탕으로 한다. 주가는 사람들의 생각에 따라 움직인다. 대차대조표, 자산, 인기 신제품, 흥미로운 신산업, PER, 장부가치, 미래 성장 가능성 등 의견의 토대가 되는 것이 무엇이든 간에 궁극적으로 투자자들을 고무시키고 주가를 움직이는 것은 인식이다. **주가를 움직이는 것은 가치가 아니다. 사람들이 매수 주문을 넣어야 주가가 움직인다. 가치는 공식의 일부일 뿐이며, 궁극적으로는 수요가 있어야 한다.**

가치평가 척도에 대한 분석이 아니라 가치에 대한 **인식**만이 투자자로 하여금 매수하게 만든다. 매수 의사를 지닌 매수자가 없으면 최고 기업의 주식도 쓸모없는 종잇조각에 불과하다. 이 사실을 빨리 깨달을수록 투자에 도움이 된다.

가치를 찾아서

1987년, 빈센트 반 고흐의 〈붓꽃Irises〉이 회화로서는 세계 최고 기록인 4,900만 달러에 팔렸다. 이는 예상 가격의 2배가 넘었다. 게다가 금액을 감안하면 아마도 기록이라고 할 만큼 빨리 거래가 이뤄졌다. 처음에 1,500만 달러에서 시작된 입찰은 2분이 채 되지 않아서 최종 판매가에 도달했다.

애널리스트와 투자자는 주식의 현재 시장 가격과 다른 내재적 가치를 찾는다. 이 노력은 주가를 영업이익과 연계하는 것으로 귀결되곤 한다. **주가가 영업이익의 65배라는 이유로 고평가되었다고 결론짓는 것은 물감과 캔버스의 가격이 40달러에 불과하다는 이유로 4,900만 달러에 팔린 고흐의 그림이 고평가되었다고 말하는 것과 같다.** 고흐 작품의 가격은 내재적 가치와 무관하다. 그림은 사람들이 인지하는 가치를 토대로 판매된다. 그리고 그 가치는 유일무이한 작품에 대한 수요에 직접적인 영향을 받는다.

월스트리트는 주로 두 가지 척도로 주식의 가치를 평가한다. 하나는 종목의 PER을 산업군 또는 전체 시장(S&P500 지수 등)의 PER과 비교하는 것이다. 이는 부진한 종목이 가치주이고, 시장 주도주는 고평가되었다는 잘못된 결론으로 이어지기 십상이다. 하지만 많은 경우 비싸 보이는 주도주가 장기적으로 보면 같은 산업군에 속한 저PER, 저상승률 종목보다 싼 것으로 드러난다.

다른 방법은 특정한 기간의 PER을 역사적 구간과 비교하는 것이다. 이는 PER이 역사적 구간의 저점 근처이거나, 산업군 내지 전체 시장의 PER보다 낮다면 주가가 분명히 저렴하다는 논리를 바탕으로 한다. 이런 종목은 저렴해 보일 수 있다. 그러나 시장이 주가를 낮춘 데는 그럴 만한 이유가 있다. 이 할인은 대대적인 평가절하에 대한 예고일지도 모른다.

내일 당신이 보유한 종목의 주가가 매수 가격보다 25퍼센트나 떨어진다고 가정하자. 이 경우 PER이 산업 평균보다 낮아졌다는 이유로 기분이 좋아질까? 당연히 그렇지 않다. 이때 당신은 당신이 모르는 사실을 매도자들은 알고 있는 건 아닌지 확인해야 한다. 주가는 매일 새로운 상황에 따라 오르내린다. 그런데도 많은 투자자는 헐값이라는 이유로 주가가 떨어지는 종목을 계속 쥐고 있다. 심지어 일부 투자 자문은 추가로 매수하라고 말할 것이다. 나쁜 주식에 아까운 돈을 집어넣으라고 말이다. 결국 주가가 계속 내려가는 동안 손실은 늘기만 한다.

최고의 가치투자자 중 일부는 2007년에 시작된 약세장에서 60퍼센트 이상의 손실을 입었다. '탄탄한' 기업의 주식을 사서 계속 보유하는 전략은 오랫동안 아주 잘 통했다. 하지만 결국 이 경험 때문에 대부분의 투자자가 안일하게 대처했다. 밸류라인Value Line(기하평균)지수는 48.7퍼센트나 하락한 채로 그해를 마감했다. 다우지수도 34퍼센트 하락했다. 밸류라인지수에서 가장 많이 하락한 범주를 살펴보면, 저PSR(주가매출비율) 종목이 66.9퍼센트, 저PBR 종목이 68.8퍼센트, 저PER 종목이 70.9퍼센트 하락했다. 결론적으로 **가치투자는 당신을 보호해주지 못한다.**

마법의 숫자는 없다

역사가 보여주듯이, PER과 초고수익 종목에는 공통분모나 적정 수준이 없다. PER은 비교적 낮게 시작할 수도 있고, 높게 시작할 수도 있다. 그러니 이 척도는 잊어버리고 영업이익 성장 잠재력이 가장 큰 기업을 찾을 것을 권한다. 대부분 진정한 시장 주도주는 더 높은 PER 멀티플에도 불구하고 부진 종목보다 훨씬 나은 가치를 지닌다. PER이 너무 높다는 이유로 관심 종목에서 지워버리면 다음 대박 종목을 놓칠 수 있다.

1995년부터 2005년까지 주가 상승률 최상위 25개 종목의 평균 PER은 33배이며, 낮은 경우는 8.6배, 높은 경우는 223배였다. 그중에서도 최상위

그림 4.9　CEK 레스토랑(CKR), 1995~2000

세 종목인 아메리칸 이글 아웃피터스_{American Eagle Outfitters}, 펜 내셔널 게이밍 Penn National Gaming, 셀진_{Celgene}은 큰 폭으로 상승하기 전에 PER이 각각 29배, 11 배, 223배였다. 세 종목은 모두 10년에 걸쳐 40퍼센트가 넘는 연평균 상승률을 기록했다. 1995년 초에 CKE 레스토랑은 주가가 크게 오르기 전에 비교적 높은 PER에 거래되다가 크게 떨어지기 전에는 비교적 낮은 PER에 거래되었다.

주의: 초저PER

☞ 내가 한 최악의 거래 중 하나는 PER 2배에서 베들레헴 스틸_{Bethlehem Steel}을 거래한 것이었다. 나는 "여기서 더 떨어지겠어?"라고 생각했지만 0배까지 떨어졌다.

- 짐 크레이머

나는 초고수익 종목을 검색할 때 PER을 크게 신경 쓰지 않는다. 그래도 주의를 끄는 경우가 있다. 대체로 극도로 낮은 PER에 거래되는 주식은 매수하지 않는다. 특히 주가가 52주 신저가이거나 그 근처에 있을 때는 더욱 그렇다. 이런 종목은 정말로 큰 낭패를 볼 수 있다. PER이 3~4배 또는 전반적인 업계 멀티플보다 훨씬 낮은 멀티플에 거래되는 종목은 근본적으로 문제가 있을 수 있다. 이런 기업은 향후 전망이 어두워서 영업이익이 크게 줄어들지도 모른다. 파산할 수도 있다.

시장은 과거가 아니라 미래를 보고 거래하는 할인 메커니즘을 지녔다는 사실을 명심하라. 백미러만 보고 차를 운전할 수 없듯이, 과거를 참고하는 가치평가 척도만 보고 주식 포트폴리오를 운영해서는 안 된다. PER이 아주 낮지만 문제의 징후를 보이는 종목보다는, PER이 비교적 높아도 견조한 이익을 발표하는 종목을 보유하는 편이 낫다.

PER의 속임수

주가를 PER과 비교해보면, 낮은 PER이 낮은 주가와 연계되고 그 반대도 성립함을 알게 된다. 스토캐스틱 오실레이터_{stochastic oscillator} 같은 과매수/과매도 지표도 마찬가지다. 이 두 가지 인기 척도는 언뜻 보면 전환점에서 일정한 정확성을 지니는 것 같다. 천장과 바닥이 눈에 잘 띄기 때문이다. 그러나 이는 시간이 지난 덕분에 눈에 들어오는 것이며, 실시간으로는 상승 반전과 하락 반전 사이의 잡음을 걸러내기가 쉽지 않다. 게다가 추세를 거스르는 움직임을 읽을 때, 소요되는 기간이 다르다는 사실이 간과되거나 오해되곤 한다. 어떤 종목은 방향 전환이 이뤄지기 전에 몇 달 동안만 고평가 상태를 유지하는 반면, 또 어떤 종목은 몇 년간 비슷한 상태를 유지할 수 있다.

매매 전략으로서 과매도 종목을 매수하거나 과매수 종목을 매도하는 것은 위험하다. 방향성을 지닌 강한 추세를 무시하면, 궁극적으로 급락 종목을 매수할 수도 있다. 마찬가지로, PER이 비교적 낮다고 해서 매수하거나 PER이 너무 높아 보인다고 해서 매도하는 것은 부실한 성과로 이어진다. 과매수 상태나 과매도 상태 또는 높은 PER과 낮은 PER이 전환점에서 나올 수 있기 때문이다. 반면 대규모 상승이나 하락 직전에 방향성 측면에서 극도로 높거나 낮은 지표가 나올 수도 있다. 대규모 하락은 언제나 극심한 과매도 상태까지 나아가며, 강력한 강세장은 초기의 과매수 상태를 뚫고 훨씬 멀리 치고 올라간다.

한물간 주도주를 선호하는 현상

일부 전문 투자자를 포함한 많은 사람이 소위 '한물간 주도주를 선호하는 현상'을 겪는다. 그들은 주도주의 주가가 급등하기 전에는 사지 않고, 정점을 찍고 무너졌을 때 흥미를 가진다. 대개 이런 일은 4단계 하락 구간(스탠 와인스타인의 4단계 분류법에서 설명할 것이다)에서 일어난다. 그들은 주가가 다시 오를 거라고 여기고 이전에는 비쌌던 주식을 매수한다.

한물간 주도주 선호 현상은 큰 폭으로 주가가 상승하기 전에 종목을 포착하지 못한 투자자들에게 영향을 미친다. 그들은 주가가 수천 퍼센트 상승할 때는 올라타지 않다가 주가가 하락하면 기회가 생겼다고 생각한다. 과거에 고공행진하던 종목이 이미 정점을 찍고 내려왔음에도 파티에 늦은 사람들은 그 종목이 여전히 유망하며 이제는 헐값이 되었다고 생각한다.

그들은 "역사적 구간의 저점 근처에서 거래된다"거나, "PER이 20배밖에 되지 않고, 영업이익 증가율이 40퍼센트다"라며 온갖 이유를 댄다. 심지어 "70퍼센트나 떨어졌는데 더 떨어지겠어?"라고 말한다.

그들은 이런 합리화를 통해 가장 근본적인 요소, 즉 시장의 판단을 무시한다. 그들은 그 종목이 시장을 선도할 때는 (비싸 보인다는 이유로) 멀리했다. 그리고 이제는 주가가 무너졌다는 사실을 인지하지 못한다. 고점을 찍은 주도주의 주가는 대개 앞으로 성장세가 둔화될 것을 예상하고 할인된다. 그래서 전혀 헐값이 아니다.

선마이크로시스템스는 한물간 주도주의 좋은 예다. 이 주식은 1990년대에 놀랍도록 상승세를 기록하다가, 2000년 말에 고점을 찍었다. 일부 투자자들은 초강세 종목의 주가가 조정받거나 매수 구간으로 '들어오기'를 기

그림 4.10 선마이크로시스템스, 1994~2009

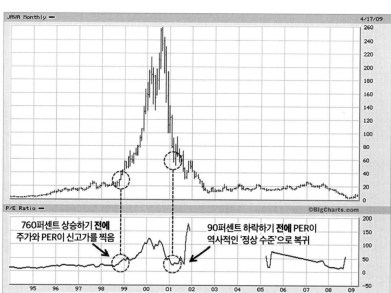

다렸다. 그들은 주가가 2001년에 고점에서 75퍼센트나 떨어지는 것을 보고 좋아했을지도 모른다. 그러나 안타깝게도 파티는 끝났다. 그로부터 1년 후, 주가는 80퍼센트나 더 떨어졌다. 75퍼센트 할인된 가격에 매수한 투자자들은 8년 후에 돈을 벌기는커녕 실제로는 99퍼센트의 손실을 입었다.

어떤 종목이 급락할 때 흔히 착각한다. 100달러이던 주가가 25달러까지 떨어지면 75퍼센트 하락한 것이다. 이 경우, 하락폭의 한계는 100퍼센트이므로 추가로 25퍼센트가 떨어질 리스크만 있다고 생각하기 쉽다. 그렇지 않은가? 틀렸다! 25달러에 해당 종목을 매수해도 주가가 6.26달러까지, 다시 75퍼센트 떨어질 수 있다. 마찬가지로 6.26달러에 매수해도 1.56달러까지, 다시 75퍼센트 떨어질 수 있다. 어차피 주식에 넣은 당신의 돈은 언제나 100퍼센트다.

PER은 심리의 바로미터다

PER은 그 자체로는 주가의 잠정적 방향을 파악하는 데 별로 도움이 되지 않는다. 그저 시장이 지금 어떤 기업의 영업이익에 얼마를 지불하는지를 말해준다는 점에서 기대 수준을 측정하는 바로미터라고 생각할 수 있다. 성장 국면에서 성장주의 PER이 높아지는 이유가 거기에 있다. 기업의 실적이 개선되는 동안 기대가 계속 높아지는 것이다.

물론 전망이 어두워지고 사업 여건이 바뀌는 때가 오기도 한다. 그러면 해당 주식은 고평가된 것으로 간주된다. 이 시점에서 인식이 바뀌고 주가는 새로운 환경을 반영하여 조정된다. **나는 PER을 투자자의 기대에 대한 관점을 부여하는 심리적 게이지로 활용한다. 일반적으로 높은 PER은 기대치가**

높고, 낮은 PER은 기대치가 낮다는 뜻이다.

영업이익 성장 잠재력이 가장 큰 기업을 찾아라. 빠르게 매출이 증가하는 기업이 최고의 선택이다. 크게 확대할 수 있는 새로운 추세, 규모화할 수 있는 추세를 찾아라. 진취적인 경영을 통해 흥미로운 일(재료)을 벌이는 기업에 집중하라. 그러면 대박 종목에 올라탈 수 있다. 현재의 PER은 영업이익 성장 잠재력에 비하면 전혀 중요하지 않다. 성장주는 성장으로 추동된다.

PEG(주가이익성장비율)

PEG는 PER 멀티플을 내년의 주당순이익 예상 증가율로 나눠서 계산한다. 이를테면, PER이 20배이고 주당순이익 증가율이 40퍼센트라면 PEG는 0.5(20÷40)다. 이는 해당 주식이 주당순이익 증가율의 절반 가격에 거래되고 있음을 뜻한다.

이론적으로 PEG값이 1보다 낮으면 주식이 저평가되었다고 보고, PEG가 1보다 높으면 고평가되었다고 본다. 1에서 멀수록 그 신호가 더 강한 것이다. 대체로 영업이익 증가율이 PER 멀티플과 같거나 그보다 높은 경우, PEG를 가치평가의 척도로 삼는 투자자들은 주가가 공정하게 평가되었거나 저평가되었다고 여긴다. 반면 PER 멀티플이 영업이익 증가율을 크게 앞지르는 경우에는, 그 주식은 위험하며 고평가된 것이다. 많은 애널리스트는 PEG를 다양한 형태로 활용하여 '합리적인 가격의 성장주_{GARP, growth at a reasonable price}'를 매수하려고 한다.

주식이 고평가 내지 저평가되었다고 평가되는 지점은 애널리스트에 따라 다르다. 일부 투자자는 주가 멀티플이 영업이익 증가율을 조금이라도 넘어서는 순간 보유 물량을 줄이려 든다. 사촌격인 PER과 마찬가지로, PEG를 기반으로 대단히 역동적이고 수익성 좋은 기업을 매수 후보 목록에서 배제할 수 있다. 예를 들어, 이 방정식에서 가장 가치 있는 두 측면, 즉 어떤 종목의 PER이 대단히 높거나 낮은 경우를 제한한다. 영업이익 증가율이 2퍼센트인 종목이 PER 2배에 거래되어야 할까? 그렇지 않을 것이다. 그러나 야후처럼 PER 938배에 거래되는 하이테크 종목의 가치를 전통적인 가치 평가 척도로 재는 것은 불가능하다. 내가 보는 PEG의 또 다른 단점은 무너진 주도주를 매력적으로 보이게 만든다는 것이다. 그래서 주요 고점을 찍고 마이너스 서프라이즈$_{negative surprise}$(추정치보다 낮은 이익—옮긴이)로 향하는 종목을 사고 싶은 유혹에 빠질 수 있다.

PER 상승에 대한 판단

PER은 비율이므로, 분자나 분모가 바뀌면 그 값이 영향을 받는다. 이를테면, 주가(분자)가 영업이익(분모)보다 빠르게 오르면 PER이 늘어난다. 그러나 두 수치는 모두 변화한다. 해당 기업의 영업이익이 늘어날 잠재력이 크다면 더욱 그렇다. 그러면 주식을 매집하려는 매수자들이 유입되면서 주가가 높아진다.

예를 들어, A기업의 주식이 영업이익의 25배로 거래되어 PER이 25배라고 가정하자. 이 기업은 영업이익이 20퍼센트 증가했다고 발표했지만 주가가 그대로 유지된다면 PER은 20.83배로 낮아진다. 반면 주가가 20퍼센트 상승하면 PER은 여전히 25배로 유지된다. 시간이 지나면서 이 주식이 점점 더 인기를 끌고, 주가가 꾸준하게 오르고, 주가가 영업이익 증가율보다 빠르게 상승하면서 PER이 늘어난다. 주가가 12개월에서 24개월 사이에 크게 오르고 PER이 100~200퍼센트만큼 늘어난 결과, 대규모 가격 변동의 시작 지점 근처 또는 바닥에서 2~3배로 상승한다. 이 경우 주가 변동이 후반 단계로 접어들었으며, 너무 폭넓게 알려졌을 수 있다.

초고수익 종목에 대한 역사적 연구는 대규모 가격 변동의 시작부터 끝까지 평균적으로 PER이 100~200퍼센트(또는 2~3배) 증가했음을 보여준다. 이 정보는 두 가지 방식으로 활용할 수 있다. 첫째, 주식의 잠재력을 가늠할 수 있다. 즉, 최선의 시나리오에 따라 강세장에서 역동적인 주도주를 매수한 경우 1~2년 내로 초기 매수가보다 평균적으로 얼마나 높은 가격에 거래될지 추정할 수 있다. 또한 미래의 영업이익을 추정하고 증가한 PER 수치를 적용하여 이론적인 잠재력을 대략 파악할 수 있다.

둘째, 지금까지 PER이 얼마나 증가했는지 측정하여 기업의 좋은 실적이

그림 4.11 홈디포(HD), 1988~2008

이미 얼마나 할인되었는지 확인할 수 있다. 어떤 종목이 두 번째 바닥에서 탈출할 때, PER 20배에서 매수했다고 가정하자. 2 또는 3을 곱하면 PER이 얼마나 오를지 알 수 있는데, 이 경우 그 값은 40~60이다. 주가가 계속 오르기를 바란다면, 언제나 매도 신호를 신중하게 살피되 PER(매수 시점의 PER 기준—옮긴이)이 2배에 가까워질 때, 특히 2.5~3배 근처 또는 그 이상일 때 특별히 주의를 기울여라. 얼마 지나지 않아 고점을 찍을 수 있다. 이럴 때는 영업이익 증가율이 둔해지거나 주가가 약세를 보이는 징후를 신호로 삼아 포지션을 줄이거나 매도해야 한다.

1990년대에 홈디포는 기관이 가장 선호하는 주식이었다. 뜨거운 인기 덕분에 주가는 영업이익 증가율보다 훨씬 빠르게 올랐다. 주가가 1990년의 약세장 저점에서 벗어난 후 단 2년 만에 PER은 20배 중반에서 70배로 늘어났다. 이후 4년에 걸쳐 횡보 구간이 전개되는 동안, 영업이익 증가율이 주가를 따라잡았다. 1997년에 25배가 된 PER은 2000년에 다시 75배까지 늘어났다. 그 직후에 주가는 고점을 찍었다.

이 모든 것의 의미

지금까지 살핀 대로, 높거나 낮은 PER의 의미는 생각보다 훨씬 덜 명확하거나 덜 중요하다. 이 장에서 배울 교훈은 무엇일까? 비교적 낮은 PER에 거래되는 종목을 무시하고 높은 PER에 거래되는 종목만 사야 할까? 꼭 그렇지는 않다. 중요한 점은 PER이 엘리트 초고수익 종목을 잘 예측하지 못한다는 것이다. PER에 관한 한 마법의 숫자는 없다. 실제로 PER은 기업의 영업이익 성장 잠재력보다 훨씬 덜 중요하다.

그러니 PER은 신경 쓰지 마라. 주식을 보유한 기업이 아폴로그룹만큼 좋은 실적을 낸다면, 4~5년 연속으로 연 40퍼센트씩 영업이익을 늘린다면, 초기 PER이 몇 배인지는 무의미하다. PER은 스스로 알아서 행동한다. 과다한 해석과 복잡한 이론은 교수와 학자에게, 가치평가 전술은 월스트리트의 애널리스트에게 맡겨라. 해양학자는 파도, 조수, 해류, 저류의 온갖 복잡성을 설명할 수 있다. 그러나 파도타기에 관해서는 캘리포니아 말리부에 사는 13살짜리 아이에게 돈을 거는 편이 낫다. 그 아이는 바다와 관련된 사실에 대해서는 아무것도 모르지만 줄곧 파도타기를 했고 물에 대한 직관적인 감을 갖고 있다. 초고수익 트레이더가 되려면 추세를 포착하고 그에 올라타서 큰 수익을 내는 법을 익혀야 한다. 또한 과거에 유리했던 추세가 무너지는 때를 감지하는 법을 익혀야 한다. 가격 변동의 이유가 알려지면 대개 수익이나 손실은 이미 과거의 문제가 될 것이다. 내재적 가치에 따라 기업의 가치를 평가하는 것은 주식 거래가 아니라 자산 매입에 필요한 일이다. 당신의 목표는 거래용으로 만들어진 종잇조각에 불과한 자산을 쌓아두는 것이 아니라, 꾸준히 돈을 버는 것이다.

TRADE LIKE

A STOCK MARKET

WIZARD

5장

추세에 따른 투자

> 나는 추세를 만들지 않는다. 단지 추세가 어떤지 파악하고 활용할 뿐이다.
>
> - 딕 클라크Dick Clark

내가 주식투자자로서 거둔 성공은 과학과 기술을 조합한 결과다. 과학적 조사로 뒷받침된 기계적 신호와 직관적 감은 둘 다 중요한 도구다. 주식시장에서 순전히 흑백인 것은 없다. 기민한 주식 트레이더로서 성공하려면, 행간을 읽고 불완전한 정보를 토대로 해독하고 결정하는 법을 익혀야 한다. 그런데 어떤 특성은 너무나 명확하고 확실해서 이견의 여지조차 없다. 나는 이를 '타협 불가 요건nonnegotiable criteria'이라고 한다.

내가 초고수익 종목을 검색할 때 적용하는 초기 필터는 엄격한 요건을 기반으로 한다. 이 요건은 순전히 기술적인 행동을 토대로 삼으며, 전반적인 핵심 추세에 맞춰서 주식을 매수하기 위한 것이다. 초기 요건이 충족되면 '중첩 심사overlay screens'를 통해 기업의 펀더멘털을 살펴보고 후보 종목을 추린다. 간단히 말해서 펀더멘털이 아무리 좋아 보여도 매수 후보 종목에 오르려면 특정한 기술적 기준을 충족해야 한다. 예를 들어, (거래일이 200일을 넘는다고 가정할 때) 하락하는 200일 이동평균선 밑에서 거래되는 종목은 절대 매수하지 않는다. 주당순이익, 매출 성장, 현금흐름, 자산 수익률이 아무리 매력적이어도 장기 추세가 하락하는 종목은 고려하지 않는다. 그 이유가 무엇일까? 그 주식에 대해 어느 정도 관심을 가지고 있는지 확인하고 싶기 때문이다. 특히 대형 기관 투자자들이 관심을 보이는 게 바람직하다. 나는 파티에 가장 먼저 도착하는 데는 관심이 없다. 그보다는 파티가 열린다는 사실을 분명히 확인하고 싶다. 나의 목표는 시간을 들일 가치가 없는 종목을 제거하는 것이다. 그래야 다음 초고수익 종목이 될 가능성이 높은 도전자에게 집중할 수 있다. 장기 추세가 하락하는 주식을 매수하면 대박 종목을 보유할 확률이 크게 줄어든다. 그 확률을 높이고 싶다면 상승 추세가 확인된 종목에 집중해야 한다.

추세와 친해지기

뉴턴의 제1법칙은 움직이는 물체는 계속 움직이려는 경향이 있다는 것이다. 움직이는 물체는 관성을 지니듯, 주식시장에도 비슷한 성향이 존재한다. 힘을 지닌 추세는 그것을 바꿀 만한 변화가 일어나기 전에는 힘을 유지하는 경향이 있다. 다시 말해, 추세는 당신의 친구다. 흔히 듣는 말일 테지만, 일부 투자자는 그 말에 담긴 지혜를 제대로 이해하지 못한다. 나는 처음 그 뜻을 의미 있는 방식으로 깨달았던 때를 기억한다.

1990년, 뉴욕시에서 열린 투자 컨퍼런스에 참석했다. 참석한 시장 전문가와 예측자 중에는 유명한 기관 리서치 기업인 네드 데이비스 리서치 **Ned Davis Research**의 설립자인 네드 데이비스**Ned Davis**와 인기 시장 소식지인 〈츠바이크 포어캐스트**The Zweig Forecast**〉의 편집인 마티 츠바이크**Marty Zweig**가 있었다. 츠바이크는 "추세는 당신의 친구다"라는 말을 만든 사람이다. 그러나 주식시장에 대한 다채로운 접근법으로 내 관심을 끈 강연자는 스탠 와인스타인Stan Weinstein이었다. 그는 당시 주식시장 소식지인 〈프로페셔널 테이프 리더The Professional Tape Reader〉를 발행하고 있었다. 나는 그와 같이 점심을 먹으면서 이야기를 나눌 기회가 있었고, 와인스타인은 자신의 방법론을 설명하면서 이후로도 핵심 개념을 계속 알려주었다.

와인스타인의 접근법은 주가 변화의 4단계라는, 시대를 초월한 원칙에 기반한다. 그래서 특정한 시점에 주가가 어떤 단계에 있는지 아는 것이 중요하다. 와인스타인이 보기에 이상적인 시나리오는 1단계에서 벗어나 더 높이 오르기 시작하는 2단계에서 매수하는 것이다. 매도 시점은 주가가 3단계의 시작인 주기의 정점에 접근할 때이다. 전면적인 하락 단계인 4단계에서는 매수를 피하거나 공매도를 해야 한다. 나는 이전에 와인스타인의《강세장과 약세장에서 모두 수익을 내는 비법Secrets for Profiting in Bull and Bear Markets》에서 그의 접근법에 대한 설명을 읽었다. 와인스타인만 4단계 접근법을 활용하는 것은 아니었다. 그러나 이를 처음 말해준 사람은 그였다. 이후로 나는 이 개념을 주식 분석의 일부로 삼았다.

초고수익과 단계 분석

초고수익 주식도 다른 주식처럼 여러 단계를 거친다. 나는 트레이더로 활동하면서 주가의 주기적, 추세적 라이프 사이클을 연구하는 데 많은 관심을 가졌다. 특히 여러 시장 주기에 걸쳐 과거의 주도주들을 분석하는 과정에서 주가가 다양한 단계를 거친다는 사실을 명확히 알 수 있었다. 주가는 한동안 횡보하다가 빠르게 상승한다. 하지만 결국 상승 모멘텀은 약화되기 마련이다. 주가가 분산 과정을 거쳐 고점을 찍으면서 불규칙성이 심해진다. 고점 다음에는 하락이 찾아온다. 때로는 하락기 이후에 주가가 베이스를 다지다가 재상승하기도 한다. **내가 최대 상승 종목을 분석하며 발견한 사실은 2단계에 있을 때 가장 많이 상승한다는 것이었다.**

주가가 성숙해지는 단계를 분석하는 일은 흥미로웠다. 그러나 나의 레이더에 포착된 종목이 최적의 2단계에 속하는지 여부는 실시간으로 판단할 수 없었다. 또한 나는 무엇이 2단계 상승을 이끌어내는지 궁금했다. 나는 이에 대한 열쇠를 찾고 싶었다. 그래서 초고수익 종목의 펀더멘털과 관련한 지표들을 표시하여 겹친 다음 가격 변동과 부합하는지를 살폈다. 그 목적은 다음 단계로 넘어가는 데 있어 인과관계가 존재하는지, 만약 그렇다면 어떤 양상인지를 확인하는 것이었다.

주가의 성숙: 4단계

나의 초고수익 종목 연구는 주식의 라이프 사이클을 구성하는 네 단계에 대한 깊이 있는 관점을 부여했다. 네 단계는 휴면기, 성장기, 절정기, 하락기로 이뤄진다. 나는 주가에 초점을 맞추는 데 더하여 각 단계를 촉발하는 요인이 무엇인지를 살폈다. 펀더멘털 측면에서 그 원인은 거의 언제나 영업이익과 연계되어 있었다. 즉 부진한 실적에서 깜짝 반전하고, 이후에 영업이익 증가 속도가 빨라지다가 결국에는 느려지는 것이다. 이 이면의 펀더멘털 변화는 기관 투자자로 하여금 해당 종목에 들어가거나 나오게 만들었다. 이는 상승기와 뒤이은 하락기 동안 크게 늘어난 거래량을 통해 쉽게 파악할 수 있다. 나는 가격 변동 측면에서 일어나는 일을 토대로 네 단계를 구분한다.

1. 1단계—무시 국면: 보합
2. 2단계—상승 국면: 매집
3. 3단계—고점 국면: 분산
4. 4단계—하락 국면: 투매

1단계—무시 국면: 보합

1단계는 주목할 만한 일이 전혀 일어나지 않는 시기라서 무시 국면이 전개된다. 즉, 그 종목에 주의를 기울이는 대형 투자자가 거의 없다. 적어도 시장이 그 종목에 제값을 아직 지불하지 않는다. 1단계에는 기업의 영업이익, 매출, 마진은 주가와 더불어 부진하거나 들쭉날쭉하다. 또 기업이나 산업에 대한 전망도 불투명하다. 주가를 무풍지대에서 빠져나오게 만들고, 2단계로 향하는 확실한 상승 추세를 뒷받침하는 데 필요한 기관의 물량 지원을 이끌어낼 만한 흥미로운 일은 일어나지 않는다.

1단계는 몇 달에서 몇 년에 걸쳐 지속될 수 있다. 또 전반적으로 부실한 시장 환경 때문에 1단계가 전개될 수도 있다. 약세 하락기에는 펀더멘털이 좋은 주식도 제자리걸음을 하면서 아무 움직임이 없거나, 심지어 전체 시장을 따라 하락하기도 한다. **아무리 유혹적이라도 1단계에서는 주식을 매수하지 말아야 한다. 기업의 펀더멘털이 매력적으로 보여도, 기다렸다가 2단계에서만 매수하라.** 뉴턴의 제1법칙인 관성의 법칙을 기억하라. 움직이는 물체는 계속 움직이려 하고, 멈춰 있는 물체는 계속 멈춰 있으려는 경향이 있다. 종목이 쥐 죽은 듯 조용하면, 중요한 변화가 생길 때까지 어느 선에서 머물 가능성이 높은지 추정하라. 죽은 종목을 안고 있으면서 초고수익을 달성할 수는 없다. 빠르게 자본을 축적하고 초고수익을 달성하려면, 1단계를 피하고 2단계에서 모멘텀이 강한 지점을 포착하는 법을 배워야 한다.

1단계의 특징

- 지속적인 상승이나 하락 없이 주가가 횡보한다.

- 주가가 200일(또는 40주) 이동평균선 근처에서 오르내린다. 이때 상방이나 하방으로 실질적인 추세는 형성되지 않는다. 이 정체 국면은 몇 달에서 몇 년간 이어질 수 있다.

- 주가가 4단계에서 몇 달 동안 하락한 후에 이런 바닥 다지기 단계가 나타나곤 한다.

- 거래량은 대개 줄어들며, 4단계의 하락기 동안 나온 거래량보다 적다.

그림 5.1　1단계에 속한 암젠(AMGN), 1987~1989

바닥 매수는 필요 없음

경험에 따르면, 바닥 낚시, 즉 주가의 최저점, 바닥에서 매수를 노리는 것은 짜증스럽고 쓸데없는 일이 될 것이다. 운 좋게 바닥에서 주식을 줍는다고 해도, 상당히 상승하기 전까지 몇 달, 어떤 경우에는 몇 년간 별다른 진전 없이 끌어안고 있어야 한다. 주가의 바닥에서 매수를 한다면 4단계나 1단계에 속할 것이다. 본질적으로 상승 모멘텀이 부족하기 때문이다.

나의 목표는 가장 낮거나 저렴한 가격이 아니라 크게 오를 준비가 된 '올바른' 가격에 매수하는 것이다. 주가의 바닥에서 주우려는 것은 시간 낭비이며, 완전히 핵심을 벗어난 일이다. 초고수익을 달성하려면 누적 효과를 극대화해야 하므로, 매수한 다음 빠르게 상승하는 종목에 집중하는 것이 중요하다. 그러므로 이미 노리는 방향으로 움직이는 종목에 초점을 맞춰야 한다. 그러기 위해서는 투자하기 **전에** 2단계 상승 추세가 형성되기를 기다려야 한다.

1단계에서 2단계로의 전환

2단계 상승은 아무 통보 없이, 즉 주요 발표나 뉴스 없이 시작될 수 있다. 그래도 확실한 사실이 하나 있다. 올바른 2단계는 거래량이 상당하다는 것이다. 대규모로 상승하는 날이나 주에 강한 매수세가 나오기 때문이다. 한편 조정 시에는 거래량이 비교적 적을 것이다. 2단계 상승이 진행되고 있다는 결론을 내리고 매수를 고려하기 전에, **반드시** 주가가 52주 신저가보다 최소한 25~30퍼센트 이상 상승해 있어야 한다.

다음 차트에서 암젠의 200일 이동평균선이 위로 향하게 바뀌고 명확한 상승 추세에 있다는 점에 주목하라. 또한 150일 이동평균선은 200일 이동평균선 위에 있다. 이 주식은 상승 국면 동안 150일 및 200일 이동평균선 위에서 거래된다. 그리고 주가가 상승하면 거래량이 급증하고, 조정 시에

그림 5.2a   1단계에서 2단계로 넘어가는 암젠(AMGN)의 일봉, 1987~1989

거래량이 줄어드는 점에도 주목하라. 암젠의 경우, 2단계가 진행될 무렵 주가는 이미 52주 저가에서 80퍼센트 넘게 상승했다. 나는 이 지점에서 신규 매수를 고려하기 **시작**할 것이다. 이보다 앞선 지점은 확증되지 않았으며, 아직 때가 이르다. 그래서 돈이 묶일 위험이 있다. 대다수 아마추어는 이 지점에서 주가가 너무 높다고 생각할 것이다. 그들은 뒤늦게 발견했다면서, 주가가 더 낮을 때 사기를 바랄 것이다. 아마추어가 주식으로 큰돈을 벌지 못하는 이유가 이 때문이다.

1단계에서 2단계로 전환되었는지 확인하는 요건

1. 주가가 150일 및 200일 이동평균선 위에 있다.
2. 150일 이동평균선이 200일 이동평균선 위에 있다.
3. 200일 이동평균선이 상승 추세를 보인다.

그림 5.2b　1단계에서 2단계로 넘어가는 암젠(AMGN)의 주봉, 1987~1989

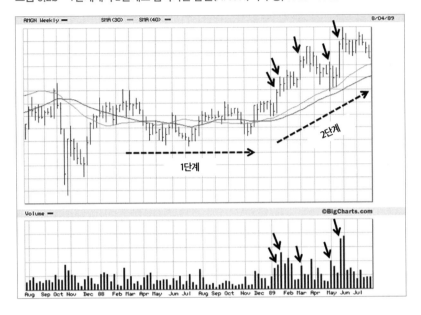

4. 고점과 저점이 연이어 높아진다.

5. 주봉 상승 시에는 거래량 증가, 주봉 하락 시에는 거래량 감소

6. 거래량을 수반한 상승 주봉이 거래량을 수반한 하락 주봉보다 많다.

2단계─상승 국면: 매집

2단계 상승은 통보 없이 이뤄질 수도 있고, 유리한 법규 개정이나 유망한 사업 전망 또는 회사의 앞날을 개선할 신임 대표 같은 깜짝 뉴스로 인해 촉발될 수도 있다. 신생 기업이 추정치를 뛰어넘는 대규모 어닝 서프라이즈 earnings surprise 로 갑자기 주목받기도 한다.

말하자면 바람의 방향이 바뀌어서 확실히 순풍이 되었으므로 2단계 상승은 순항을 예고한다. 실적 모멘텀(일부 경우에는 실적 기대감)이 쌓여가는 가운데 주가가 오르기 시작한다. 이때 대형 기관들이 대량으로 주식을 사들이면서 수요가 급증한다. **일간 및 주간 주가, 거래량 차트는 상승할 때는 긴 양봉과 함께 비정상적으로 높은 거래량을, 조정할 때는 낮은 거래량을 보여줄 것이다. 이런 매집 신호는 2단계 상승이 이어지는 동안 나타나야 한다.**

2단계가 진행될 때 주가는 고점과 저점을 높이는 계단 패턴으로 상승한다. 또한 이 지점에서 주가는 2배나 3배 상승한다. 그러나 이는 시작에 불과하다. 주가는 더 많이 오를 수 있다. 해당 기업이 계속 견조한 실적을 달성한다면 투자자들에게 더 많은 관심을 받을 것이다. 여러 분기 동안 인상적인 실적을 발표했을 때는 더욱 그렇다.

그림 5.3　2단계에 들어선 암젠(AMGN), 1992

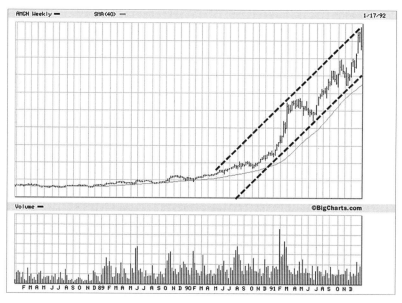

2단계의 특징

- 주가가 200일(40주) 이동평균선 위에 있다.

- 200일 이동평균선 자체가 상승 추세에 있다.

- 150일(30주) 이동평균선이 200일(40주) 이동평균선 위에 있다.

- 고점과 저점이 높아지는 계단 패턴으로 나타난다.

- 단기 이동평균선이 장기 이동평균선 위에 있다(예를 들어, 50일 이동평균선이 150일 이동평균선 위에 있다).

- 대규모로 상승하는 날과 주에는 거래량이 급증하는 반면, 정상적인 조정 시에는 거래량이 줄어든다.

- 거래량이 평균 이상인 상승하는 '날'과 '주'가 거래량이 평균 이상인 하락하는 '날'과 '주'보다 많다.

3단계—고점 국면: 분산

좋은 날은 결국 끝난다. 어떤 주식도 모멘텀을 유지하면서 꾸준히 영업이익 증가율을 높일 수는 없다. 일정한 시점이 되면, 영업이익은 여전히 증가하더라도 증가율이 줄어들 것이다. 이때도 주가는 계속 높아질 수 있다. 조정 시 거래량이 늘어나고 변동성이 커지기는 하지만 말이다.

3단계에서는 더 이상 극단적인 매집이 이뤄지지 않는다. 대신 강한 매수자에게서 약한 매수자로 손바뀜이 일어난다. 그 종목이 부상할 때 일찍이 매수한 스마트 머니smart money는 주가 강세의 마지막 신호에 매도하면서 수익을 실현한다. 이를 받아주는 세력은 그동안의 대단한 상승세와 관련 뉴스를 지켜보던 뒷북 투자자들이다. 다시 말해 롱 포지션 거래는 사람들로 붐비고 너무 뻔해졌다. 이 분산 국면은 고점 패턴을 드러낸다. 변동성이 확연히 증가하며, 주가는 앞선 단계 동안의 거래 패턴보다 눈에 띄게 들쑥날쑥해진다.

연이은 상방 서프라이즈에 계속 높아가던 영업이익 추정치는 일정한 시점이 되면 넘어서기에는 너무 높은 수준에 이를 것이다. 어떤 기업도 영업이익 추정치를 영원히 넘어설 수는 없다. 일정한 시점에 이르면 주당순이익 EPS 모멘텀이 느려지기 시작할 것이다. 그런 변화를 예상한 주가는 실제 실적 이벤트 전보다 낮게 거래되거나 여러 분기 동안 영업이익 증가 속도가 느려지다가 결국엔 무너질 것이다.

3단계의 특징

▪ 주가가 이전보다 넓고 느슨한 폭으로 오르내리면서 변동성이 증가한다. 주가가 더 상승하면서 전반적인 가격 패턴은 2단계와 비슷할 수 있다. 그러나 주가 움직임이 훨씬 들쑥날쑥해진다.

그림 5.4　3단계에 속한 암젠(AMGN), 1983

- 대개 거래량이 증가하면서 주가가 급락한다. 이때 2단계 상승이 시작된 이후 최대 일일 하락폭을 기록하는 경우가 많다. 주간 차트에서도 상승이 시작된 이후 최대 하락폭을 기록할 수 있다. 이런 주가 급락은 대부분 거래량을 동반한다.

- 주가가 200일 이동평균선 아래로 내려갈 수 있다. 200일(40주) 이동평균선 주위에서 가격 변동성이 심해지는 경우가 흔하다. 3단계에 속하는 주식은 고점을 찍는 동안 200일 이동평균선에서 여러 번 상하로 튀기 때문이다.

- 200일 이동평균선은 상방 모멘텀을 잃고 평탄해지다가 하락 추세로 바뀐다.

4단계—하락 국면: 투매

EPS 모멘텀을 잃고 영업이익 증가율이 하락하는 기업에게 어느 시점에 마이너스 서프라이즈가 찾아온다. 가령 영업이익 추정치를 달성하지 못하거나 그런 영업이익을 예고하여 월스트리트 애널리스트들이 추정치를 낮춘다. 특정 산업에 속한 종목의 경우, 이는 재고를 통해 미리 알려진다. 창고에 쌓여가는 완제품이나 소매품은 시장에서 수요가 하락하고 경쟁이 심해지고 있음을 반영한다. 이에 따라 기업의 성장 잠재력이 훼손된다. 상승 추세 이후 고점 국면에 들어선 주가는 전면적인 4단계 하락 추세로 바뀐다.

4단계 동안 영업이익 모형은 대개 하향 조정되고, 그에 따라 매도 압력이 더욱 강해진다. 4단계는 매도세가 완전히 소진되고 그 종목이 다시 무시 국면에 들어설 때까지 오랜 기간 이어질 수 있다. 주가가 침체되면서 1단계가 재개되고, 그 기업이 다시 성장 궤도에 올라서서 견조한 이익을 내기까지 오랜 시간이 걸릴 수 있다. 때로 수년간 1단계에 머물 수도 있다. 어떤 경우에는 기업이 파산하기도 한다.

4단계는 근본적으로 주가와 거래량 측면에서 2단계와 반대다. 즉, 하락일에는 거래량이 많고, 상승일에는 거래량이 적다. 4단계에 속한 종목은 절대 사지 말아야 한다.

4단계의 특징

- 대다수 가격 변동은 200일(40주) 이동평균선 아래에서 이뤄진다.

- 3단계에서 평탄해지거나 하락 추세로 돌아선 200일 이동평균선은 이제 확실한 하락 추세를 보인다.

- 주가는 52주 신저가 또는 그 근처에 있다.

- 주가 패턴은 저점과 고점이 낮아지는 계단식 하락으로 나타난다.

- 단기 이동평균선은 장기 이동평균선 아래에 있다.

- 거래량은 대규모로 하락하는 날과 주에 급등하는 반면, 반등하는 날에는 줄어든다.

- 거래량이 평균 이상인 하락하는 '날'과 '주'가 거래량이 평균 이상인 상승하는 '날'과 '주'보다 많다.

그림 5.5   4단계에 속한 암젠(AMGN), 1993

주가 성숙 주기

지금끼지 주식 주기의 4단계를 살펴보았다. 이런 분석의 이유가 타이밍을 정확하게 잡기 위해서가 아님을 이해해야 한다. 타이밍을 잡기 위해서는 더 정확한 접근법과 전술이 필요하며, 이는 뒤에서 설명할 것이다. 그보다 네 단계는 주식이 가격 측면에서 라이프 사이클의 어느 지점에 있는지 파악하고, 이를 해당 기업이 속한 영업이익 주기와 비교할 때 가장 유용하다. 주식은 여러 번 주기를 거칠 수 있다. 네 단계를 살펴보면 2단계에 참여해야 한다는 사실이 명확해진다. 나는 1단계에 있을 때 들어가는 데 관심이 없다. 4단계는 말할 것도 없고, 3단계가 될 때까지 머물고 싶지도 않다.

그림 5.6   암젠(AMGN), 1989~1997

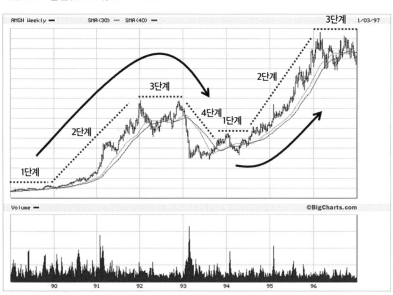

AMGN의 예를 통해 다양한 단계를 지나는 주가의 주기를 확인하면, 2단계에서 매수하고 다른 단계를 피해야 하는 이유가 명확해진다.

그림 5.7 F5네트웍스(FFIV), 2007~2011

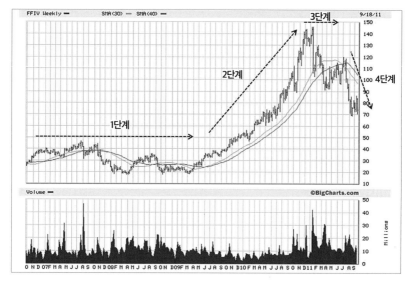

FFIV는 3단계에서 4단계로 빠르게 넘어갔으며, 주가가 8개월 만에 50퍼센트 넘게 하락했다.

그림 5.8 웨이트 와처스(Weight Watchers, WTW), 2009~2012

WTW는 2011년 5월에 고점을 찍었지만, 1년 동안 3단계 천장을 만든 후 4단계로 넘어갔다.

그림 5.9　노벨(Novell, NOVL), 1989~1998

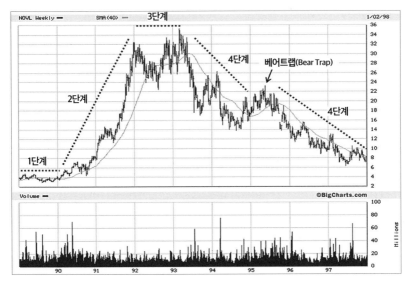

NOVL은 1993년에 고점을 찍었다. 1995년에 나온 베어트랩 랠리를 제외하고, 이후 주가는 5년 동안 4단계 하락을 거치면서 80퍼센트 넘게 떨어졌다.

그림 5.10　노벨(NOVL), 1994~1996

NOVL은 2단계로 넘어가서 건설적인 매수 패턴을 만들지 못했다.

2단계를 짚어내는 방법

앞서 말한 대로 역사는 모든 초고수익 종목이 큰 폭으로 상승하기 **전에** 분명하게 상승 추세를 보인다는 것을 명확하게 설명한다. 실제로 대규모 상승 **이전에** 초고수익 종목의 99퍼센트는 200일 이동평균선 위에서 거래되었으며, 96퍼센트는 50일 이동평균선 위에서 거래되었다.

나는 매수를 고려하는 모든 종목에 트렌드 템플레이트(아래 표 참고)를 적용한다. 트렌드 템플레이트는 정량적 기준이다. 나는 트렌드 템플레이트 요건을 충족하지 못하는 종목은 매수를 고려하지 않는다. 펀더멘털이 매력적이더라도 매수 후보 종목이 되려면 주가가 트렌드 템플레이트에 따른 장기 상승 추세에 있어야 한다. 추세를 파악하지 않으면 주가가 위험한 하락 추세에 있을 때 매수하고, 폭발적인 상승 추세에 있을 때 공매도할 리스크에 빠진다. 또는 무시 국면에서 횡보하는 종목에 자금이 묶일 수 있다. 2단계

트렌드 템플레이트
1. 현 주가가 150일(30주) 이동평균선 및 200일(40주) 이동평균선 위에 있다.
2. 150일 이동평균선이 200일 이동평균선 위에 있다.
3. 200일 이동평균선이 적어도 1개월 동안(대부분의 경우 최소 4~5개월이 바람직함) 상승 추세에 있다.
4. 50일(10주) 이동평균선이 150일 이동평균선 및 200일 이동평균선 위에 있다.
5. 현 주가가 50일 이동평균선 위에 있다.
6. 현 주가가 52주 신저가보다 최소한 30퍼센트 위에 있다. (최고의 종목들은 탄탄한 보합 국면을 거쳐 상승세에 올라탄다.)
7. 현 주가가 최소한 52주 신고가의 25퍼센트 안에 있다(신고가에 가까울수록 좋다).
8. IBD에서는 S&P와 같은 중요 지수 대비 개별종목의 상대적 상승 및 하락 여부를 계산하여 1부터 99까지 순위를 매기는데, 숫자가 높을수록 지수 대비 상대 강도가 강한 종목이라고 해석할 수 있다. 즉 1은 가장 안 좋고, 99는 가장 좋다. 안타깝게도 국내 어느 곳도 이런 지수 대비 상대 강도를 분석하여 랭킹을 매겨주는 서비스를 제공해주지 않는다. 미국에서도 IBD 유료 구독을 하는 독자에게만 제공된다.

상승 추세를 확인한 상태에서 매수를 고려하려면 8가지 트렌드 템플레이트 요건을 모두 충족해야 한다.

파도타기의 타이밍

트렌드 템플레이트 요건을 활용하면 2단계에 있는 기업을 바로 찾아낼 수 있다. 어떤 추측도 필요 없다. 단 2단계에 있다는 이유만으로 매수하면 안 된다. 2단계에서 어떤 일이 일어나는지를 고려해야 한다. 2단계에서 이뤄지는 상방 움직임을 밀려드는 만조라고 생각해라. 알다시피 만조는 한 번에 밀려오지 않는다. 연이어 밀려오면서 수위를 점차 높인다. 추세의 전반적인 방향은 상방이더라도 그 안에는 움직임의 파동 또는 파도가 있다.

장기 상승 추세 안에 조정과 베이스(기술적 분석의 기본 단위로 둥근 형태의 컵이나 접시 모양을 하고 있으며, 손잡이가 달린 컵에서 컵 부분이라고 보면 된다 — 옮긴이)로 대표되는 단기 또는 중기 가격 변동(파도)이 있다. 이러한 단기 변동은 많은 경우 4~5주에서 1년 이상 지속된다. 가장 흔한 양상은 2단계에서 형성된 베이스 패턴이 5주에서 26주까지 지속되는 것이다. 이 베이스 다지기 기간에는 주가가 상승하기 전에 숨을 고르듯이 횡보한다. 이 횡보 국면을 1단계 국면과 혼동하면 안 된다. 주가는 첫 번째 베이스와 두 번째 베이스를 밟고 올라간다. 이런 양상은 2단계 내내 계속된다.

이 산의 어디까지 올랐을까?

비유를 바꿔서 주가의 네 단계 움직임을 산의 윤곽이라고 생각해보자. 이 윤곽은 평지에서 정상까지 오른 다음 다시 평지로 내려온다. 왼쪽에서 산이 높아지는 동안(2단계) 잠깐 평평한 곳이 나온다. 산악 등반가들은 여기에 베이스캠프를 차리고 휴식과 재충전을 하면서 정상에 오르기 위해 다음 등반을 준비한다. 주가의 경우도 마찬가지다. 주가가 상승한 후에는 수익 실현이 이뤄진다. 그에 따라 일시적인 기간 조정이 나오면서 주가는 베이스 다지기에 들어간다. 실로 중대한 변화가 진행되고 있다면 장기 추세가 재개될 것이다. 일시적인 멈춤은 주가가 이전의 상승분을 소화할 수 있게 해준다. 이후 주가는 좁은 변동성을 보이면서 베이스 다지기를 끝내고 더 높이

그림 5.11   암젠(AMGN), 1987~1994

1997년에 AMGN은 3단계를 완료하고 급격한 4단계 하락으로 넘어가기 전에 2중 고점을 찍었다.

그림 5.12   데커스 아웃도어(Deckers Outdoor, DECK), 2006~2008

DECK는 2008년에 비교적 넓은 다섯 번째 베이스로 표시되는 3단계 고점을 형성했다.

그림 5.13   스트라이커 코프(Stryker Corp., SYK), 1990~1995

SYK는 1991년에 클라이맥스 런 이후 고점을 찍었다. 그로부터 5년 후 재개된 2단계 상승 추세가 진행되는 동안 새로운 베이스가 형성되었다.

오른다.

어느 순간 주가는 더 이상 상승하지 않는다. 지친 것이다. 그 결과 고점이 찍히는데, 이는 정상에 오른 것과 같다. 더 이상 오를 곳이 없으니 잠시 쉬었다가 내려간다. 대체로 이런 일은 2단계에서 3~5개의 베이스가 형성되면서 일어난다. 후기 베이스는 보다 매도 국면이 명확해진다. 이때 기관의 물량은 서서히 소진되어간다.

베이스 1과 베이스 2는 대체로 조정기에 나온다. 이때가 새로운 추세에 뛰어들기에 가장 좋다. 2단계에서 베이스가 형성되는 동안 베이스 3이 좀 더 명확해진다. 그래도 여전히 거래할 만하다. 베이스 4와 5가 형성될 무렵에는(베이스 다지기 구간이 그만큼 멀리 나아간다면) 추세가 대단히 명확해지며, 확실한 최종 단계에 있다. 이 지점에서는 갑작스러운 베이스 붕괴가 보다 자주 일어난다. 이때 일부 종목은 포물선 모양으로 반전하여 클라이맥스 런(일간이나 주간에서 마지막으로 가장 큰 폭으로 상승하는 것으로 이후에 급격한 하락이 발생한다—감수자)이나 블로 오프 톱**blow-off top**(급등 후 고점을 찍고 급락하는 패턴—옮긴이)으로 마감한다.

베이스 세기는 그 자체만으로 주가가 고점을 찍었는지 아니면 곧 크게 상승할 것인지를 알려주지 않는다. 대신 2단계의 어디에 있는지를 파악하는 데는 좋은 수단이다. 펀더멘털, 구체적인 가격, 거래량 분석과 결합하면 매우 강력한 도구가 될 수 있다.

신뢰하되 검증하라

나는 시장 그러니까 주가를 통해 확증되지 않으면 특정 기업의 펀더멘털에 따른 투자 아이디어를 신뢰하지 않는다. 나의 관점은 단순하다. 경영진과 제품이 그렇게 대단하다면 언젠가는 주가가 그 펀더멘털을 반영해야 한다. 펀더멘털이 좋아도 주가로 확증되지 않으면 미래가 보기만큼 밝지 않을 수 있다. 또한 해당 기업에 대한 투자자들의 인식이 아직 바뀌지 않았거나 구현되지 않았을지도 모른다. **기관이 자금을 쏟아부어서 주가를 크게 밀어 올릴 때 들어가야 한다. 그러기 위해서는 투자하기 전에 이런 자금이 유입되었는지 확인해야 한다.**

왜 가격 움직임이 그토록 중요할까? 기업의 펀더멘털을 정확하게 분석해도 매수 주문을 창출하는 것은 투자자의 인식이다. 또한 주가를 크게 밀어 올리려면 대규모 매수 주문이 필요하다. 기관 투자자들이 당신과 시각이 같지 않다면 당신의 주식은 오랫동안 휴면 상태에 머물 것임을 명심하라. 이미 상승하는 중이고 기관의 대규모 물량 지원을 받는 다른 종목에 돈을 넣을 수 있는데, 굳이 가만히 앉아서 기다릴 필요가 있을까?

자금을 빠르게 불리려면 액션이 있는 곳에 있어야 한다. 당신이 보기에 펀더멘털이 아주 좋은 종목이라는 이유만으로 다른 사람들도 알아주기를 기다리면서 돈을 묶어둬서는 안 된다. 나는 모멘텀이 쌓이는 가운데 추세가 명확하게 2단계에 있음을 확인하는 대가로 기꺼이 다른 사람들에게 첫 상승분을 넘기겠다. **단기간에 당신이 지불한 가격보다 훨씬 높은 가격에 주식을 파는 것이 목적이 되어야 한다. 그래야 초고수익을 달성할 수 있다.**

추세 반전에 주의하라

어느 때가 되면 주식은 최고 가격에 이르러 고점을 찍는다. 경고에 따른 것일 수도 있고, 아닐 수도 있다. 특정 종목에 대한 호감이나 애착과 무관하게 추세 변화를 감지하고, 더 나아가 이를 있는 그대로 받아들이는 법을 익히는 것이 중요하다. 실적이 여전히 좋아 보일 때도 주식이 고점을 찍는 경우가 많다. 3단계나 4단계 하락에 직면하여 매도 버튼을 누르기 전에 실적이 약화되기를 기다리는 투자자들은 큰 손실을 내거나 최소한 상승분에 따른 수익의 전부 또는 상당 부분을 내주곤 한다. 장기간에 걸친 상승 이후 고점 신호가 나타나면 수익을 실현하고 발을 빼야 한다. 기업은 기록적인 실적을 발표하면서 주가를 부양하기 위해 분위기를 띄우려 애쓸 것이다. 가격 변동을 주의 깊게 살펴서 기관 투자자들이 어느 쪽으로 기우는지 알려주는

그림 5.14　넷플릭스(NFLX), 2008~2012

NFLX는 2011년 7월에 기관이 급히 발을 빼면서 엄청난 거래량과 함께 40주 이동평균선을 뚫고 급락했다.

귀중한 단서를 파악하고, 그에 따라 유연하게 휘어져야 한다. 유연성 없이 기관의 자금 흐름이라는 막강한 힘에 맞서면 힘없이 부러질 위험이 있다.

임박한 위험을 경고하는 금융주

언론 매체는 2008년에 금융기업의 문제가 난데없이 나타난 것처럼 믿게 만들었다. 그러나 사실 해당 기업들의 주가는 몇 달 동안 4단계 하락을 거치면서 곧 문제가 생길 것임을 경고했다. 만약 4단계 하락을 알고 매도했다면 대규모 재난을 피할 수 있었다. 역대 최고가 근처에서 매수했다고 해도

그림 5.15 시티그룹(C), 2004~2009

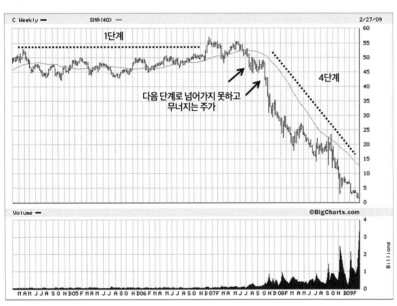

C의 주가는 최악의 금융위기가 닥치기 한참 전인 2007년 말과 2008년 초부터 4단계 하락을 거치면서 숱하게 경고 신호를 보냈다.

그림 5.16 뱅크 오브 아메리카(BAC), 2004~2009

BAC 주식을 매수했다면 2007년에 3단계에서 나온 경고 신호를 보고 매도했어야 한다. 점차 포지션 비중을 줄이기만 했어도 2008년의 파국을 피할 수 있었을 것이다.

위험 신호에 주의를 기울였다면 완전한 재난으로 끝난 수많은 은행주에서 비교적 적은 손실만 낼 수 있었다.

귀가 아니라 눈을 믿어라

주식이 고점을 찍거나 더 나쁘게는 4단계 하락의 징조를 보이면, 들리는 것이 아니라 보이는 것을 믿어야 한다. 애널리스트들을 무시하고, 회사의 허풍을 걸러라. 비코_Vicor의 차트는 제자리걸음을 하는 실적이 발표되었을 때(세 자릿수 성장을 이룬 이전 추세에 비해 성장 속도가 크게 느려짐) 주가가 이미

그림 5.17　비코(VICR), 1990~1993

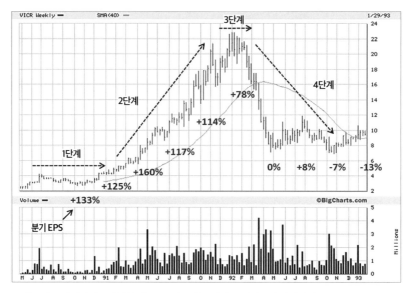

크게 줄어든 실적이 발표되었을 때 VICR의 주가는 이미 70퍼센트나 하락했다.

그림 5.18　크록스(CROX), 2006~2009

CROX의 주간 차트는 주가가 2단계에서 4단계로 빠르게 넘어가는 동안 대형 기관들이 포지션을 정리하면서 대규모로 이탈한 양상을 보여준다.

그림 5.19   그린 마운틴 커피(Green Mountain Coffee, Inc., GMCR), 2010~2012

GMCR의 실적은 주가가 이미 80퍼센트 가까이 떨어진 후에야 중대한 둔화세를 드러냈다.

심한 하락세에 시달렸음을 보여준다. 이는 향후 실적 모멘텀이 사라질 것을 예상한 대형 기관 투자자들이 미리 이탈한 결과다. 크게 줄어든 실적이 발표되었을 때 비코의 주가는 이미 70퍼센트나 하락했다.

크록스의 다음 차트에서는 주가가 고점을 찍은 지 한참 후에 고점에서 이미 73퍼센트나 하락하고서야 마이너스 분기 실적(-71퍼센트)이 발표되었다는 점에 주목하라. 이는 주가 변동이 심해지거나 3단계 혹은 4단계로 악화될 때 펀더멘털의 변화를 기다릴 수 없는 이유를 명확하게 보여준다. 주식투자에 성공하려면 추세와 시장의 지혜를 존중해야 한다. 크록스의 주간 차트는 주가가 2단계에서 4단계로 빠르게 넘어가는 동안 대형 기관들이 포지션을 정리하면서 대규모로 이탈한 양상을 보여준다.

증권사의 투자 의견

증권사의 추천을 토대로 주식을 사도 될까? 해당 주식이 4단계 하락 추세에 있다면 당연히 안 된다. 대형 증권사는 주가가 떨어진 종목을 추천하곤 한다. 이렇게 상향된 투자 의견은 가치평가를 토대로 삼으며, 주가가 크게 하락했다는 사실은 완전히 무시한다. 대규모 주가 하락 후 가치평가를 토대로 투자 의견이 상향된 종목은 결국 공매도를 하기에 좋은 후보 종목인 경우가 많다. 주가가 무너진 종목에 대해 가치가 좋다는 다른 사람의 말을 따를 것이 아니라, 스스로 분석하고 타당한 요건에 기반하여 매수하는 법을 익혀라.

우리는 시티그룹이 투자 등급을 매수로 상향하기 8일 전에 치폴레 멕시

그림 5.20 치폴레 멕시칸 그릴(Chipotle Mexican Grill, CMG), 2011~2012

칸 그릴을 공매도 대기 경보 목록에 올렸다. 주가는 3개월 후, 40퍼센트나 하락했다.

주가 움직임의 중대한 변화는 주요 경보

기관 투자자들은 크게 상승한 종목에서 조심스럽게 변한다. 그들은 이탈 과정에서 주가를 급락시킨다. 이런 일이 일어나면 조심해야 한다. 펀더멘털이 바뀌었다는 사실이 명확해지기 전에 압도적인 거래량을 수반한 대규모 급락이 등장하곤 한다. 보유한 종목에서 2단계 상승 이후 최대폭의 일간 그리고/또는 주간 하락이 나온다면, 이는 대부분의 경우 매도 신호다. 얼마 전에 아주 좋아 보이는 실적을 발표했더라도 말이다. 기업이나 언론의 말은 듣지 마라. 주식의 말을 들어라. 나는 추정치에 부합하는 매출과 함께 추정 치를 겨우 몇 퍼센트 초과한 영업이익을 발표한 후 주가가 급등하는 경우를 보았다. 또한 추정치보다 훨씬 나은 영업이익과 매출을 발표했지만 주가가 폭락한 후 회복하지 못하는 경우도 보았다.

2007년 10월 31일, 장 마감 후 크록스는 컨센서스_{consensus}(애널리스트들의 의견을 종합한 추정치—옮긴이)인 0.63달러보다 높은 0.66달러의 분기 EPS를 발표했다. 이 수치는 전년보다 144퍼센트 높았고, 심지어 월스트리트의 추정치도 뛰어넘었다. 그런데도 시장의 반응은 좋지 않았다. 결국 실적 발표 후 주가는 압도적인 거래량과 함께 하루 만에 36퍼센트나 떨어졌다. 또한 이후 하루 동안 데드 캣 바운스_{dead cat bounce}(급락 후 상승 추세를 재개하지 못하는 단기적 주가 회복—옮긴이)로 5퍼센트 상승하기는 했지만, 이후 6거래일에 걸쳐 추가로 29퍼센트나 떨어졌다. 크록스 주식은 2008년 11월 13일에는 1

그림 5.21 크록스(CROX), 2007

CROX의 주가는 '추정치 초과' 실적 발표 후 압도적인 거래량과 함께 급락했다. 이는 그 후로 12개월에 걸친 99퍼센트 하락의 시작에 불과했다.

그림 5.22 크록스(CROX), 2006~2009

CROX 주가의 최대 일간 하락은 또한 대규모 거래량을 수반한 최대 주간 하락과 겹쳤다.

그림 5.23　오픈테이블(OPEN), 2011

OPEN의 주가는 실적 발표 후 대규모 거래량과 함께 무너졌다.

그림 5.24　오픈테이블(OPEN), 2011

최대 거래량을 수반한 최대 주간 주가 하락은 기관이 보유 물량을 내던지고 있음을 보여준다.

년 전 고점인 75달러에서 99퍼센트나 떨어진 주당 0.79달러의 동전주로 거래되었다.

펀더멘털 문제가 명확해지기 전에 가격이 크게 변동하는 형태로 힌트를 주는 경우가 많다. 투자 심리가 갑자기 바뀔 만한 이유를 찾지 못하더라도 이런 변화는 항상 존중해야 한다. 실적은 여전히 좋아 보일 수 있다. 기업에 대한 소문도 여전히 온전할 수 있다. 그러나 대부분의 경우에 그 이유를 알 때까지 기다리기보다는 발을 빼는 것(먼저 실행하고 나중에 질문하는 것)이 훨씬 낫다. 강한 2단계에 속해 있던 주식이 갑자기 3단계 고점 패턴으로 들어서거나 빠르게 4단계로 넘어가면 다 괜찮을 거라며 가만히 있지 마라. 아직 당신이 모를 뿐이지, 주가가 엇나가는 데는 이유가 있다. 주가가 급락했으니 이제 매수 기회가 찾아왔다고 생각하지 마라. 대다수의 투자자는 이 함

그림 5.25 일루미나(Illumina Inc., ILMN), 2011

ILMN의 주가는 준수해 보이는 실적 발표에도 급락했다. 이후에도 영업이익과 매출이 모두 마이너스 성장을 기록한 다음 실적 발표 때까지 50퍼센트 하락했다.

그림 5.26 일루미나(ILMN), 2011

실적 발표 후 대규모의 추세 붕괴가 나온 ILMN의 주가

정에 빠진다. 그들이 보유한 종목이 급락하더라도, 그들은 시장이 틀렸고 기업은 여전히 실적이 좋으니 추가로 매수할 때라고 판단한다. 그들은 대형 투자자들이 뭔가가 잘못되었음을 알고(또는 적어도 의심하고) 이탈하기 때문에 주가가 떨어졌다는 사실을 모른다. 가격 변동에서 이런 일이 생기면 펀더멘털이 뭐라고 말하든 빠져나가야 한다.

순풍을 타라

앞서 말한 대로, 초고수익을 달성하려면 강력한 힘을 지닌 기관 투자자들이 당신과 같은 편에 서서 주가를 빠르게 밀어 올려야 한다. 적절한 2단계 상승 추세는 기관이 실제로 행동에 나서고 있다는 증거다. 반면 4단계 하락은 반대의 상황을 분명하게 보여준다. 장기 추세를 내 편에 두는 것은 순풍을 타고 항해하는 것과 같다. 바람이 없으면 꼼짝달싹할 수 없다(1단계). 또한 역풍이 불면 앞으로 나아갈 가능성이 거의 없다(4단계). 순풍은 당신과 동조하여 매수하는 대형 자금이 만드는 장기 추세를 말한다. 이 강력한 힘과 보조를 맞춰야 한다. 탄탄한 상승 추세에 있는 종목을 고수하라. 그러면 주가가 급등하여 초고수익을 낼 잠재력을 갖춘 종목을 보유할 가능성이 훨씬 높아진다.

6장

범주, 산업군, 재료

주식 매수를 고려할 때 내가 가장 먼저 하는 일은 상황이 어떤지를 파악하는 것이다. 나는 해당 기업이 속한 산업과 해당 기업의 사업을 참고하여 실적에 대한 기대치를 설정한다. 더불어 나와 같은 전망이 다른 곳에도 공유되었는지, 그에 따라 주가가 할인되었는지도 파악한다.

　기업의 범주를 정하는 작업은 특정 종목에 대한 관점을 정리하는 데 있어 매우 유용하다. 내가 발견한 사실은 그들이 대체로 여섯 범주 중 하나에 속한다는 것이다. 나는 오랫동안 수만 개의 상장기업을 분석했다. 이 작업을 통해 매수를 고려하는 기업의 유형을 확립했으며 또한 해당 종목이 2단계 아니면 4단계에 속하는지도 판단할 수 있었다. 앞서 언급했듯이 어떤 종목이든 주가의 단계는 항상 달라진다. 다만 일부 기업의 경우 2단계에서 다른 기업보다 많은 시간을 보낼 수는 있다.

　내가 소개할 여섯 범주는 다음과 같다.

　1. 주도주
　2. 최고 경쟁 기업

3. 기관 선호 기업

4. 실적 반등 기업(턴어라운드)

5. 경기 민감 기업

6. 과거 선도 기업 및 부진 기업

주도주

내가 가장 선호하는 유형(내가 주로 거래하는 영역)은 주도주다. 주도주에 속하는 기업들은 영업이익을 빠르게 늘린다. 대개 영업이익과 매출 부문에서 1, 2, 3위를 기록하며 시장점유율을 늘려간다.

이 기업들은 쉽게 알아볼 수 있다. 그러나 대다수의 투자자는 매수를 결정하는 데 있어 심리적으로 어려움을 겪는다. 주도주의 주가는 상승장 초기 단계에서 퍼센트 기준으로 가장 많이 오른다. 신고가도 가장 먼저 찍는다. 이 엄청난 주가 상승을 본 대다수 투자자는 주가가 너무 많이 올랐다고 생각한다. 그래서 초고수익을 안겨줄 최고의 주식인데도 매수하기를 두려워한다.

이런 종목의 주가를 더 밀어 올리는 요인은 무엇일까? 그 기업과 미래 전망을 잘 아는 기관들이 매입하기 때문이다. 그들은 주가가 이미 얼마나 올랐는지 신경 쓰지 않는다. 대신 주가가 어디까지 갈 것인지, 향후 성장 전망은 어떤지를 신경 쓴다. 성장주 투자에서 가장 좋은 유형은 단계적으로 규모를 키우는 것이다. 즉, 빠르게 성장하는 산업에서 시장점유율을 늘려야 한다. 또한 해당 기업의 제품이나 서비스에 대한 시장이 기업 규모에 비해 엄청나게 크고, 해당 제품이나 서비스에 대한 수요가 장기간에 걸친 고속성장을 뒷받침하기에 충분해야 한다. 이런 기업들은 우월한 제품 및 서비스를 제공하며, 성장 산업에 속한 경우가 많다. 주도주가 반드시 빠르게 성장하는 산업이나 업종에 속할 필요는 없지만 플러스 요소는 된다.

느리게 성장하는 산업에서 시장점유율을 늘려가는 기업도 상당히 양호하게 이익을 늘릴 수 있다. 가장 중요한 것은 상당한 수익을 올리는 것이다. 양호한 대차대조표, 늘어나는 마진, 높은 자산수익률, 적정한 부채는 모두 경영이 잘 이뤄진다는 징표다. 일부 주도주는 성장률이 한 자릿수 초중반대인 산업에서 오랫동안, 매우 활발하게 영업이익을 늘린다. 빠르게 성장하는 산업에서 시장점유율을 많이 확보한 기업은 엄청난 속도로 영업이익을 늘릴 수 있다.

주된 질문은 회사의 경쟁 우위는 무엇인지, 사업 모델의 규모를 키울 수 있는지 등이어야 한다. 그다음에는 경영진이 제 할 일을 하는지, 즉 영업이익을 잘 내는지의 문제만 남는다.

주도주는 고성장 국면에서 주가를 상당히 상승시킬 수 있다. 그들은 대체로 20퍼센트 이상의 영업이익 증가율을 기록한다. 많은 경우 최고 실적을 올리는 5~10년에 걸쳐 평균 35~45퍼센트씩 영업이익을 늘린다. 일부는 최고의 성장을 이루면서 세 자릿수로 영업이익을 늘리기도 한다. 시스코시스템즈는 1989년 3월부터 1993년 5월까지 평균 100퍼센트가 넘는 분기 영업이익 증가율을 기록했다. 같은 기간, 주가는 13배 넘게 올랐다. 또한 월마트는 적게는 하루 2만 주씩 거래되는 무명 기업이던 1980년대 초반에 14분기 연속으로 평균 38퍼센트의 영업이익 증가율을 기록했다. 같은 기간 주가는 1,000퍼센트 올랐다. 현재 월마트 주식은 하루 평균 700만 주 넘게 거래된다.

비싼 것이 사실은 싸다

고성장 단계에 속하는 주도주는 언제나 비싸 보인다. 빠르게 성장하는 기업의 가치를 느리게 성장하는 기업의 가치보다 높게 평가하는 것은 아주 타당하다. **초고속 성장 기업의 장점은 너무나 빨리 성장하기 때문에 월스트리트조차도 그 가치를 정확하게 평가하지 못한다는 것이다. 그 결과 주가가 비효율적으로 정해지면서 큰 기회가 생긴다.** 기업이 매출과 영업이익을 계속 크게 늘리는 한, 주가는 따라오게 되어 있다. 당장은 아니더라도 시간이 지나면 주가는 영업이익 증가율을 따라온다. 기업이 영업이익을 빨리 늘리는 만큼 주가가 따라올 가능성이 높아진다.

다만 오해하지 말아야 할 점은 고성장 기업의 주식에는 상당한 리스크가 따른다는 것이다. 월스트리트는 고성장 기업의 실적이 조금이라도 기대에 못 미치면 호되게 처벌한다. 고성장 기업은 실적 전망에 죽고 산다. 그래서 컨센서스 추정치를 계속 넘어서야 한다. 추정치보다 나은 실적이 발표되면 다음에 넘어야 할 목표가 높아진다. 그러다가 결국에는 목표가 너무 높아져서 넘지 못한다. 그러나 견조한 실적을 올리고 기대를 잘 부응하기만 하면 주가가 급등하고 PER 멀티플이 늘어날 수 있다. 따라서 영업이익 증가율이 상승할 때 비교적 이른 시기에 주도주를 파악하고 투자하는 것을 목표로 삼아야 한다.

카테고리 킬러

어떤 기업이 나타나 한 카테고리를 완전히 장악할 때가 있다. 이런 기업은 너무나 명확하고 지속성 있게 경쟁 우위를 지닌다. 그래서 같은 시장이나 틈새시장에 속한 다른 기업들은 경쟁할 수 없다. 이런 주도주를 '카테고리 킬러category killers'라고 한다. **카테고리 킬러는 브랜드와 시장 지위가 너무**

나 강력해서 자본이 무한하더라도 경쟁하기 힘든 기업이다. 이베이가 좋은 사례다. 이베이가 운영하는 온라인 경매 사이트는 압도적인 우위를 차지하는데, 구매자와 판매자 모두가 가장 많은 사람이 모이는 최대 시장에 참여하고 싶어 하기 때문이다. 그래서 그들은 이베이로 간다. 이베이는 대다수의 지분을 집어삼키고 다른 모든 기업에는 부스러기만 남겨준다. 시장을 장악한 애플을 보라. 애플은 혁신적인 기술과 독보적인 제품을 통해 전반적인 추세를 만들어간다. 디즈니의 놀이공원은 강력한 경쟁자가 없는 확실한 카테고리 킬러다. 월마트 같은 기업도 마찬가지다. 월마트는 유통 업종에 막대한 영향력을 발휘하면서 다른 매장이 경쟁하기 어렵게 만든다.

쿠키 커터 콘셉트

어떤 기업이 한 매장에서 성공적인 영업 방식을 만든 후 이를 전국 또는 전 세계의 쇼핑몰과 매장을 통해 계속 복제하는 것을 '쿠키 커터_{cookie cutter}'라고 한다. 맥도날드, 월마트, 스타벅스, 타코벨, 갭, 홈디포, 칠리스, 크래커 배럴_{Cracker Barrel}, 더 리미티드_{The Limited}, 딕스스포팅굿즈_{Dick's Sporting Goods}, 웬디스, 아웃백 스테이크하우스, 코스트코 홀세일_{Costco Wholesale}을 떠올려보라. 이 기업들은 쿠키 커터 콘셉트를 성공적으로 전개한 좋은 사례다.

쿠키 커터 사업 모델로 성공한 많은 기업이 유통 부문에 속한다. 이 콘셉트를 활용하면 새로운 시장으로 사업을 확장할 때 빠르게 신규 매장을 열수 있어서, (특히 동일 매장 매출이 활발하게 증가하면) 영업이익 증가율이 지속적으로 높게 상승할 수 있다. 이런 기업들은 고성장 국면에서 가장 쉽게 포착되고 관찰되며 투자할 수 있다. 그들의 영업이익 증가 주기는 오래 지속된다. 그래서 앞으로도 여전히 성장할 여력이 충분한 가운데 재무제표를 통해 영업이익 증가율을 파악할 수 있다.

쿠키 커터 모델에 투자할 때 고려할 점

동일 매장 매출 또는 유사 매장 매출은 유통 산업을 분석할 때 쓰이는 매우 중요한 통계다. 이 통계는 1년 이상 영업한 매장들의 매출을 비교하므로, 매출 증가분에서 신규 매출의 비중은 얼마인지, 신규 매장에서 나온 매출의 비중은 얼마인지를 파악할 수 있다. 이 분석은 중요하다. 신규 매장이 사업 확장과 실적 성장의 큰 부분을 차지하기는 하지만, 결국 동일 매장 매출의 성장에 따라 미래의 매출 성장이 결정되는 포화점이 발생하기 때문이다. 이러한 비교를 통해 애널리스트는 평가 기간에 공격적으로 신규 매장을 열지 않은 다른 유통업체와 비교하여 매출 실적을 측정할 수 있다. 핵심은 분기마다 동일 매장 매출은 증가해야 한다는 점이다. 만약 이 수치가 한 자릿수 후반대에서 두 자릿수 중반대라면 탄탄하다고 볼 수 있을 만큼 높으면서도, 지속하는 데 있어서는 의문이 들 정도의 높지 않은 수준이다(25~30퍼센트 또는 그 이상의 동일 매장 매출 증가율은 장기간에 걸쳐 지속될 수 없다). 일반적으로 10퍼센트 이상의 동일 매장 매출 증가율은 건강하다고 본다.

어떤 요소들이 동일 매장 매출에 영향을 미칠까? 가격과 고객 수다. 1년 이상 영업한 매장의 매출 증가 또는 감소를 측정하면 그 기업이 실제로 어느 정도의 실적을 올리는지 감을 잡을 수 있다. 이 척도, 즉 동일 매장 매출은 매장 철수와 체인 확장을 계산에서 배제하기 때문이다. 동일 매장 매출이 늘어난다는 것은 1년 전보다 더 많은 고객이 물건을 사거나 더 많은 돈을 썼다는 뜻이다. 이는 경영진의 마케팅 노력이 결실을 맺었으며, 브랜드가 소비자들에게 인기를 끌고 있다는 징표다.

동일 매장 매출이 감소하는 것은 당연히 문제가 있음을 말해준다. 이는 다음 중 하나일 수 있다.

- 브랜드가 힘을 잃고 있으며, 사람들이 매장에서 물건을 구매하지 않는다.
- 경기가 나빠지고 있으며, 사람들이 쇼핑하는 데 관심이 없다.
- 너무 많은 품목을 할인가에 판매하고 있어서 객단가가 평소보다 줄었다.

일부 기업은 가맹점을 내거나 직영점 및 가맹점을 혼합하여 사업을 키운다. 가맹비는 가맹 사업체에 큰 이익을 안겨준다. 그러나 영업이익 안정성이 덜한 직영점 기반 사업체보다 영업이익의 질은 떨어진다. 신규 매장 중에 가맹점이 비교적 높은 비율을 차지하면 매장이 실패하고 실망스러운 영업이익을 거둘 위험이 커진다. 2007년 기준으로 역사상 최고의 프랜차이즈 쿠키 커터 모델 중 하나인 맥도날드는 전체 매장의 약 60퍼센트를 가맹점으로 운영하고 있다.

사업 콘셉트가 비교적 새롭다는 전제 아래 쿠키 커터 모델에 대해 고려할 또 다른 중요한 요소는 다양한 지역(북동부, 남부, 중서부, 해외 등)에서 과거에 성공한 기록이다. 이 모델의 경우 규모를 키울 수 있다는 증거가 있어야 한다. 또한 너무 빨리, 너무 많은 매장을 여는 것은 위험 신호일 수 있다. 대부분의 기업은 해마다 100개 이상의 매장을 열기 어렵다. 스타벅스는 2006년에 전년보다 1,102개의 매장을 더 열었다. 그해에 스타벅스의 주가는 고점을 찍은 후 24개월 동안 82퍼센트 하락했다. 2011년이 되자 2008년보다 신규 매장이 더 줄었다. 또 다른 주요 척도는 매장 면적당 매출과 단위 투자 금액당 매출을 동종 업계의 다른 기업과 비교한 수치다.

최고 경쟁 기업: 경쟁 상황을 주시하라

대개 하나나 둘 또는 세 개의 기업이 한 산업군을 이끈다. 탄산음료 부문의 1위 회사와 2위 회사가 어딘지 물으면 코카콜라와 펩시라고 대답할 것이다. 하지만 3위 회사를 물으면 바로 대답할 수 있는가? 커피 부문은 어떠한가? 아마 스타벅스와 던킨도너츠일 것이다. 주택 수리 용품 부문은? 홈디포와 로우스_{Lowe's}가 아닐까? 차세대 초고수익 종목, 즉 미래의 스타벅스, 애플, 구글을 찾고 있다는 것을 명심하라. 1981년에 MCI 커뮤니케이션스는 지배적인 주도주인 AT&T에 도전했다. MCI가 견조한 실적을 발표한 가운데 주가는 17주에 걸친 보합 구간에서 벗어나면서 4월 2일에 신고가를 찍었다. 그러나 이는 시작에 불과했다. 이후 22개월 동안 주가는 500퍼센트나 상승했다.

최고 경쟁 기업은 해당 산업군의 주도주와 비교할 때 우월한 게 없을 수도 있다. 그럼에도 경쟁 기업은 주도주보다 높은 영업이익 증가율을 기록하면서 주가가 큰 폭으로 상승할 수 있다. 그렇게 한 산업의 2위 기업은 주도주로부터 시장점유율을 빼앗을 수 있으며, 일부의 기업은 1위 자리를 차지하기도 한다. 해당 기업의 주가는 이런 현상을 반영한다.

1990년부터 2000년까지 홈디포의 주가는 40퍼센트 이상의 연평균 수익률을 기록하면서 3,700퍼센트 상승했다. 이 기간에 로우스 주식은 겨우 1,000퍼센트 상승했다. 이는 홈디포 주가 상승분의 약 4분의 1에 불과했다. 그러나 이후 2000년 1월부터 2004년 1월까지 로우스의 주가는 100퍼센트 넘게 상승한 반면, 홈디포의 주가는 역대 최고가에서 40퍼센트 이상 되돌리면서 하락했다. 그 결과 14년에 걸친 기록을 살펴보면 로우스 주식은 2,900퍼센트 상승한 반면, 홈디포 주식은 1,800퍼센트밖에 상승하지 않았다. 홈디포는 10년 넘게 주도주였다. 그래서 그 잠재력을 본 투자자에게는 단지 언제 들어갔느냐, 라는 문제만 중요했다.

언제나 한 산업군에 속한 2위 내지 3위 주식을 관찰하라. 검색엔진인 야후는 인터넷 서비스 제공업체로서 인터넷 시장의 확실한 주도주였던 아메리카 온라인_{American Online}을 제치고 선두 자리에 올라섰다. 이후 야후의 직접적인 경쟁자인 구글이 상장되었고, 지금은 검색엔진 부문의 최강자다. 주도주의 경쟁자는 아주 좋은 투자 기회를 제공할 수 있다. 특히 견조한 산업군에 속한 경우에는 더욱 그렇다. 선두 차량을 앞지를 만한 적당한 때를 기다리면서 후미를 따르는 나스카_{NASCAR} 레이서처럼, 최고 경쟁 기업은 주도주를 뒤쫓으면서 시장점유율을 확보할 수 있다. 따라서 영업이익, 매출, 마진, 상대적 가격 강도 측면에서 해당 산업군의 정상에 있는 기업들에 집중해야 한다. 해당 산업군이 강세장을 선도할 때는 더욱 그렇다.

넷플릭스가 상장되고 블록버스터가 고점을 찍다

넷플릭스가 상장된 후 겨우 15거래일 안에 블록버스터 비디오_{Blockbuster Video}의 주가가 영구적인 고점을 찍은 것은 우연이 아니다. 경쟁자가 영화 대여 사업에서 더 편리한 해결책을 제공하면서 두각을 드러냈다. 넷플릭스가 등장한 것과 동시에 블록버스터의 주가는 고점을 찍었다. 마치 그 시장 지분에 해당하는 돈이 새로운 경쟁자에게 흘러 들어갈 것처럼 말이다. 나는 우리 동네에서 개인 비디오 대여점이 하나둘씩 망하는 것을 보면서 변화가 진행되는 것을 목격했다. 그다음에는 소규모 지역 체인이 문을 닫았다. 이제는 변화의 징조가 명확해졌다. 오프라인 비디오 대여업은 몰락하고 있었다.

2009년의 시장이 반등을 시도할 때 블록버스터는 매출 하락에 시달리고 있었다. 주가는 낮게는 0.13달러에 거래되었다. 고점인 18달러에서 이만큼 떨어진 것이다! 한편 나스닥 종합지수가 약세장 저점을 찍은 지 겨우 7일 후, 그리고 다우지수가 6,469포인트의 약세장 저점을 찍은 지 겨우 10일 후,

그림 6.1　넷플릭스(NFLX) 대 블록버스터 비디오(BLOAQ), 2002~2011

BLOAQ가 진화에 실패한 가운데, 최고 경쟁 기업인 NFLX는 새로운 사업 모델로 비디오 대여 시장에서 점유율을 늘리면서 1위 자리를 차지한다.

넷플릭스는 역대 최고가를 기록했다. 그로부터 겨우 17거래일 후 넷플릭스의 주가는 추가로 20퍼센트 상승했다. 매출은 지난 3분기 동안 각각 11퍼센트에서 16퍼센트, 19퍼센트로 기세 좋게 증가했다. 영업이익 증가율은 각각 36퍼센트, 38퍼센트, 58퍼센트로 더 인상적이었다. 나는 2009년 10월에 넷플릭스 주식을 매수했다. 넷플릭스의 영업이익, 매출, 마진, 자산수익률, 부채 수준은 모두 블록버스터의 지표보다 좋았다. 넷플릭스의 PER은 32배인 반면, 블록버스터의 PER은 겨우 2배였다. 어느 주식이 정말로 '싼' 주식일까? 넷플릭스의 주가는 상장 이후 3,400퍼센트 넘게 상승했다. 같은 기간에 블록버스터의 주가는 99퍼센트 하락했다.

기관 선호 기업

기관 선호 기업은 우수 기업 또는 공식 성장주로 불리기도 한다. 그러나 이런 명칭에 현혹될 필요는 없다. 여기에 해당되는 기업은 성숙하고 널리 알려져 있다. 그들은 대체로 매출과 배당이 꾸준히 증가하여 양호한 기록을 갖고 있다. 또한 영업이익과 마진을 늘리고 주주 가치를 창출하는 경영진의 능력이 역사적으로 검증되었기 때문에 보수적인 기관의 자본을 끌어들이는 경우가 많다. 이런 기업의 영업이익 증가율은 대개 10퍼센트 초중반으로 망할 가능성이 아주 낮다. 그래서 종종 블루칩blue chip 또는 우량주로 불린다. 여기에 해당하는 기업으로 코카콜라, 존슨앤드존슨, 제너럴일렉트릭을 들 수 있다. 모든 것이 좋아 보이지만 한 가지 문제가 있다. 대개 기관 선호 종목이 될 무렵에는 비대해지고 느려진다는 것이다. 꾸준히 양질의 영업이익을 올리는 것 같지만 성장 속도가 느리고, 너무 폭넓게 알려져 있어서 급격한 주가 상승의 여지가 없다.

특정한 시장에서는 이런 종목이 선호되고 아주 좋은 수익을 낼 수 있다. 그러나 제너럴일렉트릭이나 프록터앤드갬블 주식에서 초고수익을 안길 만한 움직임이 나올 가능성은 낮다. 때로는 부실 경영이나 불운 또는 심각한 약세장 조정 때문에 일부 종목의 주가가 급락한다. 이 경우 주가가 회복할 때 조정 국면에서 벗어나면서 양호하게 상승할 수 있다.

실적 반등 기업(턴어라운드)

어려움을 겪는 기업의 경우 실적이 개선될 때 큰 수익을 낼 수 있다. 실적 반등 종목을 매수하려면 최근 두세 분기 동안 아주 강력한 실적을 올린 기업을 찾아야 한다. 적어도 두 분기 동안 영업이익이 견조하게 늘거나 한 분기 동안 12개월 후행 EPS를 전 고점 근처나 그 위로 올릴 만큼 영업이익이 늘어야 한다. 실적 개선 종목을 찾을 때 다음과 같은 질문을 던져야 한다. "마진률이 회복되고 있으며 고점 또는 그 근처인가?", "실적이 오직 비용 절감에만 기반하는가?", "회사가 비용 절감, 생산성 향상, 적자 사업부 정리 외에 영업이익을 늘리기 위해 무엇을 하고 있는가?", "회사가 얼마나 많은 현금을 보유하고 있는가?" 현금이 소진되고 있더라도 소진률과 부채 부담을 평가하여 얼마나 오래 적자를 유지할 수 있는지 판단할 수 있다. "부채는 얼마나 되는가?" 은행 부채는 가장 안 좋으며, 채권 부채보다 덜 바람직하다. "회사가 곤경에서 벗어나는 동안 얼마나 오래 버틸 수 있는가?"

현황을 계속 살펴서 실적 개선 수준이 예상보다 낮거나 나쁜지, 아니면 예상한 대로인지 확인하는 것이 중요하다. 예상보다 나쁘면 매도를 고려해야 한다. 나는 종종 마이너스를 기록하며 아주 느린 성장을 반영하는 지난 3~5년 동안의 영업이익 증가율과 비교하여, 최근 두세 분기의 영업이익 증가율이 더 높은 종목을 찾는다. 실적 반등 종목을 매수할 때, 가장 중요한 질문은 다음과 같다. 시장에서 가격 움직임이 좋은 종목인가?(상승하고 있었는가?) 펀더멘털이 견조한가? 이 두 기준을 모두 충족해야 한다. 실적 반등 종목은 이전 분기들을 대상으로 비교적 쉬운 평가를 받는다. 따라서 최근 실적이 크게 올랐는지 확인하는 것이 중요하다. 대개 최근 두세 분기에 100퍼센트 이상 영업이익이 증가하고, 증가율도 과거 증가율보다 크게 올라야 한다.

주식이 한 범주에 영원히 머물지 않음을 명심하라. 기업의 제품과 서비

그림 6.2　애플 컴퓨터(AAPL), 1985~2010

AAPL은 아이팟, 아이튠즈, 아이폰을 비롯한 신제품 출시를 통해 엄청난 실적 개선을 이루었다.

차트 제작: 맥스 올슨(Max Olson) / 맥스 캐피털 코퍼레이션(Max Capital Corporation)

스 그리고 매출 성장 잠재력과 관련하여, 진행되는 역학을 이해하는 것이 중요한 이유다. 애플 컴퓨터는 실적 개선주에서 성장주로 변신했으며, 그 이후에는 기관 선호 종목이 되었다. 2001~2003년에 애플의 매출과 마진은 심각한 압력에 시달렸고, 이는 부진한 영업이익과 주가 하락으로 이어졌다. 애플의 주가는 고점에서 80퍼센트 넘게 떨어졌다. 상황이 얼마나 암울했던지, 경쟁 컴퓨터 제조사 델의 창립자인 마이클 델은 만약 애플 경영자라면 어떻게 할 것이냐는 질문을 받고 "회사 문을 닫고 남은 자금을 주주들에게 돌려줄 겁니다"라고 대답했을 정도였다.

그러나 신제품은 무기력한 기업에 새로운 활력을 불어넣을 수 있다. 2001년의 아이팟 출시와 2003년의 아이튠즈 스토어 오픈은 곧 기업 역사상 최고의 실적 개선으로 일컬어지는 변화를 이끌어냈다. 2003~2011년에 애플의 순이익률은 겨우 1.2퍼센트였다가 23.9퍼센트까지 해마다 상승했다. 이 기간에 연평균 매출 증가율은 39퍼센트였다. 마진이 빠르게 늘어나고 매출이 견조해지면서 영업이익도 연평균 114퍼센트씩 급증했다. **애플의 주가는 2003년 바닥에서 1만 퍼센트 이상 올랐다. 이 엄청난 상승분 중 73퍼센트는 신제품 출시에서 비롯된 것이다.**

경기 민감 기업

✎ 수년에 걸쳐 기록적인 영업이익을 올린 후 PER이 저점을 찍은 경기 민감주를 매수하는 것은 단기간에 자금의 절반을 날릴 수 있는 검증된 투자법이다.

-피터 린치

경기 민감 기업이란 경기나 원자재 가격에 민감한 기업을 말한다. 자동차 제조사, 제철 회사, 제지 회사, 화학 회사 등이 거기에 속한다. 흥미롭게도 경기 민감주는 역PER 주기를 지닌다. 즉, 대개 상승을 앞두었을 때 PER이 높고 주기의 끝 무렵에 PER이 낮다. 이는 월스트리트 애널리스트들이 경기 순환에 의존하는 해당 기업의 실적 주기 역학을 예상하려고 애쓰기 때문이다. 성장주 투자자는 경기 민감주 선정 과정에서 영업이익 모델을 적용할 경우 혼란스러울 수 있다. 또한 그들이 선정한 종목은 이미 영업이익 규모가 제시된 후에도 수많은 분기 또는 수년 동안 계속 성장하는 쿠키 커터 방식의 유통업체나 고성장 기술주처럼 반응하지 않는다. 내가 이 종목들을 개별 범주로 나누고 지속적인 성장 잠재력을 지닌 범주와 다른 접근법을 적용하는 이유가 바로 이것이다.

경기 민감주의 경우 다음 주기 전환이 통상적인 시기보다 일찍 또는 늦게 일어날지를 파악해야 한다. 이런 종목의 역학을 분석할 때는 재고와 수급이 중요한 변수다. 경기 민감주의 영업이익이 몇 달 또는 몇 년 동안 증가한 후 PER이 아주 낮아지는 것은 상승 주기의 끝에 다가왔음을 나타내는 신호인 경우가 많다. 반대로 PER이 엄청나게 높고 오랫동안 해당 기업이나 산업에 대해 암울한 말만 들린다면 바닥이 가까워진 것인지도 모른다.

경기 순환의 바닥에서는 다음과 같은 일이 일어난다.

1. 영업이익이 감소한다.
2. 배당금이 삭감되거나 생략된다.
3. PER이 높다.
4. 대체로 나쁜 뉴스가 나온다.

경기 순환의 천장에서는 다음과 같은 일이 일어난다.

1. 영업이익이 증가한다.

2. 배당금이 늘어난다.

3. PER이 낮다.

4. 대체로 좋은 뉴스가 나온다.

부진 종목을 멀리하라

부진 종목은 주도주와 같은 산업군에는 속하지만 주가 상승률이 더 낮고 대부분의 경우 영업이익 증가율과 매출 증가율도 더 낮은 종목이다. 부진 종목은 사이클의 끝 부근에서 주도주를 따라잡으려 애쓰거나 해당 산업이 활황이어서 주도주가 빠르게 상승했을 때 짧은 기간 동안 준수하게 상승하기도 하는데, 대체로 주도주보다 초라하게 움직인다.

부진 종목은 주도주보다 저렴해 보여서 종종 미숙한 투자자들을 끌어들이곤 한다. 싸다는 이유로 넘어가지 마라. 종목의 멀티플이 높고 낮은 데는 언제나 이유가 있다. 많은 경우 실제로는 비싼 주도주가 싸고, 싸 보이는 부진 종목이 비싸다.

오랫동안 많은 사람들이 홀푸즈_{Whole Foods}보다 덩치가 작고 PER이 더 낮은 와일드오츠_{Wild Oats}를 매수하는 것이 더 나은 방법이라고 생각했다. 하지만 PER이 낮은 데는 다 그럴 만한 이유가 있는 법이다. 와일드오츠는 영업이익 증가율 측면에서 많은 성과를 내지 못했다. 영업이익 증가율에 초점을 맞춘 투자자들은 와일드오츠보다 비싸다는 통념에도 불구하고 홀푸즈를 보유하여 훨씬 많은 돈을 벌었다.

홀푸즈는 엄청난 성장을 이루는 동안 PER이 30배 밑이었던 적이 거의

그림 6.3　홀푸즈(WFMI) 대 나스닥 종합지수, 1993~2005

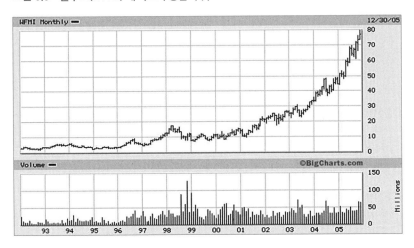

2000년부터 2005년까지 WFMI의 주가는 8배로 뛰었다. 같은 기간에 나스닥 종합지수는 50퍼센트 넘게 떨어졌다.

없었다. 언뜻 보면 많은 투자자가 PER이 너무 높다는 이유로 홀푸즈 주식을 배제한 것은 당연해 보인다. 그러나 그들이 성장 기회를 이해했다면 높은 PER은 그다지 문제가 되지 않았을 것이다. 홀푸즈 주식의 매력은 평균 20퍼센트 이상의 높은 비율로 영업이익을 늘리는 능력이었다. 이를 통해 홀푸즈 주식은 투자자들에게 큰 보상을 안겼다.

특정 산업군이 새로운 강세장을 이끈다

약세장 바닥은 주로 특정 업종이나 부문에서 매집이 이뤄지는 가운데 형성된다. 일반적으로 3~4개, 많게는 8~10개의 산업군이나 하부 집단이 새로운 강세장을 이끈다. 또한 성장주, 가치주, 소형주, 대형주 같은 폭넓은 테마에 따라 시장이 움직일 수도 있다. 주도주 또는 테마는 전체 지수가 바닥을 치기 전에 독자적으로 강세장을 형성할 수 있다. 한 예로 1974년 9월과 10월에 시장은 하락장인 가운데 몇몇 중형주와 소형주에서 확연한 매집 신호를 보였다. 그러나 주요 시장 지수는 12월이 되어서야 바닥을 찍고 올라오기 시작했다. 또한 2003년 3월에 새로운 강세장이 시작되었을 때도 명민한 투자자들은 몇 달 동안 중형주와 소형주뿐 아니라 금융주, 에너지주, 기초 재료주를 매집해왔다. 그렇다면 어느 산업군이 시장을 선도할지 어떻게 알까? 개별 종목을 관찰하면 된다. 나는 52주 신고가 목록을 즐겨 관찰한다. **강세장 초반에 많은 종목이 신고가에 이르는 산업군이 시장을 선도하곤 한다. 그래서 상위 4~5개 업종에 속한 최고 기업들로 포트폴리오를 구성해야 한다.** 강세장에서 일부 업종은 수백 퍼센트 상승하는 반면, 다른 일부 업종은 지수 상승률을 넘어서지 못하거나 밑돌기도 한다. 폭넓은 기업과 하부 집단을 포함하는 광범위한 업종들이 있다. 보건/의료, 기술, 서비스, 기초 재료, 경기 민감재, 필수 소비재, 금융, 운송, 자본재, 에너지, 유틸리티가 모두 광범위한 업종들이다.

각 업종에는 하부 업종 또는 산업군이 있다. 가령 보건/의료 업종에는 제약, 복제약, 처방약, 생명공학/유전학, HMO, 병원, 요양원, 외래/가정간호, 의료장비, 의료서비스, 의료용품 같은 하부 업종이 있다.

강세장 초기에 주도주를 매수하면 상당한 투자 소득을 얻을 수 있다. 일부 산업군은 강세장 후반기에 부상하여 약세장이 도래했음에도 상승 반전을 이끌기도 한다. 해당 산업군에 속한 종목이 하락에 저항하면서 시장의 저점을 서서히 벗어나거나 상승 이후 신고가에 오른다면 반드시 살펴봐야 한다.

이 산업군에서 지수 대비 상대 강도가 가장 높은 주도주는 대개 처음부터 해당 산업군의 상승을 이끌며, 가장 큰 폭으로 상승할 가능성이 높다. 특정 산업군에서 52주 신고가를 찍는 종목이 늘어나면(특히 시장 저점에서 벗어날 때) 그 산업군이 상승하고 있다는 신호일 수 있다.

나는 개별 종목을 통해 산업군이나 업종으로 넓혀가는 경향이 있다. 즉, 하향식이 아니라 상향식 접근법을 더 많이 쓴다. **나는 선도 산업군에 속한 최고 종목들은 그 산업군이나 업종이 활황이라는 사실이 분명해지기 전에 상승하는 경우가 많다는 사실을 발견했다. 그래서 종목에 초점을 맞추고 뒤이어 그 산업군을 살핀다.** 다만 항상 그런 것은 아니다. 나는 여전히 전체 산업 수준에서 무슨 일이 일어나는지 확인한다. 그래서 관심이 생기면 그 산업을 구성하는 종목을 살피고 요건에 따라 분류한다. 이때 가장 강한 종목부터 찾는다. 영업이익과 매출이 가장 좋고, 신고가에 가장 가깝고, 시장에 비해 지수 대비 상대 강도가 높은 종목이 거기에 해당한다. 이를 통해 진정한 주도주를 찾을 수 있다.

역사는 대박 종목이 특정 산업군을 선호한다는 것을 보여준다. 초고수익 종목을 가장 많이 배출한 산업군은 다음과 같다.

- 소매
- 기술, 컴퓨터, 소프트웨어 및 관련 산업
- 약품, 의료, 생명공학
- 레저/오락

혁신은 새로운 기회를 창출한다

이면에 생기는 중대한 변화는 산업군의 주가에 큰 영향을 미칠 수 있다. 그렇다고 해서 어떤 종목이 강력한 산업군에 속해야 크게 상승할 수 있다거나, 강한 파도가 모든 배를 더 높이 띄운다는 것은 아니다. 틈새시장, 특수한 전문성, 독자 기술, 규제 완화 같은 긍정적인 변화가 있는 산업이나 기업을 찾아라. 사람들이 더 잘 일하고 더 오래 살고 삶을 즐기도록 돕거나, 기업들이 비용을 절감하고 생산성 및 효율성을 개선하도록 돕는 신기술이나 기존 기술의 새로운 활용법을 찾아라. 긍정적인 변화를 겪는 기업에서 기회를 찾아라. 업계지를 읽어라. 기업 담당자에게 연락하여 새로운 업계 이벤트와 현황을 확인하려면 어떤 발행물을 봐야 하는지 물어보라.

의료 제품을 생산하는 US서지컬은 1987년에 수술용 스테이플러를 개발했다. 이 완전히 새로운 의료 접근법은 독자적인 틈새시장을 만들었다. 이 회사는 1990년대 초반에 엔도 클립_{Endo Clip}을 선보이기도 했는데 그 덕분에 복강경 담낭 제거 수술이 가능해졌고, 이 장비 시장 역시 빠르게 커지기 시작했다. 곧 복강경은 탈장 수술, 맹장 수술, 자궁절제술, 기타 다른 복부 수술에도 활용되었다. 수술 장비 시장을 사실상 독점한 US서지컬의 매출은 1990년에 50퍼센트, 1991년 전반기에 75퍼센트 증가했다. 같은 시기에 영업이익은 78퍼센트 증가했으며, 연말까지 거의 2배가 되었다. US서지컬은 1991년에 3억 달러가 넘는 복강경 수술 장비를 판매하여 9,100만 달러의 이익을 올렸다. 이를 통해 미국에서 가장 빨리 성장하는 기업 중 하나가 되었다. 겨우 몇 년 전만 해도 복강경 장비 매출은 1,000만 달러에 불과했다. 그러나 1992년에는 매출이 10억 달러를 넘어섰다.

산업군 주기 역학

한 산업군에서 발생한 이벤트는 다른 산업군에도 영향을 미칠 수 있다. 한 예로 이라크전과 9·11테러는 군사 및 국방 기업에 엄청난 영향을 미쳤고, 이 영향은 뒤이어 전자부품 제조사, 특히 세밀한 측정 장비를 제조하는 기업들에게로 이어졌다. 또한 1990년대에 이루어진 의료 개혁은 HMO(건강관리기구를 뜻하는 미국의 의료 서비스 사업체—옮긴이)의 사업을 촉진했고, 이후로 환자 관리 업무 및 행정 업무의 비용을 절감하는 서비스와 소프트웨어에 대한 수요가 생겨났다. 개인용 컴퓨터의 진전은 반도체에 직접적인 영향을 미쳤다. 소형 휴대기기가 확산되면서 1인치 하드 드라이브에 대한 수요가 늘어났다. 2006~2008년의 고유가와 갈수록 증가하는 세계적 에너지 사용량 그리고 오염 수준은 태양광 발전 및 대안 기술의 확산으로 이어졌다. 개인용 컴퓨팅은 소프트웨어와 주변기기에 대한 수요를 창출했다. 이는 인터넷의 폭넓은 사용으로 이어졌으며, 그 결과 더 빠른 속도와 광대역 접속에 대한 수요가 생겨났다. 이제는 소셜미디어와 클라우드 컴퓨팅이 새로운 개척지가 되었다. 미래의 성장 부문은 선도 산업군에 속한 주도주에서 드러날 것이 확실하다.

주도주가 재채기를 하면 해당 산업군은 감기에 걸린다

주도주는 때때로 그 산업군의 강력한 상승을 예고한다. 마찬가지로 최상위 2~3개 기업을 주시하면 산업군에 문제가 생길 것임을 미리 알 수 있다. 그래서 최대 상승 업종에 속한 주요 주도주를 주시하는 것이 중요하다. 한

그림 6.4 자동차 산업(1890~1970)과 텔레비전 산업(1940~1990)의 기업 수

출처: 제임스 어터백(James M. Utterback), 《혁신의 역학에 대한 이해(Mastering the Dynamics of Innovation)》

그림 6.5 디스크 드라이브 산업(1976~1998)과 개인용 컴퓨터 산업(1974~1992)의 제조사 수

출처: 디스크/트렌드(DISK/TREND) 보고서, 〈매니지먼트 사이언스(Management Science)〉, CSFB 추정치

산업군에 속한 주요 종목의 주가가 급락하면 전체 산업군이 어려움을 겪곤 한다. 한 산업군에 속한 1~2개의 주요 종목이 고점을 찍는 것은 전체 산업군이 곧 문제에 직면할 것이라는 경고인지도 모른다. 공급업체나 소비자와 관련된 산업군 외부 종목까지도 같이 고통을 겪을 수 있다. 역사적으로 초고수익 종목의 60퍼센트 이상은 산업군이 상승한 결과였다. 따라서 최고 종목을 주시하면서 해당 산업군의 잠재적 힘에 대해 감을 얻는 것이 도움이 된다. 다만 대규모 상승 이후 주요 주도주의 주가가 무너지면 조심해야 한다. 이는 전체 산업군이 아플 것임을 말해주는 첫 번째 증상이다.

신기술은 구기술이 된다

모든 혁신은 결국 혁신이 아니게 된다. 그 과정에서 시장 침투와 최종적인 포화의 경로를 따른다. 이는 시대를 초월한 진실이다. 초기에 모든 새로운 혁신(철도, 자동차, 라디오, 텔레비전, 컴퓨터, 인터넷 등)은 소수만 구매할 수 있는 비교적 높은 가격 수준에서 시작한다. 그러다가 기술과 제조술의 발전으로 신제품의 가격이 상대적으로 점차 낮아진다. 이는 갈수록 많은 잠재 사용자들이 새로운 제품이나 서비스를 획득할 수 있는 시장 침투로 이어진다. 그렇게 시간이 흐르면 시장 포화 상태에 이른다. 즉, 신제품을 구매하고 사용하는 모든 기업이나 가구가 이미 그것을 확보한다는 말이다. 자동차와 텔레비전이 좋은 사례다. 이 시장은 전반적인 단위 성장이 경제 전반의 느린 성장으로 제한되는 가운데 대체 구매 시장이 된다.

시장이 포화 상태에 이르면 침투할 여지가 거의 남지 않는다. 상대적 가격 하락이 판매 대수에 미치는 긍정적인 영향은 갈수록 줄어든다. 해당 산업은 더 이상 성장 산업이 아니다. 이런 시장 포화 기간에는 대개 경쟁 압력으로 마진률이 크게 줄어든다. 그에 따라 빠른 매출 성장에 맞춰진 과거의 성장 산업은 경쟁이 이례적으로 심해지는 통합 국면으로 접어든다. 이런 통합 기간의 특징은 이전의 산업 평균을 크게 밑도는 영업이익률, 해당 산업에 속한 기업의 감소 및 파산이다. 1980년대와 1990년대에 PC 기반 하이테크 산업이 이런 시장 침투 과정을 거쳤다. 이는 자동차 산업이 1920년대, 텔레비전 산업이 1950년대에 겪었던 과정과 다르지 않았다.

TRADE LIKE
A STOCK MARKET
WIZARD

7장

초점을 맞춰야 할
펀더멘털

주식이 대규모 주가 하락에 시달리는 데는 이유가 있다. 이는 앞으로도 계속될 주가 침체의 시작이며, 대부분 기업의 사업이나 산업에 근본적인 문제가 있다. 2008년으로 접어드는 시기에 시티그룹을 비롯한 여러 대형 은행은 사촌격인 리먼브라더스와 베어스턴스 같은 증권사 및 투자은행과 더불어 과도한 레버리지를 쓴 상태에서 부실해진 대차대조표를 안고 있었다. 이 해로운 조합은 전반적인 경기가 심각한 불황으로 빠져드는 가운데 금융 부문의 붕괴를 초래했다. 2007~2009년에 전 다우 구성 종목인 아메리칸 인터내셔널 그룹$_{AIG}$의 주가는 103달러에서 0.33달러까지 폭락했다. 결국 2008년 9월 22일, AIG는 다우존스산업지수에서 퇴출되었다. 시티그룹은 2008년 6월 8일에 퇴출되었다.

　"저가 매수, 고가 매도"라는 오랜 격언을 들어봤을 것이다. 그래서 이것이 일생일대의 기회라고 생각할지도 모른다. 즉, 주가가 내렸을 때 GE나 시티그룹 또는 다른 친숙한 기업의 주식을 사야 한다고 생각할지도 모른다. 장담컨대, 2008년에 블루칩 자동차 제조사인 GM의 주식을 매수한 사람들도 그렇게 생각했을 것이다. 그러나 GM의 주식은 1년 만에 95퍼센트나 하

그림 7.1 시티그룹(C), 2006~2011

락하면서 1933년 이래 최저치로 떨어졌다. 그에 따라 GM은 2009년 6월 8
일에 다우존스산업지수에서 퇴출되었다. 기업이 아무리 크고 명성이 높더
라도 펀더멘털, 즉 영업이익이 악화되면 주가가 어디까지 떨어질지 알 수
없다.

무엇이 초수익을 이끄는가?

주식시장은 기업의 위상은 물론이고 과거를 신경 쓰지 않는다. 미래, 즉
성장만 염두에 둘 뿐이다. 우리의 목표는 다른 종목을 멀리 앞지를 초고수
익 종목을 발굴하는 것임을 명심하라. 이런 종목은 가장 강한 잠재력을 지
니며, 떨이용 바구니에서는 찾을 수 없다. 그들은 강력한 동력이 밀어주기
때문에 강하다. 영업이익과 매출의 성장이 바로 그 동력이다. 망가진 제품

을 누가 사겠는가?

주식으로 초고수익을 달성하는 것이 목표라면 탁월한 실적으로 자격이 있는 기업을 포트폴리오에 넣어야 한다. 초고수익 종목은 영업이익, 매출, 마진을 개선하고 늘리는 능력을 통해 힘을 보여준다. 이런 강력한 기업은 월스트리트의 추정치를 넘어서는 분기 실적을 발표한다. 이 같은 깜짝 실적은 주가를 밀어 올린다. 유명하다고 해서 주가가 하락하는 종목에 매료되지 마라. 들어본 적도 없는 기업의 주식이 대박 종목이 되는 경우가 많다. 그들의 전성기는 과거가 아니라 미래에 있다. **투자자가 규모나 위상, 명성과 무관하게 열등한 기록을 가진 기업에 안주할 이유는 없다. 시장에는 펀더멘털이 우월한 기업이 널려 있다.**

매 분기마다 영업이익과 매출 보고서는 새로운 이름이 들어간 갱신된 통계를 제공한다. 전망이 부실한 기업은 잠재력이 더 큰 기업으로 대체되기 때문이다. 같은 분기 실적 발표도 이미 포트폴리오에 담긴 기업들을 평가하기에 좋은 데이터다. 이런 방식으로 포트폴리오는 강제적인 교체를 통해 수익 목표를 달성하도록 자연스럽게 진화한다. 계속 수익을 안기는 주식은 포트폴리오에 남고, 수익을 내지 못하는 주식은 빼야 한다.

왜 영업이익이 중요할까?

부동산 업계에서는 "입지, 입지, 입지"를 주문처럼 말한다. 주식시장의 주문은 "영업이익, 영업이익, 영업이익"이다. 결국 중요한 것은 영업이익이다. 기업이 얼마나 많은 돈을 오래 벌 수 있는가가 핵심이다. 이는 모든 투자자가 해야 하는 영업이익에 대한 세 가지 기본적인 질문으로 이어진다.

영업이익은 얼마인가? 얼마나 오래 영업이익을 낼 수 있는가? 얼마나 확실하게 영업이익을 낼 수 있는가? 수익성, 지속 가능성, 시인성은 주가를 움직이는 가장 영향력 있는 요소다.

영업이익이 주가에 미치는 영향을 이해하기 위해 월스트리트가 돌아가는 방식을 이면에서 살펴보자. 누가 주가를 움직일까? 뮤추얼펀드, 헤지펀드, 연기금, 보험사 같은 대형 기관 투자자들이다. 비교적 다수의 투자 전문가들을 아우르는 많은 기관 투자자는 어닝 서프라이즈를 파악하는 투자 모형을 활용한다. 어닝 서프라이즈는 애널리스트의 추정치를 넘어서는 영업이익을 발표하는 것이다. 어닝 서프라이즈가 발표되는 순간, 이 기회주의자들은 해당 종목에 올라타거나 최소한 잠재적 매수 후보로 관심 종목에 올려둔다.

대다수 대형 기관 투자자는 영업이익 추정치에 기반한 가치평가 모형을 활용하여 주식의 현재 가치를 판단한다. **그래서 기업이 예상보다 의미 있게 개선된 분기 실적을 발표하면 해당 주식을 담당하는 애널리스트는 재평가를 통해 영업이익 추정치를 상향 조정해야 한다.** 이는 해당 주식에 대한 관심을 고조시킨다. 추정치 상향 조정은 해당 기업의 가치를 높이는 행위이기 때문이다. 영업이익 추정치가 증가하면 당연히 주식의 매력도가 높아져서 매수세를 끌어들인다.

예상과 서프라이즈

주가는 예상과 서프라이즈라는 두 가지 기본적인 원인으로 움직인다. 모든 가격 움직임은 이 두 가지 요소 중 하나에 기반한다. 즉 중요한 사업적 변화에 대한 예상 또는 긍정적이든 부정적이든 생각지 못한 이벤트나 서프라이즈에 대한 대응이 주가를 움직이는 것이다.

예상은 기대를 뜻한다. 어떤 도급업체가 대형 계약을 따낼 것이라는 소문이 돌면, 소식이 발표될 것을 예상하여 주가가 오를 수 있다. 그러다가 계약 내용이 알려지고 공식적으로 체결되면 오히려 주가는 급락할 수 있다. 추정치에 부합하는 영업이익을 내는 경우도 마찬가지다. 이 사실이 발표되면 주가는 하락한다. 그 이벤트가 이미 주가에 반영되었거나 할인되었기 때문이다. 주가는 호재나 악재에 대한 예상대로 움직이다가 그 일이 일어난 후에는 반대로 움직일 수 있다(예를 들어, 바람직한 변화에 대한 기대로 상승하다가 발표가 나온 후 급락한다). 이 시장 현상은 초보 투자자들을 어리둥절하게 만든다. 이런 현상이 발생하는 이유는 주식시장이 미래의 이벤트를 선반영하기 때문이다. 주식시장은 할인 메커니즘이라는 말의 의미가 바로 그것이다. 기대감은 주가를 움직이지만, 예상한 이벤트가 일어나면 시장은 뉴스에 팔린다. 그래서 "소문에 사서 팩트에 팔아라"라는 오랜 격언이 나온 것이다.

서프라이즈는 추정치를 크게 웃돌거나 밑도는 영업이익부터 회사의 사업 전망을 크게 바꾸는 갑작스러운 변화까지 많은 형태가 있다. 서프라이즈의 공통점은 본질적으로 예상하지 못한다는 것이다. 예를 들어, 갑작스럽게 어떤 산업에 대한 규제 완화 분위기가 의회에서 형성되거나, FDA 승인을 받지 못할 것 같았던 약품이 예상과 달리 시험을 통과할 수 있다. 영업이익의 경우, 추정치를 크게 웃도는 플러스 서프라이즈나 크게 밑도는 마이너스 서프라이즈가 나올 수 있다.

어닝 서프라이즈

월스트리트에서 말하는 어닝 서프라이즈란 무엇일까? 간단히 말하자면 애널리스트들의 추정치 컨센서스보다 나은(또는 나쁜) 이익을 어닝 서프라이즈라고 한다. 야후 파이낸스나 잭스~Zacks~ 브리핑닷컴~Briefing.com~ 같은 뉴스원을 통해 각 기업에 대한 영업이익 추정치를 확인할 수 있다. XYZ 기업을 담당하는 여러 애널리스트의 분기 영업이익 컨센서스(평균)가 주당 0.53달러라고 가정하자. 이때 XYZ 기업이 주당 0.60달러의 이익을 발표하면, 0.07달러만큼의 플러스 서프라이즈가 된다. 반대로 주당 0.48달러의 이익을 발표하면, 0.05달러만큼의 마이너스 서프라이즈가 된다.

서프라이즈는 요란한 행동을 촉발할 수 있는데, 플러스 서프라이즈의 경우 주가를 올리는 연이은 매수가 일어난다. 연구 결과에 따르면, 서프라이즈와 뉴스 후 표류~postnews drift~(서프라이즈 반응의 방향으로 주가가 움직이는 것—옮긴이)가 몇 달 동안 지속될 수 있다. 효율적 시장 이론~efficient market theory~은 시장이 새로운 정보에 즉시 반응하며, 이런 정보를 완전하게 주가에 선반영한다고 주장한다. 경험 많은 트레이더들은 여러 가지 이유로 이 이론이 틀렸음을 안다. 일단 모두가 동시에 반응하는 일은 불가능하다. 유동성도 하나의 요소다. 즉, 사고팔 수 있는 주식에는 한계가 있다. 대규모 매수자는 주가를 너무 빨리 올리지 않기 위해 오랜 시간에 걸쳐 매수해야 한다. 또한 너무 빨리 매도하면 주가가 급락할 수 있다. 이런 요인 때문에 서프라이즈에 따른 방향으로 끈질기게 편향이 일어나는 뉴스 후 표류가 발생한다. **영업이익 추정치를 넘어서는 기업들을 찾아라. 어닝 서프라이즈가 클수록 좋다.**

바퀴벌레 효과

바퀴벌레 효과라는 이름이 붙은 이유는 바퀴벌레처럼 하나가 보이면 다른 것도 있을 가능성이 높기 때문이다. 이는 어닝 서프라이즈를 발표하는 기업에도 똑같이 적용된다. 한 기업이 애널리스트들의 추정치보다 훨씬 나은 분기 실적을 발표하면, 다른 기업들도 그럴 가능성이 높다. 한 기업이 어닝 서프라이즈로 좋은 성과를 내면, 같은 사업 또는 업종에 속한 다른 기업들도 상방 서프라이즈를 발표할 수 있다.

기관 투자자들은 영업이익이 발표되기도 전에 서프라이즈가 나올 가능성을 보고 일부 종목에 투자할 수 있다. 이런 전략은 수익을 안겨준다. 해당 분기의 진정한 어닝 서프라이즈는 다음 분기에 영업이익이 더 늘어날 수 있음을 예고한다. 마이너스 서프라이즈의 경우에도 거울 효과가 작용한다. 영업이익 추정치를 달성하지 못한 기업은 뒤이은 분기에서도 실망스러운 실적을 내곤 한다. **이처럼 어닝 서프라이즈는 지속적인 영향을 미친다. 따라**

그림 7.2   어번 아웃피터(Urban Outfitter, URBN), 2003~2007

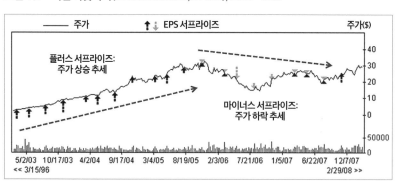

URBN의 주가는 꾸준한 플러스 어닝 서프라이즈 덕분에 2003~2005년까지 크게 올랐다. 반면 마이너스 서프라이즈로 도배된 2006~2007년에는 주가가 크게 바뀌지 않았다.

차트 제공: 잭스 리서치 위저드(Zacks Research Wizard)

서 추정치를 넘어서는 기업에 초점을 맞추고, 마이너스 어닝 서프라이즈를 기록하는 기업을 피하라. 후보 종목을 찾는 한 가지 방법은 지난 두어 분기 동안 추정치보다 나은 이익을 발표했는지 확인하는 것이다.

모든 서프라이즈가 같은 것은 아니다

모든 서프라이즈가 진정한 서프라이즈는 아니다. 한 예로 XYZ 기업이 월스트리트의 추정치인 주당 1.20달러보다 많은 주당 1.23달러의 영업이익을 발표했다고 하면, 이는 0.03달러만큼의 상방 서프라이즈다. 그러나 이렇게 애널리스트들의 추정치를 넘어섰다고 해서 과도하게 호감을 가져서는 안 된다. 뉴스 보도는 어떤 기업이 애널리스트들의 추정치보다 주당 1~2페니 많은 영업이익을 발표했다는 사실을 강조하지만 이런 실적은 새로운 것이 아니다. 기업들은 종종 추정치를 넘어선다. 그 이유는 해당 분기 동안 대외 발표를 통해 기대치를 신중하게 조정하기 때문이다. 경영진은 본인들이 예상하는 수치보다 애널리스트들의 추정치가 조금 낮게 발표되게끔 한다.

또 다른 부분적인 요인은 애널리스트들이 다른 동료들의 평균치보다 너무 높거나 낮은 분기 추정치를 제시하지 않으려는 양떼 효과다. 시장은 플러스 서프라이즈를 좋아하고, 월스트리트 기업은 소비자들에게 주식을 파는 사업을 한다. 그렇기에 애널리스트들은 대개 보수적으로 영업이익 추정치를 설정한다. 추정치에 관한 한 공격적이어서 득 볼 것이 없다. 대다수 애널리스트가 주당 0.25달러에서 0.30달러 사이의 영업이익 추정치를 제시하고, 컨센서스가 0.27달러라고 가정하자. 이런 상황에서 누가 영업이익 모형을 상향 조정하여 주당 0.40달러의 추정치를 제시하겠는가? 그랬다가는 다른 추정치보다 나은 실적 발표조차 실망스러워 보일 수 있다. 이로 인해 주가가 심한 타격을 입으면 그 결과로 문제의 애널리스트는 일자리를 잃을 수 있다. 컨센서스 수치의 타당한 범위 안에서 보수적이고 안전하게 나가면 모두가 행복하다. 특히 기업이 추정치를 넘어서면 더욱 그렇다. 겉으로 좋아 보이더라도, 이것이 진정한 상방 서프라이즈라고 속아서는 안 된다. 그보다 의미 있는 차이로 추정치를 넘어서는 중대한 이벤트를 찾아야 한다.

수년 전에 월스트리트에서는 '위스퍼 넘버_{whisper number}'를 알아내려는 활동이 유행했다. 위스퍼 넘버는 발표된 추정치나 컨센서스보다 현실적인, 숨은 수치를 말한다. 이런 수치가 존재한 이유는 과거에는 기업 경영진이 특정 애널리스트들로 구성된 폐쇄적인 집단과 합법적으로 정보를 공유할 수 있었기 때문이다. 이 애널리스트들은 그 정보를 그들의 VIP 고객들에게 제공했다.

2002년에 제정된 사베인스옥슬리법_{Sarbanes-Oxley Act}은 위스퍼 넘버를 엄격히 금지했다. 그에 따라 기업은 더욱 제한적인 방식으로 정보를 제공해야 했으며, 이를 어길 시 상당한 벌금이 부과되었다. 그보다 이른 2000년 8월에도 증권거래위원회가 '공정공시규정_{Regulation Fair Disclosure}'을 도입했다. 이 규정은 상장사가 공시할 수 있는 '비공개 정보_{non-public information}'(아직 발표되지 않은 정보)를 제한한다. 일반적으로 기업이 특정 정보를 애널리스트 같은 특정 개인에게 제공할 때는 동시에 해당 정보를 공개해야 한다. 증권거래위원회에 따르면 이 규정은 '완전하고 공정한 공개'를 촉진하기 위한 것이다.

애널리스트의 추정치 조정

기업이 의미 있는 어닝 서프라이즈를 발표하면, 그 종목을 담당하는 애널리스트는 영업이익 추정치를 조정할 가능성이 높다. 나는 현 분기뿐 아니라 현 회계연도에 대해서도 추정치가 상향되는 종목을 선호한다. 여러 연구 결과에 따르면, 추정치가 5퍼센트 이상 상향 조정된 주식은 평균을 상회하는 상승률을 보이는 경향이 있다. 반대로 5퍼센트 이상 하향 조정된 주식은 평균을 밑도는 상승률을 보인다.

일반적으로 어닝 서프라이즈에 뒤이은 추정치 조정은 발표 직후에 이뤄진다. 그러나 때로는 실적 발표 **전에**, 이를테면 분기 중에 추정치가 상향되는 경우가 있다. 이는 좋은 실적에 대한 기대를 반영한다. 제품이 예상보다 잘 팔리거나 사업 여건이 개선되었을 때 그렇다. 담당 기업을 세심하게 살피는 애널리스트들은 역사적 데이터뿐 아니라 고객 및 공급업체와 이야기하면서 알게 된 사실을 바탕으로 추정치를 조정한다.

실적 발표 기간이 다가오면, 추정치는 컨센서스 추정치를 중심으로 수렴하기 시작한다. 당신이 할 일은 주가를 지켜보면서 이미 이런 기대 실적을 예상하고 있는지 파악하는 것이다. 애널리스트들이 최근 실적을 토대로 영업이익 추정치를 상향 조정하면, 분모가 커지기 때문에 PER이 낮아진다는 사실을 알아야 한다.

애널리스트들은 미래의 영업이익을 계산할 때 해당 기업이 확보했거나 확보할 거라고 말하는 모든 계약 등을 토대로 매출을 추정하는 일부터 시작한다. 그다음 예상 마진율을 적용하고 특정 비율의 세금을 뺀다. 그 결과물이 해당 분기에 대한 주당순이익이다. 추정치를 구하기 위한 수치는 보도자료, 컨퍼런스 콜, 개인적 논의의 형태로 제시되는 기업 가이던스에서 나온다. 또한 앞서 말했듯이 판매가 예상보다 못하다거나, 반대로 회사가 말한 것보다 낫다는 사실을 말해주는 고객들과의 대화를 토대로 영업이익 추정치를 조정하기도 한다. 또는 해당 기업이 더 낮은 세율을 적용받을 것이라고 판단할

그림 7.3 영업이익 추정치 조정

컨센서스 EPS 영업이익 추정치 추세 30일 전보다 높아지는 추정치	이번 분기	다음 분기	올해	내년
현재	0.34	0.66	1.32	1.94
7일 전	0.32	0.65	1.28	1.94
30일 전	0.29	0.65	1.18	1.92
60일 전	0.29	0.65	1.18	1.92
90일 전	0.29	0.63	1.09	1.88

수 있다. 어쩌면 경쟁사가 곧 가격을 인하하겠다고 발표할지도 모른다. 이는 마진률을 깎아먹는 가격 전쟁으로 이어진다.

애널리스트들이 추정치를 높이는 기업을 찾아라. 분기뿐 아니라 이번 연도 추정치가 상향 조정되어야 한다. 조정폭이 클수록 좋다. 나는 최소한 올해 회계연도 추정치나 내년 추정치가 30일 전보다 상향 조정되는 종목을 원한다. 두 추정치가 모두 상향 조정되면 더 좋다. 상향 조정이 없다고 해서 무조건 매수 후보군에서 탈락하는 것은 아니다. 다만 대규모 하향 조정은 반드시 주의해야 한다.

대규모 이익은 대규모 관심을 끌어들인다

어떤 기업이 여러 분기에 걸쳐 견조한 이익을 달성하면, 애널리스트들의 영업이익 추정치와 증권사의 투자 의견이 상향 조정된다. 또한 더 많은 투자은행이 그 기업을 주시하도록 애널리스트들을 배정하면서 커버리지 coverage(애널리스트가 기업을 분석하고 탐방하면서 보고서를 내는 것—옮긴이)가 늘어난다. 낙관적인 분석은 많은 양의 매수로 이어진다. 그렇게 두어 분기 전만 해도 눈에 띄지 않던 주식이 관심을 끌고 조명을 받기 시작한다.

영업이익이 분기마다 강한 기세로 증가할 때 EPS 모멘텀이 주가를 더 밀어 올릴 수 있다. EPS 모멘텀이 강해지면, 예를 들어 10퍼센트, 30퍼센트, 50퍼센트씩 증가하면 영업이익 모멘텀 매수자들이 매수 행렬에 동참하고 그에 따라 매수 열풍이 불어닥친다.

펀더멘털 개선에 대한 전망 때문에 기관의 매수가 들어오면 주가는 빠르게 상승한다. 그 과정에서 추가로 정량적 모형이 발동하며, 가격 모멘텀 플레이어들이 순전히 강한 가격 추세와 모멘텀만 보고 주식을 매수하기 시작한다. 이 투자자들 중 일부는 펀더멘털과 무관하게 가격이 강하게 변동하는 종목을 매수한다. 그들은 강하게 상승하는 종목은 순전히 모멘텀 때문에 중·단기적으로 계속 상승할 것이라고 믿는다.

그러다가 어느 시점이 되면 성장이 명확해지고, 모두가 그 사실을 알게 된다. 해당 종목은 공식적으로 성장주로 불린다. 이때 초기에 진입한 스마트 머니는 두둑한 수익과 함께 발을 빼고, 반면 금융지에서 관련 기사를 읽거나

그림 7.4   영업이익 성숙 주기

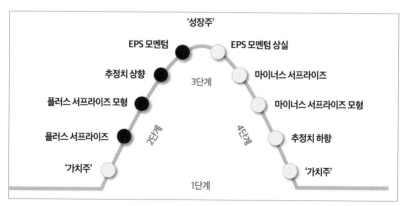

다음 초수익 종목을 찾으려면 2단계에서 견조한 이익, 플러스 서프라이즈, 추정치 상향 조정을 이뤄내는 종목을 살펴라.

TV에서 관련 보도를 본 순진한 투자자들은 이때 해당 종목에 발을 들인다. 얼마 지나지 않아 모멘텀은 멈춘다. 뒤이어 EPS 모멘텀의 실종, 최종적인 마이너스 어닝 서프라이즈, 추정치 하향 조정이 이뤄진다. 이런 것은 모두 주가에 상당한 압박을 가한다. 이런 영업이익 성숙 주기는 시장 주기를 거치면서 계속 반복된다. 핵심은 주기의 어느 지점에 있는지 이해하고 그 효과를 활용하는 것이다.

재무제표에 나타난 실적

대규모 이익은 결국 대형 투자자를 끌어들이며, 대규모로 주가가 상승할 여건을 만든다. 주식이 2단계에 머무는 기간은 기업의 펀더멘털, 구체적으로는 견조한 영업이익 성장 패턴을 얼마나 오래 유지할 수 있느냐에 달려 있다. 어떤 기업은 상당히 오랫동안 유지할 수 있다. 이 현상을 활용하기 위해 추정하거나 예측할 필요는 없다. 펀더멘털 측면에서 그다지 뛰어나지 않은 실적에 만족할 필요도 없다. 영업이익이 뒷받침하는 2단계 상승 추세를 찾아라. 그러면 주식으로 성공할 가능성을 획기적으로 높일 수 있다.

때로 주가가 급등하는 기업이 큰돈을 벌지 않았을 수도 있다. 그래도 주가가 상승한다는 것은 투자자들이 앞으로는 이익을 낼 것으로 기대한다는 뜻이다. 최고 상승 종목이라면 4번 중 3번은 최근 분기 영업이익이 전년 동기에 비하여 의미 있게 증가했을 것이다. **영업이익이 최근 분기에 의미 있는 금액만큼 늘어야 할 뿐 아니라, 지난 2~3분기 동안에도 양호하게 늘어야 한다.**

사실 영업이익이 분기마다 순차적으로 늘어나면 더 좋다. 러브와 라인가

늄의 연구뿐 아니라 과거의 초고수익 종목들을 분석한 우리의 연구에서도, 현 분기 영업이익이 대규모 주가 상승과 가장 밀접한 관계가 있는 것으로 드러났다.

당신의 주식이 기관 투자자들에게 매력적인 종목임을 확인하려면 투자하기 전에 현 분기 영업이익이 최소한의 기준을 충족하는지 살펴보라. 성장주 투자를 하는 성공한 펀드 매니저들은 대개 최근 분기나 두세 분기 동안 영업이익이 전년 대비 최소 20~25퍼센트 상승하길 바란다. 상승폭은 클수록 좋다. **실로 성공적인 기업은 일반적으로 매우 높은 성과를 거두는 국면에서 30~40퍼센트 이상 늘어난 영업이익을 발표한다.** 강세장에서는 기준을 더 높일 수 있다. 즉, 최근 두세 분기 동안 영업이익이 40~100퍼센트 늘어난 기업을 찾아라. 4~6분기 연속으로 견조한 영업이익을 발표하는 기업은 올바른 궤도에 올랐다는 확실한 증거를 제공한다.

당신의 포트폴리오와 관심 종목에 들어 있는 기업들이 언제 분기 실적을 발표하는지 알고 있어야 한다. 기업이 실제 발표일 전에 예고하는 경우도 드물지 않다. 보유한 종목과 같은 산업군에 속한 기업의 실적 보고와 뉴스도 살펴야 한다.

다음은 실적 공개를 통해 대규모 주가 상승을 이룬 대박 종목의 사례다.

- 시스코시스템즈는 1989년 3월부터 1993년 5월까지 17분기 중 15분기 동안 100퍼센트 이상 증가한 영업이익을 발표했다. 나머지 두 분기의 영업이익 증가율도 각각 92퍼센트와 71퍼센트였다. 시스코의 주가는 이 기간에 13배 상승했다.

- 홈디포는 1989년 9월부터 1992년 12월까지 14분기 연속으로 29퍼센트 이상의 영업이익 증가율을 기록했다. 이 기간에 홈디포의 주가는 500퍼센트 넘게 상승했다.

- 마이크로소프트는 1987~1991년에 한 분기만 빼고 16분기 연속으로 36퍼센트 이상의 영업이익 증가율을 기록했다. 이 기간에 주가는 1,200퍼센트 넘게 상승했다.

- 아폴로그룹은 45분기 연속으로 월스트리트의 추정치를 달성하거나 뛰어넘는 실적을 발표했다. 그 결과, 역대 최고의 대박 종목 중 하나로 꼽힐 만큼 눈부시게 주가가 상승했다.

- 그린 마운틴 커피 로스터스는 2009~2011년에 매 분기 평균 112퍼센트의 영업이익 증가율과 67퍼센트의 매출 증가율을 기록했다. 주가는 24개월 동안 650퍼센트 상승했다.

- 암젠은 1990년대 초에 기록적인 상승을 이루는 동안 매 분기 평균 288퍼센트의 영업이익 증가율을 기록했다.

크록스: 적시에 들어가고 나오기

크록스_{CROX}는 내가 1980년대에 거래했던 LA기어_{LA Gear}라는 스니커즈 기업처럼 소매 부문에서 반짝 인기를 끈 기업이다. 이 두 기업의 주가는 유행을 탄 신발의 판매가 빠르게 늘면서 비교적 짧은 기간에 엄청나게 올랐다. 초기 주가가 9.90달러였던 크록스의 주가는 2006년 2월 8일에 주당 30달러로 200퍼센트나 상승했다. 크록스는 2006년 6월부터 2007년 9월까지 매 분기 세 자릿수의 EPS 증가율을 자랑했다. 또한 상장 이후 2007년 10월까

그림 7.5　크록스(CROX), 2006~2009

CROX는 인기 신발이 활발하게 판매된 혜택을 누렸다. 덕분에 6분기 연속으로 세 자릿수 영업이익 증가율을 기록하면서 매우 수익성 좋은 2단계 주가 상승을 이루었다.

지 분기 EPS 평균 증가율은 229퍼센트였다. 그 기간에 주가는 무려 400퍼센트나 상승했다.

알려지지 않은 상태에서 하룻밤 사이에 대유행의 대상이 된 인기 제품을 보유한 종목은 적시에 들어가고 나온다면 아주 좋은 투자 대상이다. 크록스의 주가는 사업이 성황을 이룬 동안 잠깐이기는 했지만 급등했다. 주기적 유행의 결과로 막대한 영업이익 성장을 이룬 기업들의 사례는 수없이 많다. 제품이 빠르게 팔리는 동안에는 그 종목에 대한 열의가 상당할 수 있다. 이유가 무엇이든, 기업과 관련된 긍정적인 변화는 영업이익 증가 속도와 주가 상승 속도를 높인다. 다만 이런 증가율을 영원히 지속할 수는 없다. 어떤 기업도 무한정 이익을 늘릴 수 없기 때문이다. 그래도 6분기나 9분기, 12분기, 심지어 그 이상으로 강력한 EPS 모멘텀을 유지할 수 있다. 이렇게 이익이 견조하게 증가할 때 종목에 진입하면, 1년이나 2년에 걸쳐 주가가 100퍼센트나 300퍼센트, 500퍼센트, 또는 드물게 1,000퍼센트 상승하는 것을 볼 수 있다.

비코: 세 자릿수 영업이익 증가율이 주가를 밀어 올리다

영업이익 주기 현상은 일회성 이벤트나 드문 일이 **아니다**. 이런 현상은 시장 주기를 거치면서 거듭 일어난다. 바뀌는 것은 이름뿐이다. 나는 1991년에 전자장비 제조사인 비코 코퍼레이션Vicor Corporation의 주식을 매수했다. 이후 주가는 1년이 채 못 되어 400퍼센트 넘게 올랐다. 그 이유는 영상 zero current 스위치라는 민감한 전자장비에 전기를 공급하는 방법에 대한 특허를 판매하여 영업이익이 급성장했기 때문이었다. 1990년 9월부터 1991년 9월까지 비코의 분기 영업이익은 세 자릿수 증가율을 기록했다. 이 엄청난 성장 덕분에 주가는 분할 조정 후 4달러에서 22달러 이상으로 460퍼센트 상승했다.

그림 7.6 비코(VICR), 1990~1993

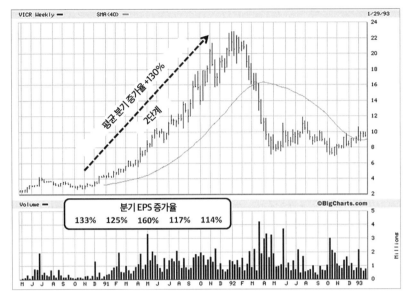

VICR은 5분기 동안 세 자릿수 EPS 증가율을 기록했다. 그 결과 14개월 동안 주가가 460퍼센트 상승했다.

영업이익이 견조하게 성장하는 동안에도 큰 수익을 낼 수 있다. 주가가 엄청나게 오르기도 한다. 핵심은 해당 기업이 견조한 분기 EPS 증가율을 이룰 때 주기의 2단계에 초점을 맞추는 것이다.

영업이익 증가율 상승

나는 애널리스트들의 예측을 뛰어넘는 대규모 영업이익 증가에 더하여 영업이익 증가율 상승 여부도 살핀다. 즉, 영업이익 증가율이 이전 기간보다 높아야 한다. **대박 종목의 90퍼센트 이상은 대규모 상승 이전 또는 도중에 일정한 형태의 영업이익 증가율 상승세를 보였다.**

그림 7.7　분기 영업이익 증가율 상승의 예

	4분기	1분기	2분기	3분기	4분기(추정)
EPS	-34%	+12%	+44%	+83%	+244%
EPS($)	0.14	0.29	0.39	0.50	
추정	0.16	0.23	0.30	0.36	0.48
+/-	-0.02	0.06	0.09	0.14	

예를 들어, 어느 기업의 분기 영업이익이 4분기 전에 전년 대비 0.05달러 하락했다고 가정하자. 그러나 3분기 전에는 전년 대비 10퍼센트 증가했다. 뒤이어 2분기 전에는 28퍼센트 증가했으며, 최근 분기에는 56퍼센트 증가 했다. 이는 3분기 동안 영업이익 증가율이 상승한 것이다. 즉, 영업이익이 분기마다 연속으로 전년에 비해 더 많이 증가했다. 이런 양상은 매우 긍정

그림 7.8　엘란(Elan PLC, ELN), 1990

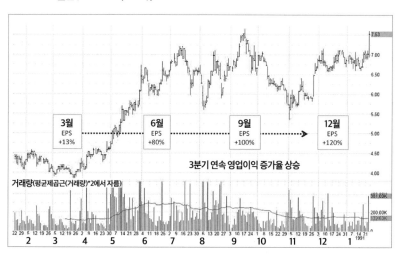

1990년에 ELN이 시장 선도 종목으로 부상하기 전에 영업이익 증가율이 3분기 연속 상승했다. 그 결 과, 주가가 12개월 동안 152퍼센트 상승했다.

차트 제공: 인터랙티브 데이터(Interactive Data©2009)

적이며, 최고 상승률을 기록한 대다수 종목에서 나타난다.

매출이 이익을 받쳐주는 종목을 찾아라

EPS 증가율과 더불어 매출도 같은 양상을 보여야 한다. 즉, 분기별 매출 증가율이 견조한 상태로 상승해야 한다. **새로운 주도주가 최근 두세 분기 또는 그 이상의 분기 동안 세 자릿수 매출 성장을 이루는 경우는 드물지 않다. 실제로 일부 대박 종목은 몇 년 동안 꾸준히 분기 매출을 큰 폭으로 늘린다.** 예를 들어, 넷플릭스는 2009년 3월부터 2010년 12월까지 8분기 연속으로 21퍼센트에서 34퍼센트까지 매출 증가폭을 높였다. 같은 기간에 분기 영업이익은 평균 45퍼센트 증가했다. 덕분에 넷플릭스의 주가는 500퍼센트 넘게 상

그림 7.9　F5네트웍스(FFIV), 2007~2011

FFIV는 강력한 2단계 상승을 이루는 동안 영업이익 증가율과 매출 증가율이 모두 상승했다.

승했다. 홈디포는 1982년 6월부터 1983년 6월까지 698퍼센트 상승했고, 대규모 주가 상승을 이루기 전 4분기 동안 매출은 각각 104퍼센트, 158퍼센트, 191퍼센트, 220퍼센트 증가했다. F5네트웍스의 경우, 2010년에 급속도로 매출이 증가하면서 주가를 500퍼센트 넘게 밀어 올렸다. 이것이 주가 상승의 진정한 모습이다. 회계적 술책이 아니라 활발한 매출이 뒷받침하는 견조한 영업이익 증가율이 주가를 상승시킨다. 이익뿐 아니라 매출까지 종목 선택의 요건으로 삼으면 초고수익 종목에 올라탈 가능성이 높아진다.

추세를 확인하라

나는 대개 1~2년 전의 실적을 찾아보고 영업이익 및 매출 증가율이 일정한 형태로 상승했는지 확인한다. 삶은 완벽하지 않다. 따라서 가끔 한 분기 동안 증가율이 상승하지 않았다고 해도 큰 문제는 아닐 수 있다. 2분기씩 연속 평균을 활용하면 분기 실적을 정리할 수 있다. 이때 추세가 꾸준히 상승하는 것이 이상적이다. 반면 실적이 예닐곱 분기 또는 그보다 길게 급락하면서 추세가 확연히 하락하는 경우에는 주의해야 한다.

그림 7.10 두 분기 연속 평균을 활용하여 영업이익 및 매출을 정리한 사례

	Q1	Q2	Q3	Q4	Q1	Q2	Q3	Q4
EPS	-14%	17%	43%	23%	52%	36%	65%	59%
2Q 평균		2%	30%	33%	39%	44%	51%	62%
매출	0%	2%	2%	7%	13%	15%	15%	14%
2Q 평균		1%	2%	5%	10%	14%	15%	14%

연 실적

어떤 기업이 정말로 잘하고 있다면 그 성공이 하룻밤 사이에 끝날 가능성은 낮다. 놀랍도록 좋은 실적 발표는 계속 이어질 성공적인 분기 실적의 시작일 수 있다. **견조한 분기 실적은 견조한 연 실적으로 이어져야 한다. 한 두 분기만 영업이익이 견조해서는 오랫동안 주가를 크게 밀어 올릴 수 없다.**

그림 7.11   연 EPS 증가율을 표시한 아폴로그룹(APOL)의 주가 대 나스닥 지수: 1999~2004

APOL의 영업이익 증가율은 2000~2003년에 매년 상승했다.

지난 수십 년 동안 가장 성공적인 주식 중 하나는 아폴로그룹이었다. 아폴로그룹의 주가는 2000~2004년 동안 10달러에서 96달러까지 올랐다. 이 기간에 연평균 EPS 증가율은 거의 40퍼센트로, 2000년의 28퍼센트에서 2003년의 55퍼센트까지 상승했다. 이런 성장이 초고수익을 이끌어낸다. 분기별 증가율에 더하여 견조한 연 증가율을 확인하라.

박스권 돌파 연도를 찾아라

기록 달성 연도로부터 2~4년 전 실적을 검토하여 현 영업이익이 이전 박스권을 돌파했는지 확인하라. 영업이익이 여러 해에 걸쳐 형성된 구간을 갑자기 상방으로 돌파하는 것은 상당히 중대한 이벤트일 수 있다. 끝으로, 다음 한두 분기뿐 아니라 다음 회계연도에도 영업이익 증가율이 계속 상승할 것으로 추정되는지 확인하라.

그림 7.12 영업이익 돌파 사례

연도	EPS($)	% 변동	
2003	1.13		
2004	1.02		
2005	0.83		
2006	0.23		
2007	0.26		4년 동안 형성된 박스권(범위)
2008	0.18		
2009	0.32		
2010	1.32	+312%	← 돌파
2011(추정)	1.94	+47%	

이 사례에서 2010년 영업이익은 4년 동안의 이전 범위를 돌파할 뿐 아니라 2003년에 찍힌 고점까지 넘어선다. 이는 중대한 진전이다.

실적 개선 종목을 포착하는 법

영업이익 증가율 상승과 관련하여 찾아야 하는 또 다른 대상은 실적 개선 종목이다. 어떤 종목이 과거에 잘나가다가 힘든 시기를 맞아 주가가 떨어졌다고 가정하자. 영업이익 증가율이 예상보다 낮게 한 자릿수 성장에 그치거나, 마이너스 실적을 발표했을 것이다. 일부 분기에는 영업이익이 전년 대비 감소했을 수도 있다. 그러다가 갑자기 영업이익 증가율이 폭증한다. 분기 영업이익이 전년 대비 50퍼센트 증가하더니, 다음 분기에는 100퍼센트, 그다음 분기에는 150퍼센트 증가한다. 이런 실적은 고전하던 전년에 비해 유리해진 덕분에 더욱 부각된다. 이제 상황이 개선되기 시작하면서 영업이익이 늘었을 뿐 아니라, 퍼센트 기준 증가폭도 크게 나아졌다.

실적 개선 종목을 고를 때는 현 영업이익이 대단히 견조해야 한다(최근 한두 분기에 100퍼센트 이상 증가해야 한다). 이전 실적이 미미하면 유리하게 비교

그림 7.13 현 분기 영업이익 증가율을 3년 및 5년 증가율과 비교한 사례

	3년 증가율	5년 증가율
5-YR GR		-7%

	Q4	Q1	Q2	Q3	Q4 (EST.)
EPS	-88%	-7%	+44%	+183%	+900%
EPS($)	0.01	0.10	0.39	0.50	
추정치	0.03	0.09	0.30	0.36	0.10
+/-	-0.02	0.01	0.09	0.14	

Q2와 Q3의 증가율은 3년 및 5년 증가율보다 크게 상승했으며, 특히 Q3에는 세 자릿수로 상승했다.

되기 때문에 퍼센트 기준으로 훨씬 나아져야 한다. 또한 영업이익과 마진이 신고가이거나 그 근처여서 그 기업이 정상 궤도로 돌아왔음을 추가로 확증 해야 한다.

일부의 경우에는 당기 연 증가율이나 분기 실적을 3년 또는 5년 증가율 과 비교하여 실적 및 영업이익 증가율이 상승했음을 포착할 수 있다. **연 12 퍼센트씩 성장하다가 갑자기 40퍼센트, 100퍼센트씩 성장하는 기업은 매우 유망하다.**

증가율 감소는 위험 신호다

두 자릿수 후반의 뛰어난 증가율을 기록하다가 두 자릿수 중반의 증가율

그림 7.14 델 컴퓨터, 1995~2009

로 '퇴보'할 수 있다. 물론 어떤 기업에게는 영업이익이 20~30퍼센트 증가한 것은 상당한 개선일 것이다. 그러나 50~60퍼센트 또는 그 이상으로 영업이익이 증가하던 기업이 20~30퍼센트만 증가했다면, 뚜렷한 퇴보다. 델 컴퓨터에 일어난 일을 생각해보라. 델은 1995~1997년에 연 80퍼센트의 EPS 증가율을 기록했다. 그러다가 1998년에는 65퍼센트, 1999년에는 28퍼센트로 증가율이 감소했다. 이는 여전히 준수한 증가율이지만 증가율 감소는 뚜렷한 변화이며, 주가 상승의 끝을 나타낸다. 델의 주가는 2000년에 고점을 찍었고, 10년 후에는 고점에서 80퍼센트 이상 크게 떨어졌다.

홈디포

홈디포는 1994년부터 명확한 횡보 1단계 패턴을 그리며 5년에 걸쳐 정체 구간을 지났다. 그러다가 1997년에 상승 구간에 접어들었다. 영업이익(연 기준)은 그해에 21퍼센트, 1998년에는 37퍼센트, 1999년에는 41퍼센트 증가했다. 홈디포는 영업이익이 가장 견조한 증가율을 기록할 때 주가가 최고로 많이 오른다는 사실을 증명한다. 홈디포의 주가는 10달러에서 70달러 이상으로 올랐다. 이 상승을 촉진한 것은 1998년과 1999년에 기록한 27퍼센트에 이르는 연평균 EPS 증가율이었다.

홈디포의 주가는 2000년에 고점을 찍었다. 1999년에 41퍼센트라는 견조한 영업이익 증가율을 기록한 이후 EPS 모멘텀이 크게 약화되었고, 2000년의 EPS 증가율은 11퍼센트에 그치고 말았다. 이런 증가율 감소는 주가를 고점에서 끌어내렸다. 2000년에서 2007년까지 연평균 EPS 증가율은 상승 모멘텀 구간의 거의 절반인 15퍼센트에 불과했다. 홈디포의 주가는 성장 속도가 느려진 기간에 부진했다. 주가는 영업이익 증가율을 앞질러가다가 결국에는 영업이익 증가율 감소의 희생자가 되기 때문이다. 성장주의 인기

그림 7.15 홈디포(HD), 1992~2008

HD 차트는 연 영업이익 증가율에 따른 주가의 빠른 상승과 주가가 급락하는 양상을 보여준다.

가 너무 높아질 때 이런 일이 일어난다.

정리하자면, 기관은 다음의 요소를 지닌 종목을 찾는다.

- 어닝 서프라이즈
- EPS 및 매출 증가율 상승
- 마진 확대
- EPS 답보 구간 돌파
- 견조한 연 EPS 변화
- 증가율 상승이 지속된다는 신호

TRADE LIKE

A STOCK MARKET

WIZARD

8장

이익의 질 평가

기업은 다양한 방식으로 이익을 창출한다. 그중에는 그다지 믿음이 가지 않는 방식도 있다. 나는 고품질의 이익을 선호한다. 다시 말해, 이익이 어디에서 나오는지 따져야 한다. 매출 증가로 실적이 더 나아졌는가? 건조한 매출이 단일한 제품이나 주요 고객 때문인가? 이 경우에는 성장이 취약하다. 또는 놀랍도록 견조한 실적이 산업 전반에 걸친 현상이거나 수많은 바이어의 주문 쇄도 때문인가? 어쩌면 기업이 비용을 삭감하고 규모를 줄이고 있는지도 모른다. **비용 삭감, 공장 폐쇄, 생산성 증가에 의해 개선된 영업이익에는 한계가 있다. 이런 개선은 가끔 이뤄지지만, 영업이익을 꾸준히 늘리려면 매출이 증가해야 한다.** 이익의 질을 평가하는 작업은 힘들게 번 돈을 주식에 투자하기 전에 관점과 근거를 부여해준다.

영업외 수익 또는 일회성 수익

기업의 분기 실적은 어떻게 분석하느냐에 따라 엄청나게 성공한 것처럼 보일 수도 있고, 대단히 부진한 것처럼 보일 수도 있다. 왜 그런지 살펴보자. 예를 들어 XYZ 기업이 전년의 2.40달러보다 오른 3.01달러의 EPS를 발표했다. 이익은 25퍼센트나 증가했다. 아주 좋아 보인다. 그렇지 않은가? 그런데 더 자세히 살펴보니, 비전략적 자산의 매각으로 인한 '이례적 수익'이 발견된다. 이 일회성 이벤트는 EPS에서 0.84달러를 차지하지만 다시 반복되지 않는다. 즉 이 수익은 XYZ 기업의 이익에서 배제해야 한다. 그러면 EPS는 2.17달러로 조정된다. 이는 전년보다 7퍼센트 하락한 수치다. 엄청난 차이다!

나는 일회성 수익이나 특이한 이벤트가 아니라, 핵심 사업을 운영하면서 나온 이익을 살핀다. 대부분의 경우 영업 수익과 영업외 수익의 차이는 명확하다. 커피를 판매하는 기업을 예로 들어보자. 이 기업은 일부 매장의 부동산을 보유하고 있다. 경영진은 상업용지의 가격이 높다는 판단에 따라 일부 부동산을 처분하기로 결정한다. 이 부동산 거래와 그에 따른 수익은 분명히 커피 판매와는 무관하다. 부동산 매각 수익은 일회성 이벤트 또는 특별 수익이므로 배제해야 한다. 그래야 이익이 핵심 사업을 운영하여 얻은 수익을 반영하게 된다.

조정된 수치에 주의하라

기업 경영진은 약속을 적게 하고 더 많이 이루기 위해, 기대치를 관리하고 수치를 조정하는 데 능숙하다. 심한 경우에는 나중에 유리하게 비교되도록 추정치를 잠시 낮추기 위해 영업이익 전망을 어둡게 만드는 폭탄을 던지기도 한다.

영업이익에 문제가 생길 수 있다고 경고하는 것도 그중 한 가지 술책이다. 그러면 애널리스트들은 영업이익 추정치를 낮춘다. 하지만 회사는 하향 조정된 추정치보다 나은 영업이익을 발표한다. 이는 어닝 서프라이즈로 이어진다. 그러나 실은 낮춰진 컨센서스와 비교한 덕분에 서프라이즈가 되었을 뿐이다. 이처럼 하향 가이던스 때문에 영업이익 추정치가 낮춰진 후 예상을 뛰어넘는 실적을 발표한 경우에는 조심해야 한다. 실제로는 겉으로 보이는 것과 달리 실적이 좋지 않을 수 있다.

일회성 비용

실적을 왜곡하는 또 다른 꼼수는 일회성 비용 또는 비경상nonrecurring 비용을 활용하는 것이다. 원래는 부실한 실적을 발표했어야 할 기업이 영업이익의 일부를 줄이는 일회성 비용을 제시할 수 있다. 이 경우 일회성 비용에 불과하니 앞으로는 사업이 다시 정상화될 것이라고 볼 수 있을까? 아니다! 이런 관행이 패턴을 형성한다면 그럴 수 없다. 일부 기업은 습관적으로 일회성 비용을 남용한다. 이런 관행을 따르는 기업은 아무리 규모가 크고 평판이 좋다고 해도 그 이익의 질을 진지하게 의심해야 한다.

감가상각과 매출 이전

재고 감가상각과 지속적인 비용도 주의해야 할 항목이다. 일부 기업은 감가상각분을 나중에 필요할 때 쓰려고 보류하거나 비축하고, 매출이나 비용을 미래 또는 다른 회계 기간으로 이전할 수도 있다. 그렇게 비용이나 매출을 어느 분기로 잡을지 정할 수 있다. 일부 기업은 제품을 출하할 때 매출과 매출채권을 기록하고, 반품에 대해서만 손실을 추정한다. 그래서 설정한 수치보다 반품이 많이 들어오면 향후 이익이 영향을 받는다.

경영진은 실망스러운 한 분기에 타격이 몰리도록 이익을 이전할 수도 있다. 한 분기에 이익이 크게 감소하도록 만들면 다음 분기에 추정치를 넘어설 수 있다. 이전의 실적 때문에 애널리스트들이 추정치를 낮춘 결과, 추정치를 넘어서기가 쉬워진다. 따라서 회계적 꼼수나 술책이 아니라 탄탄한 매출을 기반으로 이익이 나오는지 살펴야 한다.

비용 삭감을 통한 수익 실현에 주의하라

이익의 세 가지 주요 원인(판매 증가, 가격 상승, 비용 감소)을 이해하는 가운데, 기업이 비용 삭감을 통해서만 영업이익 추정치를 달성하는 것은 아닌지 살펴봐야 한다. **기업은 감원이나 공장 폐쇄 또는 적자 사업부 정리를 통해서도 이익을 늘릴 수 있다. 그러나 이런 수단은 한계가 있다.** 결국에는 다른 방법으로 사업을 키우고 매출을 늘려야 한다. 그러니 영업이익 성장의 이면을

그림 8.1 이익을 늘리는 세 가지 방법

매출 증가와 마진 증가는 영업이익 증가 및 PER 멀티플 증가로 이어진다.

살펴야 한다. 이익이 일회성 이벤트나 이례적인 소득에 따른 매출 증가 또는 비용 삭감 때문에 늘어난 것은 아닌지 확인하라.

주가 상승 잠재력이 뛰어난 기업은 영업이익 성장을 오랫동안 지속할 수 있다는 증거를 보여준다. **이상적인 상황은 새로운 시장 및 기존 시장에서 신제품과 기존 제품의 판매량이 늘어나고, 가격은 오르고, 비용은 줄어드는 것이다.**

일반적으로 최고의 성장주 후보 기업은 새로운 제품과 서비스를 도입하고 새로운 시장으로 진입할 능력을 갖추고 있다. 또한 가격을 인상할 힘을 갖고 있으며, 생산성을 높이고 비용을 줄일 수 있다. 매출 증가율 상승과 마진 증가의 조합은 이익에 극적인 효과를 미친다.

최악의 상황은 가격 결정력이 제한되어 있고, 사업이 자본 집약적이며, 마진이 적거나 압박을 받고 있고, 엄격한 규제나 심한 경쟁 또는 둘 다에 직면하는 경우다. 항공 산업이 그 예다. 항공 산업은 가격 결정력이 크지 않고, 정부의 규제 압력에 직면하며, 매우 자본 집약적이고, 연료비 때문에 원자재 가격에 대단히 민감하다.

견조한 영업이익이 발표되었을 때 실적 이면을 점검하라. 그리고 좋은 소식이 일회적이지 않고 지속될 가능성이 높은지 확인하라. 이때 다음과 같은 질문을 던져야 한다.

- 새로운 제품이나 서비스 또는 업계에 긍정적인 변화가 있는가?
- 회사가 시장점유율을 늘리고 있는가? 시장은 궁극적으로 소수 기업에 의해 지배된다.
- 매출과 마진을 늘리기 위해 회사가 무엇을 하고 있는가?
- 비용을 줄이고 생산성을 높이기 위해 회사가 무엇을 하고 있는가?

마진 측정

모든 기업의 목표는 매출에서 최대한 많은 금액을 보존하는 것, 즉 최대한 높은 마진률을 확보하는 것이다. 마진을 늘리려면 제품 가격을 높여야 한다. 또 생산성을 개선하거나 비용을 줄이며, 때로는 둘 다 하는 방법을 찾아야 한다. 마진이 늘어난다는 것은 회사가 올린 매출에 대해 더 많은 이익을 취한다는 뜻이다.

마진의 척도는 다양하다. 매출총이익은 회사의 비용과 비교하여 고객이 제품에 얼마나 더 많은 돈을 지불하는지 알려주는 지표로, 회사가 비용을 통제하고 가격을 책정하는 일을 얼마나 잘하는지 보여준다. 매출총이익은 여러 변수에 의해 좌우된다. 그중에는 회사의 통제 범위를 넘어서는 것도 있다. 어떤 분기에는 원자재 가격이 하락할 수도 있고, 경쟁사의 문제로 단기적이지만 예상치 못한 이득을 누릴 수 있다. 마진을 늘리는 최선의 수단은 제품에 대한 강한 수요 덕분에 생기는 가격 결정력에서 나온다.

순이익률은 순이익을 매출로 나눈 것으로, 수익성에 영향을 미치는 모든 변수를 반영한다. 순이익률이 감소한다는 것은 회사가 매출에서 취하는 이익이 줄어든다는 뜻이다. 비용 증가나 비효율성 또는 세금이 그 원인일 수 있다. 어쩌면 원자재 비용의 단기적인 상승이나 생산 시스템의 일시적인 비효율성처럼 단기적일 수 있다. 그보다 우려스러운 상황은 고객의 관심 저하에 따른 가격 하락일 때다.

업계 평균보다 높은 순이익률을 올리는 기업은 경쟁우위를 지닌다. 같은 업계에 속한 기업들의 순이익률을 비교하면 경영의 질을 가늠할 수 있다. 경영을 잘하는 성장 기업은 영업이익률과 순이익률이 꾸준히 오른다.

그림 8.2 애플 컴퓨터(AAPL), 2003~2011

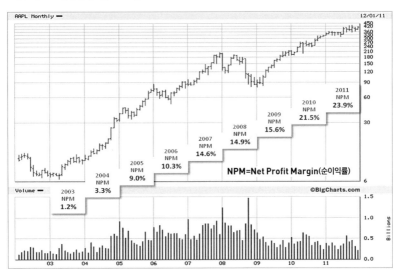

AAPL의 주가는 2003년부터 2011년까지 6,000퍼센트 넘게 올랐다. 순이익률은 1.2퍼센트에서 23.9퍼센트까지 올랐다.

그림 8.3 아폴로그룹(APOL), 1999~2004

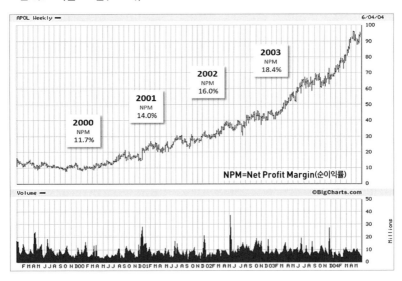

APOL의 순이익률은 2000년의 11.7퍼센트에서 2003년의 18.4퍼센트로 증가했다.

검증의 시간

실적이 아무리 좋아 보이더라도 주가의 반응을 긴밀히 살펴야 한다. 발표 내용이 실제로 얼마나 좋은지 또는 얼마나 좋게 인식되는지 판단해야 한다. 그 한 가지 방법은 실적 발표 이후 초기 거래 및 향후 며칠 동안의 거래가 어떤지 지켜보는 것이다. 발표 내용이 정말로 좋다면 강력한 반응이 나올 것이다. 또한 타당한 기간 조정 때 추가 매수로 주가가 버티고 지지될 것이다. 나는 주가가 실적 발표에 강력하게 반응하고 상승분을 지켜내는지 확인한다.

시장이 실적을 긍정적으로 보는지 판단하기 위해 내가 참고하는 세 가지 반응은 다음과 같다.

1. **초기 반응**: 주가가 급등하거나 급락하는가? 급락한다면 데드 캣 바운스 이후 미끄러지는가, 아니면 강하게 반등하는가?
2. **뒤이은 저항**: 주가가 상승분을 얼마나 잘 지키고 수익 실현을 버티는가?
3. **회복력**: 주가가 빠르고 강력하게 반등하는가, 아니면 기간 조정이나 급락 이후 반등에 실패하는가?

투자자는 영업이익 발표에 주가가 어떻게 반응하는지 확인하기 전까지는 월가의 판단을 확실하게 알 수 없다. 나는 상방 서프라이즈가 발표되었을 때 주가도 상당히 좋은 상승세를 보이기를 원한다.

그런데 그렇지 않은 경우, 이를테면 주가가 잠깐 오르다가 15퍼센트 하락한 후 반등하지 못하는 것은 큰 문제다. 이런 반응은 뭔가 잘못되었다는 뜻이다. 대폭 상승 이후 수익 실현 또는 뉴스에 주가가 급락하는 경우는 드물지 않다. 그러나 초고수익 종목은 반등하여 다시금 상승한다. **진정한 초고수익 종목이라면 상승분 전체를 되돌리는 대규모 급락은 절대 나오지 말아야 한다.**

나는 영업이익 발표 이후에는 '영업이익 발표 후 표류PED, postearnings drift'로 초점을 옮긴다. 이 현상은 추정치보다 나은 이익을 발표한 후에 주식을 사도 늦지 않음을 뜻한다. 실적 발표 이후 주가의 표류는 당분간 지속될 수 있다. 많은 연구 결과에 따르면 영업이익 발표 이후 몇 달간 지속된다.

일부 경우에는 영업이익이 대부분 할인된다. 즉, 어닝 서프라이즈에 대한 기대치가 주가에 선반영된다. 높은 기대치가 이미 주가에 할인되었기 때문에 어닝 서프라이즈도 시장을 만족시키지 못한다. 영업이익이 추정치보다

그림 8.4 **룰루레몬 애슬레티카(Lululemon Athletica Inc., LULU), 2010~2011**

2010년 9월과 12월의 실적 발표 뒤에 영업이익 발표 후 표류(PED)가 발생한 LULU의 주가

주당 0.05달러 높다고 해도 이 정도는 이미 예상한 수준이다. 그래서 주당 0.07~0.10달러의 더 큰 서프라이즈를 바라던 시장은 오히려 실망한다. 컨센서스가 주당 0.50달러이고 회사가 발표한 영업이익이 주당 0.55달러라고 해도 주가는 급락할 수 있다.

시장이 추정치보다 더 많은 것을 바라는지 여부를 어떻게 알 수 있을까? 주가가 어떻게 반응하는지 연구하라. 실적이 나왔을 때 보상을 받았는가, 처벌을 받았는가? 상방 서프라이즈가 주가를 밀어 올릴 만큼 컸는가, 아니면 주가가 급락했는가? 발표치가 서프라이즈처럼 보인다고 해도 주가의 반응을 통해서만 시장이 어떻게 인식하는지 파악할 수 있다. 예상치 못한 서프라이즈는 극적인 영향을 미칠 수 있다.

그림 8.5   넷플릭스(NFLX), 2009~2010

2010년 1월에 NFLX의 주가는 영업이익 발표 후 크게 갭 상승했다. 또한 짧고 얕은 기간 조정을 거쳐 신고가에 올랐다.

기업 제시 가이던스

　기업 제시 가이던스는 경영진이 앞으로의 예상을 대외적으로 제공하는 발언으로 향후 전망으로도 불리며, 대개 영업이익, 매출, 마진에 대한 예상치에 초점을 맞춘다. 기업 가이던스는 투자자들이 기업의 성장 잠재력을 평가하도록 제공된다. 현행 법규에 따르면, 기업이 예상치를 시장에 알릴 수 있는 유일한 합법적 수단이다. 애널리스트는 이 정보를 자신의 리서치 내용과 조합하여 영업이익 추정치를 만든다.

　기업 제시 가이던스는 투자 결정 과정에서 중요한 역할을 한다. 경영진이 다른 누구보다 사업 현황을 잘 알고, 예상의 토대로 삼을 만한 직접적인 정보를 많이 갖고 있기 때문이다. 다만 경영진이 가이던스를 활용하여 투자자들에게 영향을 미칠 수 있다는 점을 주의해야 한다. 한 예로 강세장에서는 주당순이익이 빠르게 증가하는 모멘텀 종목을 시장이 원한다는 이유로 낙관적으로 추정하고, 약세장에서는 추정치를 넘어설 수 있도록 기대치를 낮추려고 한 기업들이 있었다.

　대개의 기업은 분기 실적 보고서를 발표할 때, 또는 그 무렵에 가이던스를 제시한다. 어떤 기업이 추정치를 넘어서는 영업이익을 발표하는 동시에 다음 분기와 남은 기간에도 훨씬 나은 영업이익을 예상하는 가이던스를 제시했다고 하자. 다음 분기에 앞서 예측했던 것보다 주당 0.10~0.12달러를 더 벌 것이라고 하고, 연말 실적도 주당 0.30~0.35달러만큼 예상치를 높였다. 이 기업은 이번 분기에 예상치를 넘어섰을 뿐 아니라, 다음 분기에도 좋은 실적을 올릴 것이라고 자신해서, 그 내용을 담은 전망을 발표한다. 보통 기업들은 영업이익 가이던스에 대해 보수적인 태도를 취한다. 경영진은 실적이 더 높은 기대치를 충족하고도 넘어설 것이라고 생각하지 않으면 이런 전망을 제시하지 않는다. 나는 바로 이런 주식, 즉 기대치보다 나은 영업이익과 함께 긍정적인 영업이익 가이던스가 제시되는 주식을 찾는다. 기업은 그냥 잘하는 것이 아니라 애널리스트들이 예상하는 것보다 잘해야 한다.

기업이 향후 사업 전망을 긍정적으로 말하는가, 또는 부정적으로 말하는가에 따라 주가의 반응이 크게 달라질 수 있다. **이따금 영업이익 가이던스에 대한 반응은 실제 영업이익 발표에 대한 반응보다 강하다.** 기업이 무슨 말을 하는지, 그 뒤에 어떤 일이 일어나는지 관찰하면 가이던스의 질과 경향을 파악할 수 있다.

영업이익 전망이 주가를 추동하지 않는다고 생각하는가? 그렇다면 기업이 단 몇 푼이라도 기대치에 못 미치는 영업이익을 발표하거나 하방 가이던스를 제시할 때 어떤 일이 일어나는지 보라. 로제타스톤_{Rosetta Stone Inc.}은 2009년 7월에 3분기와 2009 회계연도에 대한 가이던스를 상향했다. 그로부터 4일 후 잠깐의 기간 조정 이후 급락한 주가는 반등하지 못했다. 이는 가이던스가 긍정적이었음을 고려하면 비정상적인 반응이었다. 며칠 후 로제타스톤은 태도를 바꾸어 더 낮은 가이던스를 제시했고, 주가는 폭락했다. 좋은 소식으로 인식되어야 할 가이던스를 제시한 후에 주가가 급락하고 반등하지 못했다는 것은 말이 되지 않았다. 이는 미래에 대한 암시였다. 가이던스를 상향한 후 단 11거래일 만에 하향했다는 사실은 깜짝 놀랄 만한 경고 신호였다.

로제타스톤의 사례에서 볼 수 있듯이, 기업 제시 가이던스는 투자자들이 어떻게 인식하느냐에 따라 주가를 급등시키거나 급락시킬 수 있다. 2003년 2월에 딕스스포팅굿즈의 주가는 긍정적인 사전 가이던스가 제시되자 크게 갭 상승했다. 압도적인 거래량은 시사하는 바가 컸다. 이는 기관들이 그 뉴스를 듣고 안심했음을 말해주는 신호였다.

그림 8.6   로제타스톤(RST), 2009~2010

RST의 주가는 회사가 영업이익 전망을 상향한 후 상승했다. 그로부터 11거래일 후 예상치 못한 가이던스 하향 후 주가는 급락했다.

그림 8.7   딕스스포팅굿즈(DKS), 2003

DKS의 주가는 긍정적인 기업 제시 가이던스에 따라 상장 이후 두 번째로 많은 거래량과 함께 바닥에서 벗어나 급등했다.

장기 전망

상장기업은 어쩔 수 없이 나쁜 소식을 전해야 할 때 메시지를 꾸미려고 한다. 예를 들어, 실망스러운 분기 실적을 발표하는 동시에 자사주 매입이나 다른 '긍정적인' 뉴스를 덧붙여서 타격을 완화하고 잠정적으로 있을 부정적인 영향을 상쇄하려 든다. 이런 방법은 대체로 통하지 않는다. 한 가지 미미한 전술은, 다음 또는 현 분기에 대한 나쁜 소식을 전할 때 긍정적인 장기 전망을 같이 제시하는 것이다. 미래의 영업이익에 대해서는 너무 멀리 내다보지 않는 것이 좋다. 성장주 투자자들은 '최근에 내게 해준 게 무엇인지' 따지는 성향이 있다. 따라서 다음 분기 및 현 회계연도에 대해 기업이 하는 말에 초점을 맞춰야 한다. 나는 장기 전망을 에누리해서 받아들인다. **누구도, 경영진조차 1~2년 후에 회사가 얼마를 벌지, 또는 성장률은 어떨지 정확하게 예측할 수 없다.** "올해는 사업 여건이 나쁘지만 내년에는 나아질 것"이라는 말은 긍정적인 가이던스가 **아니다.** 말장난에 불과하다.

재고 분석

1980년대 초에 내가 처음 주식투자를 시작했을 때는 상장사가 재고 수치를 발표할 의무가 없었다. 하지만 지금은 그 수치를 쉽게 구할 수 있다. 재고 수치는 상장사가 발표하는 대차대조표에서 확인할 수 있다. 구체적으로는 증권거래위원회에 제출하는 10-Q(분기) 보고서 및 10-K(연) 보고서가 그것이다. 또한 기업은 웹사이트에 해당 보고서를 게시하며, 증권거래위원회의 에드가EDGAR 데이터베이스에서도 볼 수 있다.

제조업체나 유통업체의 경우 재고 및 미수금을 분석하면 사업 여건이 개

그림 8.8 구리 가격과 앙코어와이어(WIRE)의 주가, 2003~2006

낮은 가격에 매입한 구리 재고로 인해 WIRE는 마진이 크게 늘어났다.

선될지, 아니면 호시절이 끝나가는지 미리 감을 잡을 수 있다. 2003~2004년 말에 구리 가격이 하늘 높은 줄 모르고 치솟았다. 나는 이렇게 원자재 가격이 급등하면 구리 제품 제조업체들이 가격 인상분을 소비자에게 전가할 수 있다는 사실을 알았다.

나는 여러 제조업체의 분기 보고서에 담긴 재고 수치를 분석하여 앙코어와이어Encore Wire라는 후보 종목을 찾아냈다. 앙코어와이어는 상당한 구리 재고를 보유하고 있었으며, SEPA 종목 분석 요건을 충족했다. 나는 잠재적 대박 종목을 발견했음을 알았다. 앙코어와이어는 낮은 가격에 매입한 구리를 다량 보유하고 있었고, 구리 가격이 크게 오르면 고객사에 이전보다 훨씬 높은 가격을 청구할 수 있었다. 그러면 마진률이 늘어날 것이었다.

재고와 매출을 비교하라

제조업 같은 특정 산업의 경우, 재고와 매출을 비교하는 것이 매우 중요하다. 구체적으로 나는 종류별 재고(즉 완제품, 재공품**work in progress**, 원재료)를 보고 각 범주의 상관관계를 확인한다. 종류별 재고는 매출을 조망하는 데도 도움을 준다. 이를테면, 매출이 견조하게 증가하는 것은 인상적으로 보일 수 있지만, 사실 재고가 매출보다 훨씬 빨리 증가한다면 오히려 판매가 충분하지 않은지도 모른다. 재고 중 완제품 비중이 원재료나 재공품 비중보다 훨씬 빨리 늘어나는 것은 적체가 일어난다는 뜻이다. 따라서 이미 완제품 재고가 넘치기 때문에 생산 속도가 느려질 수 있다.

완제품 재고가 컴퓨터나 특정 소비재처럼 빨리 감가된다면 향후에 문제가 생길 수 있다. 감가 상품의 재고를 대규모로 안고 있는 기업은 재고 처분을 위해 가격을 대폭 인하해야 한다. 또한 묵은 재고는 시장에서 새로운 제품 라인과 경쟁해야 한다. 증가 추세에 있는 재고는 가격 인하와 평가절하를 맞이할 수 있다. 이런 시나리오는 향후의 영업이익에 타격을 입히므로 분기 실적이 실망스러운 수준이 된다.

재고량 자체는 분석할 의미가 크게 없다는 점을 명심하라. 매출 대비 재고 추세와 재고 사슬 안에서의 비중 증가 또는 감소가 귀중한 정보를 제공한다.

재고는 팔리기를 기다리는 상품이라고 생각하라. 대부분의 경우 재고는

매출과 비슷한 패턴에 따라 늘어나고 줄어든다. 경영진은 수요 또는 예상 수요를 충족하기 위해 미래 매출과 재고를 예측하려 애쓴다. **재고가 매출보다 훨씬 빨리 늘어나는 것은 매출 악화나 미래 수요에 대한 경영진의 오판, 또는 둘 다를 의미한다.** 이런 시나리오는 영업이익을 저해한다. 재고의 감가가 빠를수록 초과 재고의 악영향이 커진다.

재고 적체에 대한 델의 해결책

가격이 하락하는 환경에서 재고를 잘 관리하는 기업은 특히 경기가 하락하는 동안 어려움을 잘 버티고 다른 종목보다 나은 상승률을 기록할 잠재력을 지닌다. 델 컴퓨터는 혁신적인 '주문 생산' 사업 모델로 이 문제에 대응했다. 이 모델은 재고를 줄이고 감가가 빠른 컴퓨터를 보유하는 리스크를 낮춤으로써 제조업을 변화시켰다. 이후 컴퓨터 사업을 하지 않는 다른 업계의 기업들도 이 단순한 콘셉트를 받아들였다. 델의 모델은 전화나 웹사이트로 접수되는 주문을 토대로 삼는다. 주문이 들어오기 전에는 제조가 이뤄지지 않는다. 이 방식은 재고 보유 기간을 극적으로 줄였으며, 재고 회전율을 경쟁사의 3배 이상으로 높였다.

델은 고유한 새로운 사업 모델 덕분에 경쟁사보다 높은 마진율을 확보했고, 시장점유율을 늘렸으며, 그렇게 1990년대에 컴퓨터 시장을 지배했다. 컴퓨터 사업에서 이 콘셉트가 잘 통한 이유는 제품의 감가가 매우 빠르기 때문이다. 사실상 델의 경쟁사는 모두 소매점에 상품을 재고로 쌓아두는 사업 모델에 의존했다. 그래서 판매가 부진하면 대량의 재고를 떠안아야 했다. 게다가 컴퓨터의 성능과 기능이 개선되면서 상품의 가치는 시간이 갈수록 떨어졌다. 컴팩, 휴렛패커드, 게이트웨이는 상품이 햇빛에 노출된 과일처럼 상하기 전에 재고를 털어내기 위해 가격을 낮출 수밖에 없었다. 이런 상황은 재고 현황에서 완제품이 판매 물량과 원재료보다 빠르게 늘어나는 양상으로 나타난다.

재고 증가가 무조건 나쁜 것은 아니다. 어쩌면 막 문을 연 20개 신규 점포의 진열대를 채워야 해서 재고가 늘어난 것인지도 모른다. 진짜 경고 신호는 재고 증가의 이유가 설명되지 않거나 설명이 부실할 때다. 설명되지 않는 재고 증가를 포착했다면 회사에 전화를 걸거나, 투자자 컨퍼런스 콜에 참가하여 설명을 요구할 수 있다.

반대로 원재료가 갑자기 증가한다는 것은 기업의 사업이 앞으로 잘될 것이라는 징표일 수 있다. 만약 이 예측이 맞는다면 곧 매출 증가율이 상승하는 신호가 나타나야 한다. 이는 원재료 증가가 더 강한 수요를 말해준다는 사실을 확증한다.

매출채권 분석

재고에 더하여 대차대조표에서 주의를 기울여야 할 또 다른 항목은 매출채권이다. 매출채권은 기업이 기존 매출에 대해 받아야 할 돈이다. 일부 매출채권은 사업 과정에서 자연스럽게 발생한다. 제품이나 서비스를 제공한 후 대금을 받기까지 적당한 유예 기간을 두는 것이 정상이다. 그러나 매출채권이 매출보다 훨씬 빠르게 증가하거나 증가율이 상승하는 추세라면, 회사가 수금에 어려움을 겪고 있다는 경보일 수 있다.

매출채권과 재고가 모두 매출보다 빠르게(설명 없이 2배 이상) 증가한다면 이중고가 될 수 있다. 앞에서 재고, 특히 완제품이 매출보다 빠르게 증가하는 것은 적체가 일어난다는 뜻이라고 설명했다. 즉, 신규 매장에 상품을 채

우는 것 같은 적절한 이유가 없다면 현재 시장 여건에서 팔 수 있는 물량보다 많이 만들었다는 말이다. 재고로 쌓이는 상품의 감가가 빠르다면 더 큰 문제다. 게다가 매출채권까지 늘어난다는 것은 회사가 고객에게 판매한 상품에 대한 대금을 받지 못했다는 뜻이다. 이는 앞으로 어려운 상황이 닥칠 것임을 예고한다. 즉, 소비자들은 상품을 사지 않고, 유통업체는 상품이 팔리지 않아서 대금을 지불하지 못한다는 뜻이다. 그에 따라 제조업체는 대금을 수금하지 못하고, 창고에는 출하할 수 있는 물량보다 많은 제품이 쌓인다.

매출채권이 늘어나는 데도 타당한 이유가 있을 수 있다. 이를테면, 새로운 제품 라인이나 다른 산업에 속한 새로운 고객사에 더 긴 지급 기간을 제시했을 수 있다. 또한 생산 지연으로 주문 물량이 예상만큼 출하되지 않았을지도 모른다. 이유가 무엇이든, 적색경보인지 쉽게 설명할 수 있는 상황인지를 조사할 필요가 있다.

그림 8.9를 보면 총재고 증가율은 매출 증가율의 4배, 매출채권 증가율은 매출 증가율의 3배에 해당한다. 문제는 완제품과 재공품의 비중이 원재료의 비중보다 크게 늘었다는 것이다. 이는 상품이 이례적으로 많이 쌓여 있음을 말해준다. 감가가 이뤄지는 정도에 따라 재고의 가치가 시간이 지날수록 줄어들면서 마진뿐 아니라 궁극적으로는 영업이익도 잠식당할 것이다.

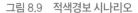
그림 8.9   적색경보 시나리오

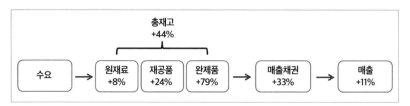

이런 유형의 시나리오는 적색경보를 울려야 한다.

차등 공시

　기업의 공시 내용이 문서마다 다른 것을 '차등 공시differential disclosure'라 한다. 이런 일은 생각보다 자주 일어난다. 그 이유는 단순하다. 주주들에게 제시하는 보고서에 대한 가이드라인이 증권거래위원회에 제시하는 보고서보다 훨씬 덜 엄격하기 때문이다. 사업 보고와 세금 신고의 차이가 그 예다. 국세청이 요구하는 현금주의 회계 규정에 따른 세금 관련 주석 및 기타 신고 내역과, 발생주의 회계에 따라 주주들에게 보고하는 영업이익을 비교해보라. 차이가 크다면 적색경보다. 마찬가지로 대규모 영업이익을 발표했는데 세금은 많이 내지 않는다면 의심해야 한다.

모든 실린더 가동: 코드 33

　매출 증가율이 상승하는 것(예를 들어, 25퍼센트, 35퍼센트, 45퍼센트로 늘어나는 것)은 아주 좋은 일이다. 그보다 더 좋은 일은 매출 증가율이 상승하는 동시에 마진률도 증가하는 것이다. 이 강력한 조합은 영업이익을 크게 늘리고 폭발적인 주가 상승을 촉발한다. 그 결과 매출 증가율이나 마진 증가율만 따로 상승하거나 어느 것도 상승하지 않는 경우보다 훨씬 빠르게 영업이익이 늘어난다. 영업이익을 빠르게 늘리는 최고의 상황은 매출 증가율과 마진률이 동시에 상승하면서 모든 실린더를 가동하는 것이다.

그림 8.10   코드 33

	Q4	Q3	Q2	Q1
EPS	-34%	+12%	+44%	+83%
매출	-22%	+3%	+16%	+3.8%
순이익률	4.5%	4.9%	5.8%	6.6%

주당순이익, 매출, 마진 증가율이 3분기 동안 상승함.

그림 8.11   몬스터 베버리지(Monster Beverage, MNST), 2003~2006

MNST(이전에는 한센 내츄럴 베버리지[Hansen Natural Beverage])는 전형적인 코드 33, 연 증가율 상승 추세를 보여주었다. 2003~2005년에 영업이익, 매출, 마진 증가율이 크게 상승했고, 그에 따라 초고 수익을 내는 데 필요한 여건이 조성되었다.

　　내가 '코드 33'이라고 부르는 상황을 찾아라. 이는 영업이익, 매출, 마진 증가율이 3분기 동안 상승하는 것을 말한다. 이는 강력한 레시피다. 인기 제품이나 서비스를 보유한 데다 경영진마저 유능하다면 매출과 마진에서 그

증거가 드러난다. 생산성이 개선되면서 마진률도 개선되어야 한다. 회사가 새로운 시장으로 진입하면서 매출도 늘어나야 한다. 이런 일이 일어나지 않으면 주식을 매수할 최적의 시기가 아닐 수 있다.

TRADE LIKE
A STOCK MARKET
WIZARD

9장

주도주를 따르라

강세장에서 얻는 대규모 수익은 대부분 초기 단계, 즉 첫 12~18개월 동안에 발생한다. 그러나 폭넓은 시장 지수에서 대규모 상승이 확연하게 드러날 무렵에 최고의 종목 중 다수는 이미 몇 주 동안 상승했을 수도 있다. 그렇다면 문제는 최고의 종목들이 당신을 따돌리기 **전에** 올라탈 때를 아는 것이다. 그 답은 주도주를 따르는 것이다.

　최고의 상승률을 기록하는 종목들은 중요한 전환점에서 전체 시장 지수를 이끈다. 시장이 바닥을 칠 때 하락을 가장 잘 버틴 주도주들은 먼저 반등하여 달려 나간다. 다우, S&P, 나스닥지수가 조깅화를 신기 며칠, 몇 주, 몇 달 전에 말이다. 이 주도주들은 주요 지수가 막 저점에서 벗어나기 시작할 무렵 새로운 고지(신고가)에 오른다.

　이 시점에서 전체 시장 여건은 대다수 투자자에게 여전히 암울해 보일 것이다. 또한 뉴스는 대부분 부정적인 어조로 경고할 것이다. 하지만 상승 종목은 늘어나고, 이들이 지수를 밀어 올리며, 그 결과 주도주들의 주가는 더욱 상승한다.

　주도주들을 긴밀히 살피면 시장의 분위기가 공포에서 낙관으로 바뀌기 전에 최고의 종목에 들어갈 수 있다. 이는 무엇을 찾아야 할지를 아는 기민한 투자자들에게는 전혀 새로운 것이 아니다. 전설적인 투자자인 제시 리버모어는 1920~1930년대에 주도주를 거래하여 부를 쌓았다. 내 수익의 99퍼센트 역시 주도주를 매매하면서 얻은 것이다.

주도주는 하방 전환도 미리 알려주는 경향이 있다. 강세장이 후반(대개 1~2년 후)으로 접어들면 시장의 상승을 이끌었던 주도주 중 다수는 밀리기 시작한다. 그럼에도 폭넓은 시장 지수는 계속 고점을 향해 나아간다. 이때 대개 후발 종목들이 일으키는 2차 파도가 비교적 좋은 상승률을 기록한다. 주도주에서 빠져나온 자금이 다른 선도 종목이나 뒤처진 후발 종목 또는 경기 하락에 덜 민감한 것으로 여겨지는 의약품, 담배, 유틸리티, 식품 같은 방어적인 종목으로 순환하기 때문이다. 그러나 후발 종목과 부진 종목은 주도주만큼 장기간에 걸쳐, 무엇보다 그만큼 높이 오르지 않는다. 따라서 이런 순환이 일어난다면 시장 랠리가 후반기에 접어들었다고 받아들여야 한다. 궁극적으로 시장 고점은 몇 주 또는 몇 달 후에 나올 수 있다. 그러나 이런 내부적인 시장 동향은 경고 사격이므로 주의를 기울여야 한다.

보조 맞추기

대다수의 투자자는 전환점 부근에서 주도주가 보여주는 중요한 뉘앙스와 단서를 알아채지 못한다. 왜 그럴까? 시장이 꾸준히 하락한 후라 투자에 조심스러워졌기 때문이다. 시장이 바닥에 가까워질수록 대부분의 투자자의 포트폴리오는 상당한 손실로 채워진다. 이 상황을 초래한 것은 그들이 손절매를 하지 않기 때문이다. 가격 조정 이후 많은 투자자는 여전히 끌어안고 있는 손실을 만회할 수 있기를 바란다. 그러면서도 이전의 하락기 동안 심한 타격을 입었기 때문에 주도주가 제시하는 매수 신호를 부인한다.

상황을 더욱 악화시키는 것은 주도주의 주가가 대다수 투자자에게는 항상 너무 높거나 비싸 보인다는 사실이다. 주도주는 시장이 반등하기 전에

그림 9.1 파마사이클릭스(PCYC) 대 나스닥 종합지수, 2009~2010

시장 선도 종목인 PCYC의 주가는 나스닥 종합지수가 조정 저점을 찍는 날 새로운 고지로 올라선 후 33개월 동안 1,500퍼센트 상승했다.

먼저 상승하여 52주 신고가를 찍는다. 신고가 근처에서 매수하는 투자자는 드물다. 정확한 때에 매수하는 투자자는 더 드물다. 투자자들은 개별 주도주가 아니라 시장에 초점을 맞춘다. 그래서 종종 뒤늦게 매수하고, 뒤처진 종목을 보유한다. 그들의 주의를 분산시키는 요소는 또 있다. 주요 전환점에서 틀린 말을 하는 뉴스 매체다. 그들은 '시장의 바닥'에서 세상의 끝이 올 것이라고 예언한다. 또 '천장'에서 주식에 투자하면 실패하지 않을 것이라고 말한다.

주식이 하는 말이 아니라 사람들이 하는 말에 귀를 기울이면 매우 혼란스러울 수 있다. 초고수익 종목의 90퍼센트 이상은 약세장과 전반적인 시장 조정을 딛고 부상한다. 핵심은 어떤 종목이 초고수익 종목의 특성을 가지고 있는지 분석하는 것이다. 그러면 반등할 때 큰 수익을 낼 수 있다.

나는 2010년 2월 4일에 파마사이클릭스Pharmacyclincs Inc.를 매수하고, 미너비니 프라이비트 액세스Minervini Private Access의 고객들에게 이 종목을 추천했다. 그날은 나스닥 종합지수가 신저점을 찍던 날이었다. 이후 48거래일 동안 파마사이클릭스는 90퍼센트 상승했다. 같은 기간에 나스닥 종합지수는 겨우 18퍼센트만 상승했다. 게다가 90퍼센트 상승은 시작에 불과했다. 파마사이클릭스는 33개월 동안 1,500퍼센트 상승했다. 이는 주도주의 명확한 사례다.

소외장, 기다리는 조정은 오지 않는다

새로운 강세장의 첫 두어 달 동안 일군의 종목들이 연이어 새로운 고지로 올라선다. 이때 시장 조정은 최소한으로 진행될 것이다. 아마도 고점에서 저점까지 3~5퍼센트 떨어지는 데 그칠 것이다.

대개 주요 베이스에서 벗어나는 움직임의 초반 국면은 소외 랠리라는 특징을 지닌다. 이 소외 기간에 투자자들은 조정을 기다리며 시장에 진입할 기회를 노린다. 그러나 조정은 오지 않는다. 많은 매수세로 인해 시장은 과매수 지표를 무시한 채 꾸준히 더 상승한다. 그 결과 조정을 기다리던 투자자들은 시장으로부터 소외당한다.

시장의 많은 지표들이 과매수 신호를 보냄에도 불구하고 당신이 선정한 주도주들이 끊임없이 상승한다면 이를 강세 신호로 볼 수 있다. 랠리가 진짜인지를 판단하려면 상승일에는 거래량이 증가하고, 하락일이나 조정 기간에는 거래량이 줄어야 한다. 보다 중요하게는 주도주들을 분석해서 타당하고 매수 가능한 베이스에서 벗어나는지를 확인해야 한다.

52주 신고가를 찍는 종목이 52주 신저가를 찍는 종목보다 많고 주가가 크게 상승하는 것이 추가적인 확증이다. 이 시점에서 종목별 거래 요건에 맞춰서 위험 노출액을 늘려야 한다. 격언처럼 "시장이 종목을 이끄는 것이 아니라 개별 종목들이 시장을 이끈다". 대박 종목에 올라타고 싶다면 시장 베이스 랠리의 초기에 주도주에 초점을 맞춰야 한다. 때로는 진입이 조금 빠를 수도 있다. 이때는 손절 원칙을 따라야 한다. 랠리가 진짜라면 대다수 주도주는 약간의 조정만 거치며 하락세를 잘 버틸 것이다. 그러나 본인의 원칙에 의해 계속 손절당한다면 너무 일찍 들어간 것일 수 있다.

최고의 종목은 먼저 저점을 찍는다

주식시장에서 큰돈을 벌고자 한다면 시장의 추세를 내 편으로 삼아야 한다. 즉 강력한 시장 추세에 맞서지 말아야 한다. 그렇다고 해서 개별 종목의 매수 타이밍을 잡고자 시장에만 집중해도 안 된다. 그사이 시장 바닥을 벗어난 종목이나 그 근처에 있는 좋은 종목을 많이 놓칠 수 있다.

시장 주도주는 상승하기 **전에** 강한 지수 대비 상대 강도를 드러낸다. 또한 시장 지수와 꼭 함께 가지는 않는다. 오히려 최대 상승 단계에서는 독자적으로 움직이는 경우가 많다.

주도주를 찾는 방법은 대다수 투자자의 사고방식과 괴리가 있다. 대다수의 투자자는 하향식 접근법을 취한다. 먼저 경기를 살피고, 뒤이어 주식시장과 업종을 파악한 뒤, 특정 산업군에 속한 기업들을 포착한다. 반면 대부분의 주도주는 앞으로 여러 사례를 통해 확인하겠지만 업종보다 앞서서 바닥과 천장을 찍는다. 또한 특정 산업군은 시장의 전환을 이끌기도 한다. **상승폭이 큰 종목 중 다수가 산업군이 이루는 움직임의 일부인 것은 맞지만, 나의 경험에 따르면 해당 업종이 활황이라는 사실이 명백해질 무렵에 이미 주도주들은 크게 상승해 있었다.**

지수 대비 상대 강도가 높은 주도주가 상승 추세를 이루는 초기 단계에서 해당 산업군의 가격 강세를 확인하는 건 쉽지 않다. 해당 산업군의 가격 강도가 확증될 수도 있고 아닐 수도 있기 때문이다. 이는 정상적인 양상이다. 보통 해당 산업군에서 한두 개의 종목만 강한 지수 대비 상대 강도를 드러내기 때문이다. 따라서 초기에 이런 종목을 집어내고자 한다면 추가 기술이 필요하다.

주도주의 주가가 계속 오른다면 해당 산업군과 업종도 강세 신호를 드러낼 것이다. 이때 주도주는 두 가지 형태를 띤다. 산업군이 주가를 더 밀어 올리는 가운데 계속 오르거나 산업군과 해당 산업군에 속한 다른 종목들이 오르는 동안 횡보하는 것이다. 횡보가 곧 주도주의 주가 하락을 뜻하는 것

그림 9.2 주도주 대 해당 업종의 양상과 뒤처진 '추종 효과'

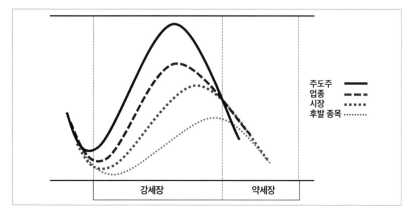

강세장   약세장

이론적인 주기 역학은 주도주, 전체 업종, 후발 종목 순서로 강세장에 이어 약세장 국면에 접어드는 것을 보여준다.

은 아니다. 다만 주도주와 시장의 횡보는 엇갈릴 수 있다. 이는 높은 알파값 (기준 지수 대비 초과 상승률을 나타내는 척도—옮긴이)을 가진 종목의 전형적인 특징이다. 상승이 끝났다고 결론짓기 전에 고점의 신호를 찾아야 한다.

기회의 창

시장 주도주는 포트폴리오의 가치를 빠르게 올려주는 동시에 초고수익을 안겨준다. 강세장 초반에 상향식 접근법(개별 종목을 보고 산업 동향을 살피는 방법—옮긴이)을 통해 상대적 상승률을 보이는 종목을 찾아라. **새로운 강세장의 첫 4~8주 동안 하락세를 가장 잘 버티고 시장 저점에서 신고가로 상승하는 종목이 주도주다. 이런 황금 같은 기회를 무시해서는 안 된다.**

전반적인 시장 또는 산업군의 강세를 말해주는 지표가 나오기 전에 주도

그림 9.3 아마존(AMZN) 대 나스닥 종합지수, 2001~2003

AMZN은 전체 시장보다 훨씬 앞서서 2단계 상승 추세로 전환했다. 12개월 만에 240퍼센트나 상승하기 전까지 투자자들로 하여금 매수할 시간을 충분히 주었다.

주가가 명확한 강세 신호를 드러내는 예는 수없이 많다. 어떤 종목을 찾아야 하는지만 알면 된다. 한 예로 2001년 아마존의 주가는 시장보다 훨씬 앞서서 바닥을 찍었고, 12개월 만에 240퍼센트나 상승하기 전까지 투자자들에게 충분한 매수 기회를 주었다.

시장 주도주는 보통의 조정 기간이나 약세장의 후반기에 두드러지는 경향이 있다. 하락세를 가장 잘 버티고, 가장 빠르게 반등하며, 전체 시장의 바닥에서 퍼센트 기준으로 가장 많이 상승하는 종목을 찾아라! 이 방법으로도 잠재적인 주도주를 파악할 수 있다. 전체 시장 지수가 하락 추세를 보이는 동안에도 주가 하락이 적거나 오히려 상승하는 종목을 찾아라. 전체 시장 지수가 저점을 낮추는 동안 몇몇 종목이 저점을 계속 높인다면 잠재적 주도주가 만들어지고 있다는 신호다. 지수 대비 상대 강도선은 시장이 하락하는 동안에도 꾸준히 상승해야 한다. **시장이 크게 하락하는 상황에서 긍정적인 변화가 있거나 EPS가 견조한 개별 기업의 가격 변동을 살피는 것이 중요하다. 강하게 반등하는 종목과 하락세를 가장 잘 버티는 종목은 다음 상승 주기에서 초고수익 종목이 될 가능성이 높다.**

초고수익을 불러일으키는 요소로는 플러스 어닝 서프라이즈, 산업 전반의 규제 변화, 정부 정책 변화, 신규 계약, 신제품 출시에 따른 초과 실적, 고유한 신제품의 계획된 출시 등 여러 가지가 있다. 제약회사와 생명공학회사는 유망한 신약이나 의료 장비에 대한 FDA의 승인이 엄청나게 긍정적인 영향을 미칠 수 있다. 2009년 7월 20일, 소규모 바이오제약회사인 휴먼 게놈 사이언시스_{Human Genome Sciences}의 주가가 급등하면서 하루 만에 270퍼센트나 오른 채로 마감했다. 그러나 이는 시작에 불과했다. 그날 이 회사는 50년 만에 루푸스의 최초 치료제가 될, 실로 엄청난 잠재력을 지닌 약품의 시험 결과를 발표했다. 그로부터 7개월 후 휴먼 게놈 사이언시스의 주가는 추가로 165퍼센트 상승했다. 마찬가지로 2009년 4월 14일, 덴드리온_{Dendreon Corp.}은 전립선암 백신인 프로벤지_{Provenge}가 환자의 생존 기간을 크게 늘렸다고 발표했다. 이후 주가는 200퍼센트나 급등했다. 그로부터 11개월 후에도 주가는 추가로 117퍼센트 상승했다.

1977년 6월부터 1978년 8월까지 휴마나_{Humana}의 주가 추세와 전체 시장의 가격 변동은 확연하게 대비되었다. 휴마나의 주가는 2단계 상승 추세를 이어가며 신고가를 찍고 있었다. 반면 다우지수는 아직 코너도 돌지 못한 상태였다. 뒤이어 전체 시장이 처음 바닥에서 벗어나는 동안, 휴마나는 새

그림 9.4 휴마나(HUM) 대 다우존스 산업지수, 1978

HUM(1978년 데이터, 분할 반영)은 부상하는 주도주의 전형적인 사례로, 38개월 동안 1,000퍼센트 상승했다.

로운 고지로 올라섰다. 휴마나의 주가는 뒤이은 38개월 동안 1,000퍼센트 상승했다.

휴마나의 가격 변동은 약세장 베이스에서 소수만이 감지할 수 있는 은근한 신호를 보냈다. 시장이 바닥을 치는 신호로 찾아야 할 것은 다음과 같다.

1. 최초의 시장 주도주는 휴마나의 사례처럼 부상하여 계단 형태로 베이스를 형성한다.
2. 주도주는 대체로 15~20퍼센트 상승한 다음 휴식을 취한다. 휴식기 동안 주가는 5~10퍼센트의 기간 조정을 거칠 수 있다.

3. 대부분의 주도주는 자리를 지킨다. 여기에 속하지 않는 주도주는 상승한 후 하락을 겪는다. 몇몇 종목은 급락한 후 다시 오르지 못하기도 하는데, 당연히 매우 좋지 않은 상황이다.

4. 주요 지수들의 거래량을 보고 분산 신호를 찾아야 한다. 만약 분산 신호에 더하여 상승일이 아니라 하락일에 거래량이 늘어난다면 진입이 너무 일렀는지도 모른다. 이 경우 다시 현금을 보유해야 한다.

에뮬렉스_{Emulex}

나는 2001년에 에뮬렉스 주식을 매수했다. 이 주식은 여러 가지 이유로 관심을 끌었다. 첫째, 전체 시장이 신저가 근처에 있는데도 에뮬렉스는 일주일 만에 100퍼센트나 급등했다. 이 인상적인 지수 대비 상대 강도는 뭔가 대단한 일이 일어날 것이라는 초기 신호였다. 수요 급증은 근래에 월스트리트를 놀라게 만든 긍정적인 변화에 대한 반응이거나, 어떤 일에 대한 기대가 있다는 표시인 경우가 많다. 이후 주가가 급락하기는 했지만, 며칠 만에

그림 9.5 에뮬렉스(EMEX), 2001

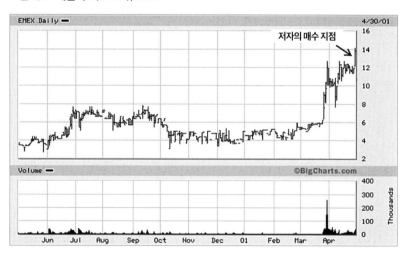

그림 9.6   에뮬렉스(EMEX) 대 나스닥 종합지수, 2001

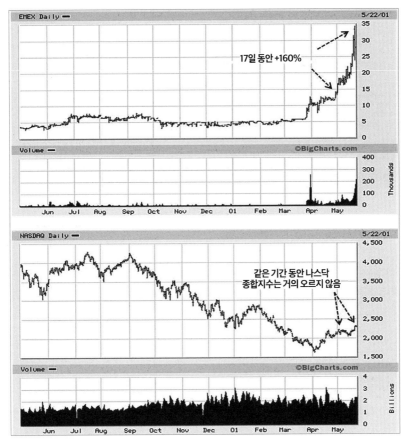

EMEX는 신고가에 오른 이후 17일 만에 160퍼센트 상승했다. 반면 나스닥 종합지수는 같은 기간에
아주 조금 상승했다.

빠르게 회복되었다. 그다음부터는 주가가 떨어지지 않았다. 그러다가 전체

시장이 베이스에서 벗어나 상승하는 동안, 에뮬렉스는 신고가에 올라섰다.

이는 매수해도 좋다는 신호였다.

W. R. 그레이스앤드코 W. R. Grace & Co.

나는 2004년 8월 26일에 W. R. 그레이스앤드코 주식을 매수했다. 나스닥 종합지수가 저점을 박차고 상승하던 참이었다. W.R. 그레이스앤드코의 주가는 13일 동안 40퍼센트 넘게 올랐다. 또한 44일 후에는 110퍼센트 올랐다. 그 기간에 나스닥 종합지수는 10퍼센트만 올랐다.

그림 9.7 W. R. 그레이스앤드코(GRA) 대 나스닥 종합지수, 2004

기조적 성장 주기

약세장 가격 조정 동안 잘 버티는 종목은 영업이익 상승 주기에 속한 경우가 많다. 이 종목들은 견조한 영업이익과 매출, 새로운 제품이나 서비스, 회사에 긍정적인 영향을 미치는 산업의 변화에 따른 혜택을 볼 수 있다. 다만 주가는 전체 시장의 하락 추세에 따른 압력 때문에 일시적으로 저지되거나 잠잠할 수 있다. 이는 주가 하락을 초래한다. 그러나 다른 종목만큼 심

그림 9.8 파네라브레드(PNRA) 대 나스닥 종합지수, 2000~2002

PNRA의 주가는 나스닥 종합지수가 80퍼센트 하락하는 동안 무려 1,100퍼센트나 상승했다.

하게 하락하지는 않는다. 이 종목들은 대단히 회복력이 좋으며, 저점을 빠르게 벗어나 신고가로 튀어 오른다. 하락장에서 반등이 나오면 영업이익이 상승하는 종목들은 급등하는 모습을 보인다. 일부 종목은 오랫동안 상승세를 이어간다. 반면 약세 주기에 속한 종목들은 시장의 강력한 반등에도 불구하고 꼼짝하지 않는다. 이는 바람직하지 않은 전망을 드러내므로 약세 주기에 속한 종목들은 피해야 한다.

파네라브레드Panera Bread는 미국 주식시장 역사상 가장 파괴적인 약세장에서 26개월에 걸쳐 무려 1,100퍼센트나 상승했다. 반면 나스닥 종합지수는 같은 기간에 약 80퍼센트 하락했다. 그렇다고 해서 전체 시장이 크게 하락하는 동안 주식을 매수하는 데 집중해야 한다는 말은 아니다. 파네라브레드는 분명 일반적인 사례가 아니다. 그래도 정확하게 타이밍을 맞췄을 때 영업이익 주기의 힘을 선명하게 보여준다.

시장 주도주의 전형적 사례

약세장이 전개되던 1990년에 나는 암젠의 주가가 50일 이동평균선 아래로 오랫동안 떨어지지 않았다는 사실을 확인했다. 시장이 가파르게 하락하는 동안 암젠의 주가는 횡보하면서 제자리에 머물렀다. 이는 어떤 종목이 크게 상승하지 않아도 시장 조정 기간 동안 지수 대비 상대 강도를 높이는 방식이다. 다우지수가 낮아진 저점에서 상승할 때마다 암젠은 새로운 고지로 올라섰다. 이 점이 나의 관심을 끌었다. 마침내 1990년 10월에 시장이 바닥에 이르렀고, 겨우 22일 후 암젠은 역대 최고가를 찍었다. 나스닥 종합지수와 다른 주요 지수는 여전히 고점에서 25퍼센트 하락한 상태였다. 그러나 나는 시장 지수 때문에 의욕을 잃지 않았다. 나는 최고의 영업이익과 가격 강도를 보여주던 의료 산업군에 속한 종목들을 매수하기 시작했다. 시장은 가격 조정이 이뤄지는 내내 암젠의 상승을 막았다. 그러나 시장이 압박에서 벗어나자 암젠은 급등했다. 암젠은 1990년의 강세장에서 가장 먼저 부상한 종목 중 하나로 14개월 만에 360퍼센트 상승했다.

그림 9.9   암젠(AMGN) 대 나스닥 종합지수, 1990

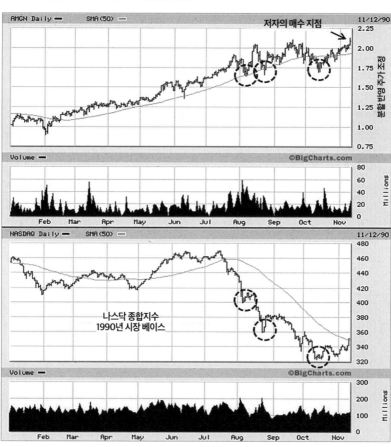

AMGN은 전체 시장이 하락하는 동안 대단히 잘 버티면서 강한 지수 대비 상대 강도를 드러냈다.

기술적 주제를 찾아라

각 시장 주기는 주도주의 가격과 거래량 변동의 형태로 고유한 특성을 지니는데, 이때 비슷한 기술적 테마가 나타나곤 한다. **전체 시장이 하락하는 동안 긍정적이고 상반된 가격 행태를 보이는 종목의 수가 갈수록 늘어나는 경우, 우리는 어디서 다음 주도주군이 나올지 또는 시장이 상승하기 시작할 때 어떤 종목이 먼저 급등할지에 대해 유추해 볼 수 있다.** 이런 유형의 가격 변동이 확인되면 언론과 전문가의 말을 걸러내고 팩트에 집중해야 한다. 팩트는 가격, 거래량, 영업이익, 매출, 마진률, 신제품, 긍정적인 산업 변화를 말한다. 한 종목씩 증거를 찾고 최고의 요건을 적용하라. 대부분의 경우 특정 산업군에서 하나 이상의 종목이 이런 행동을 드러낼 것이다. 상대적 상승률과 어닝 파워_{earnings power}(장기적으로 영업이익을 창출하는 능력—옮긴이) 측면에서 업계 1~3위에 해당하는 종목을 보유해야 한다. 시장에서 확산되는 패턴이나 가격 변동의 유형을 찾아라. 이는 현재 주기에서 어떤 유형의 전술이 잘 통할지 파악하는 데 도움이 된다.

1990년에 의료 관련 종목이 하나둘씩 주도주로 부상했다. 주로 US서지컬, 유나이티드 헬스케어, 암젠, 발라드 메디컬 프로덕츠, 스트라이커 같은 종목이 시장을 이끌었다. 이때 1990년의 약세장에서 드러낸 지수 대비 상대 강도는 다음 강세장에서 상승을 이끌어 투자자들에게 큰 수익을 안겨줄 귀중한 지표였다. 나는 이 사실을 잘 안다. 당시 이 종목들이 부상할 때 직접 매수했기 때문이다.

1990년 약세장 바닥에서 부상한 또 다른 주도주는 아메리칸 파워 컨버전이었다. 이 회사는 암젠처럼 나의 관심을 끌었는데, 이유도 비슷했다. 바로 시장이 브레이크를 푸는 순간 더 멀리 오를 종목이었던 것이다. MIT 출신의 엔지니어들이 설립한 회사로, 원래는 태양광 발전 설비를 개발했다. 그러나 유가가 급락하고 태양광 발전에 대한 정부 지원이 줄자, 컴퓨터와 파워스테이션용 무정전 전원장치ᵤₚₛ 개발로 급선회했다. 타이밍은 완벽했다. 소형 컴퓨터 시장이 폭발하기 시작할 무렵인 1984년에 첫 UPS 모델을 선보인 것이다. 또 1991년에는 200달러 이하에 팔리는 모델들을 선보였다. 이 모델들은 최초로 가정용 컴퓨터 시장을 열었다. 그 이후의 일은 말할 필요도 없다.

아메리칸 파워 컨버전의 주가가 1990년 약세장 저점에서 벗어나 암젠과 같은 날(랠리 22일째)에 신고가에 오른 것은 우연이 아니었다. 이 두 종목은 거의 동일한 가격 강도를 드러냈다. 즉, 그들의 상승 주기는 전체 시장 조정의 압력에 잠시 억눌려 있었던 것이다. 1990년 11월 12일의 역대 최고점은

그림 9.10   아메리칸 파워 컨버전(APCC) 대 나스닥 종합지수, 1990

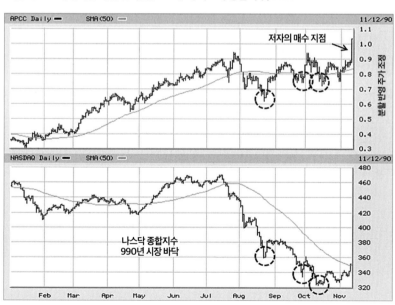

APCC의 주가는 시장이 바닥을 칠 때 부상하여 50개월 동안 4,100퍼센트 상승했다.

빙산의 일각에 불과했던 것으로 드러났다. 뒤이은 50개월 동안 무려 4,100 퍼센트나 상승했다.

어느 주도주를 먼저 매수해야 할까?

매수 모드로 바꿀 때 '어느 종목을 먼저 사야 할까?'라는 의문이 생긴다. 내 대답은 다음과 같다. 가장 강한 종목을 먼저 사라. 나는 시장 저점에서 벗어날 때 돌파한 순서대로 사는 편이다. 라인업에서 최고의 종목은 먼저 치고 올라갈 것이고, 적절한 매수 지점에서 벗어나 새로운 고지에 오를 것

LL의 주가는 시장 저점을 벗어나 신고가에 오르면서 90퍼센트 상승했다. 같은 기간에 나스닥 종합지수는 하락했다. 4월 말부터 6월 초 사이에 이뤄진 분기에 주목하라.

그림 9.12　치폴레 멕시칸 그릴(CMG) 대 S&P500 대형주 지수, 2012

2010년 9월에 CMG의 주가는 역대 최고가를 찍은 후 20개월 동안 186퍼센트 상승했다.

이다. 가장 강력한 모습을 보이는 종목은 대개 이 시점에서 최고의 선택지다. **당신의 의견이 아니라 시장의 강세에 따라 어디에 돈을 넣을지 결정하라. 개인적인 의견이 시장의 지혜보다 나은 경우는 드물다.** 시장이 판결을 내리는 것이지, 개인의 의견은 아무 의미도 없다. **새로운 강세장의 초반에 가장 강력하게 부상하는 종목은 대개 초고수익을 낸다.**

2007년 8월 저점에서는 과매도 상태가 시장 타이밍과 관련된 많은 지표들을 지배했다. 이 지표들은 2002년 및 2004년 시장 바닥의 수준까지 하락했다. 가장 중요하면서도 나의 관심을 끈 것은 펀더멘털이 강한 기업이 갈수록 양호한 보합 패턴에서 벗어나고 있다는 사실이었다. 새로운 보합권 돌파는 일부 업종을 과매도 수준 이상으로 밀어 올렸다.

나는 앞선 몇 주 동안 주요 지수에서 긍정적인 핵심 반전이 이뤄졌다는 사실로 강세 전망을 강화했다. 이를테면, 시장 심리와 풋/콜 비율이 개선되었고, 나스닥은 9대 1, 뉴욕증권거래소는 21대 1이라는 대단히 인상적인 상승/하락 거래량 비율이 나왔다.

시장이 다시 매도세에 직면할 가능성은 분명히 있었다. 이 경우 주요 지수는 한 단계 더 하락할 것이었다. 그런데도 나는 최고 후보 종목 중 다수를 관심 종목에 넣고 숏 포지션을 청산했다. 내 생각에는 시장이 다시 하락해도 롱 포지션에 설정한 손절 지점 중 다수는 깨지지 않을 것 같았다. 만약 깨지면 그냥 매도할 생각이었다.

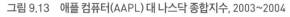

그림 9.13 애플 컴퓨터(AAPL) 대 나스닥 종합지수, 2003~2004

나는 2004년 3월에 AAPL을 매수했다. 그 직후 AAPL 주식은 두 차례의 후속 매수 지점을 제공한 후 2배 이상 상승했다.

시장이 바닥을 칠 때 최고 종목은 시장 지수의 절대 저점보다 앞서서 저점을 찍고 반등한다. 또한 마지막 하락 구간에서 시장 지수가 저점을 낮출 때 주도주는 시장과 달리 저점을 높인다. 이 지점에서 긴밀하게 상황을 주시해야 한다. 개별 종목의 변동성이 너무 커지면 손절할 준비를 해야 한다.

그림 9.14 　월마트(WMT) 대 다우존스 산업평균지수, 1982

WMT는 1982년 시장 베이스가 형성되기 전에 투자자들에게 두 번의 매수 지점을 제공했다. 이후 주가는 21개월 동안 360퍼센트 상승했다.

더 많은 주도주가 부상하고 전체 시장이 강세를 띠면 매수 관점으로 옮길 준비를 하라. 다음의 사례에서 볼 수 있듯이 약세장에서 가장 잘 버티는 종목, 즉 가장 적게 하락하거나 다소 상승하는 종목을 찾아야 한다.

양날의 검

주도주는 상승을 이끌기도 하지만 하락을 이끌기도 한다. 왜 그럴까? 오랜 랠리 또는 강세장 이후에 시장의 주도주는 이미 크게 상승한 상태일 것이다. 미리 그 종목에 들어간 스마트 머니는 상승률이 느려지는 첫 번째 징후에 기민하게 빠져나온다. 선도 산업군의 주도주가 장기간의 강세장 이후 주춤거리는 것은 위험 신호다. 이 경우 시장 또는 특정 업종에서 문제가 생겼을 수 있으니 구체적인 징후에 더욱 주의를 기울여야 한다.

대부분의 주식은 초고수익 구간을 지난 후 비교적 심하게 가격이 하락한다. 이는 수익 실현과 향후 상승률 둔화를 예상하기 때문이다. 과학적 증거와 나의 개인적 경험에 따르면, 이 경우 초고수익 종목이 상승분의 대부분 또는 전부를 되돌릴 가능성이 높다. 따라서 그 종목을 보유하고 있다면 매도하여 수익을 확정해야 한다. **역사는 초고수익 종목 중 3분의 1이 전체 상승분 또는 그 이상을 되돌린다는 것을 보여준다. 뒤이은 평균 하락폭은 측정 기간에 따라 50~70퍼센트나 된다.** 1929년에서 1930년대, 2000~2003년에 해당하는 버블 이후 시장에서 다수의 주도주는 최대 80~90퍼센트 하락했다. 이는 주식투자자가 회복할 수 있는 수준이 아니다. 설령 회복하더라도 대개 5~10년이 걸린다.

주도주는 다가오는 난관을 예고한다

강세장의 후반에 이르면 주도주가 업종의 약세뿐 아니라 곧 드러날 시장의 약세까지 경고한다. 당신의 포트폴리오는 최고의 바로미터다. 당신의 관심 종목은 주도주가 준비를 갖추고 새로운 고지로 올라서는 강세 국면 초반에 시장으로 이끌어주어야 한다. 그 이후에는 당신의 보유 종목들이 차례대로 정산되면서 자연스럽게 하락장 전에 시장을 빠져나올 것이다.

때때로 강세장은 서서히 약세장으로 변화한다. 반면 하락장의 바닥은 급락에 뒤이은 강한 상승세와 함께 형성된다. 주도주가 주춤거리기 시작할 때 지수는 더 높이 오르거나 횡보할 수 있다. 이런 일이 생기는 이유는 현금이 시장에 머물면서 부진한 종목으로 순환하기 때문이다. 지수는 낙오자의 등에 업혀서 버티거나 더 오를 수도 있다. 그러니 조심하라! 이런 일이 생기면 끝이 가까이 왔으며, 좋은 기회는 이미 지나간 것일 수 있다.

대다수 투자자는 이런 은근한 신호를 놓친다. 그 주된 이유는 강세 국면 동안 시장의 상승 추세에 익숙해지기 때문이다. 그들은 소수의 종목이 무너져도 대수롭지 않게 생각한다. 다우지수가 계속 오르기만 하면 되지 않는가? 그렇지 않다!

강세장은 언제나 적어도 하나의 업종과 여러 하부 업종이 주도한다. 최고 업종이 새로운 강세장을 이끄는 가운데 소수의 주도주가 지도부를 장악한다. 그들은 나중에 기관 자금의 관심을 받는다. 그들에 대한 매수 열기는 주가를 현실적인 가치평가 수준 이상으로 밀어 올릴 수 있다. 그 결과 그 종목은 뒤이은 약세장에서 가장 많이 하락하는 경향이 있다. 지난 주도주를 너무 오래 끌어안은 투자자는 파국적인 결말을 맞을 수 있다.

주도주 투자는 타이밍을 맞추지 못하면 매우 위험할 수 있다. 고공행진 종목은 상승 구간에서는 아주 좋다. 그러나 하락 구간에서는 재난이 될 수 있다. 손실을 최소화하는 합리적인 탈출 계획을 세워두지 않으면 언젠가는 커다란 곤경에 처하게 된다. 낙관적인 시기에는 큰 수익을 낼 수 있지만, 파티에 늦었다면 아래쪽을 조심해야 한다. 계속 오르던 종목이 대규모 조정을 앞두고 있을지도 모른다.

예를 들어, 1998~2000년에 강세장을 이끈 기술주들은 2000~2002년의 약세장 동안 가장 크게 하락했다. 또한 2003~2007년의 강세장에도 기껏해야 하락분의 절반밖에 회복하지 못했다. 역사는 한 강세장의 주도주가 다음 강세장에는 주도주가 되지 못하는 사례로 가득하다. 2003~2007년 강세장에서는 금융주와 주택주가 시장 주도주였는데, 2008년의 약세장 동안 가장 크게 하락했다. 따라서 역사를 참고한다면 한 주기를 풍미했던 주도주는 대체로 약세장 회복 랠리와 다음 강세장에서 매수 후보 종목에 넣지 말아야 한다. 다만 한 가지 예외는 있다. 주도주나 업종이 뒤이은 약세장에 앞서서 강세장 주기의 끝 근처에서 부상하기 시작했다면, 일부 경우에 다음 강세장 동안 시장을 이끌 수 있다. 확실한 점은 다음 강세장의 주도주는 가장 가능성이 낮을 것 같은 분야에서 등장하는 경우가 아주 많다는 것이다. 이 장에서 설명한 가격 분석 기법을 적용하면 이런 종목을 빠르게 발견할 수 있다. 주도주를 따르면 이 나라가 제공하는 가장 흥미로운 진취적 주식에 참여하여 수익을 얻을 수 있다.

주도주를 매수하고 부진 종목을 피하는 법을 배워라

나는 일반적으로 약한 종목이 아니라 강한 종목을 매수한다. 진정한 시장 주도주는 언제나 지수 대비 상대 강도가 높아진다. 특히 시장 조정이 진행되는 동안에는 더욱 그렇다. 관심 종목을 자주 갱신하면서 너무 많이 하락하는 종목은 솎아내고, 시장의 하락에도 영향을 덜 받고 강한 회복력을 보이는 새로운 잠재적 매수 후보 종목은 추가해야 한다. 그러면 매수 후보 종목 라인업을 업데이트하는 동시에 시장 전반에 대해 감을 잡을 수 있다. 또한 최고의 기업에 대한 초점을 유지할 수 있다. 주요 시장 지수가 바닥을 치고 새로운 강세장에 돌입하면 상황은 흥미로워진다.

이 시점에서 52주 신고가 종목에 집중해야 한다. 새로운 강세장의 초기 단계에 대부분의 대박 종목은 여기에 속할 것이다. 시장의 하락을 잘 버텨냈고, 52주 신고가의 사정거리(5~15퍼센트) 안에 있는 종목도 계속 주시해야 한다. 반면에 매일 경제 신문에는 피해야 할 주식의 목록이 실린다. 바로 52주 신저가 종목 목록이다. 이 목록뿐 아니라 이에 해당하는 모든 종목은 피할 것을 권한다.

1996~1997년에 가장 많이 오른 95개 종목은 단 5주 만에 20퍼센트나 상승했고, 그 종목들의 평균 상승률은 421퍼센트였다. 그중 21개 종목은 일주일 안에 20퍼센트 상승했다. 이 종목들은 뒤이어 평균 484퍼센트 상승했다. 1999년의 경우 최고 종목 중 다수는 일주일 만에 20퍼센트 상승했으며, 일부는 그 기간이 3일에 불과했다. 또한 모든 종목은 크게 상승하기 **전에** 우월한 지수 대비 상대 강도를 드러냈다.

시장이 실제로 바닥을 치면 지수 대비 상대 강도가 높아지는 종목이 늘어난다. 이 종목들은 비교적 적은 조정을 거친다. 일반적으로 건강한 종목의 경우 고점에서 저점까지 조정은 25~35퍼센트에 그친다. 다만 심각한 약세장에서는 최대 50퍼센트까지 조정받을 수 있다. 조정폭은 적을수록 좋다. 일반적으로 50퍼센트를 넘는 조정은 너무 심하다. 그런 종목은 신고가에 이르거나 신고가를 조금 넘기다가 무너질 수 있다. 이는 급격한 가격 하락에 따른 과도한 매도 대기 물량 때문이다.

　전반적인 시장이 바닥을 칠 때 몇 주에 걸쳐 관심 종목을 몇 배로 늘려야 한다. 시장이 저점에서 벗어남에 따라 우수 종목은 신고가에 올라서기 시작한다. 이는 시장이 바닥을 쳤거나 바닥에 가까워진다는 좋은 신호다. 그래서 중요한 지점이다. 새롭게 부상하는 각각의 강세장은 고유한 주도주를 띄우는 경향이 있다. **지난 강세장의 주도주가 다음 랠리를 이끄는 경우는 드물다. 따라서 새로운 종목이 등장할 거라고 예상해야 한다. 대개 한 주기의 시장 주도주 중에서 25퍼센트가 안 되는 종목이 다음 주기를 이끈다.** 최고 상승률을 기록할 새로운 기업과 산업을 최대한 일찍 파악하는 것이 중요하다. 전문가가 아니라 주식이 하는 말에 귀를 기울여야 한다는 것을 명심하라. 이는 최고의 조기 경보 시스템이 되어줄 것이다.

언론을 걸러라

　시장이 하락하는 동안 뉴스는 언제나 세상의 종말을 예언하는 시장 전문가들의 말로 가득하다. 그래서 비관론이 팽배한다. 다른 무리의 전문가들도 바닥이 가까워졌을지 모른다며 끼어든다. 다만 그들은 그들이 아끼는 기술적 지표가 허락하지 않는 한 진정한 랠리는 나오지 않을 것이라고 말한다. 시장의 타이밍을 재는 데 활용되는 정교한 이론과 기술적 지표에는 끝이 없다. 공포와 서로 충돌하는 조언의 홍수는 강력한 랠리의 문턱에서 이성을 마비시킬 수 있다. 더욱 나쁜 경우는 언론의 십자포화로 해야 할 일을 하지 못하고 팩트에 집중하지 못하는 것이다.

TV를 끄고, 언론을 차단하라. 그리고 분명히 부상할 다음 주도주를 찾기 시작하라. 팩트에 집중하고 주도주를 따르라. 미국이 자유기업제도_{free enterprise system}로 운영되는 한, 새로운 제품과 기술로 무장한 새로운 기업은 계속 등장할 것이다. 역사는 각 강세장에서 새로운 주도주가 부상하고 지난 주도주는 물러선다는 사실을 보여준다. 신속하게 행동할 준비를 하고, 대비 태세를 갖춰라. 가장 중요하게는, 언론을 거르고 주도주에 주파수를 맞춰라.

TRADE LIKE

A STOCK MARKET

WIZARD

10장

그림 한 장이 백 마디 설명보다 낫다

♺ 치타는 세상에서 가장 빠른 동물로 평원의 어떤 동물이든 잡을 수 있다. 그러나 치타는 먹이를 확실하게 잡을 수 있을 때까지 기다린다. 가끔은 일주일 동안 덤불에 숨어서 적절한 때를 기다린다. 심지어 병에 걸렸거나 굼뜬 아기 영양을 기다린다. 치타는 먹이를 놓칠 가능성이 없을 때가 되어야 비로소 공격에 나선다. 내가 보기에는 그것이 전문적인 주식 매매의 정수다.

- 마크 와인스타인_{Mark Weinstein}

　효율적 시장 가설은 1960년대 초반에 시카고대학 부스경영대학원의 유진 파마_{Eugene Fama} 교수가 수립한 것이다. 이 가설의 지지자들은 주식시장이 '정보에 따른 효율_{informationally efficient}' 측면에서 완벽하게, 혹은 거의 완벽하게 가격을 설정한다고 생각한다. 다시 말해, 시장은 새로운 정보를 너무나 빠르게 반영하기 때문에 새로운 정보 습득에 따른 이득이 없다는 것이다. 따라서 효율적 시장 가설에 따르면 순전히 운을 제외하고는 '시장'이 이미 아는 데이터를 활용해서 시장수익률을 넘어설 수는 없다. 이 이론을 옹호하는 사람들은 가격과 거래량 분석을 통해 우위에 설 수 있다고 생각하는 투자자들을 비웃는다. 물론 나는 동의하지 않는다. 나의 경력, 내가 아는 많은 투자자의 경력은 효율적 시장 가설이 잘못된 이론임을 증명했다. 효율적 시장 가설을 믿은 사람들 중 대다수는 주식투자로 초고수익을 달성하기는커녕 생계도 이어가지 못했다. 효율적 시장 가설은 시장수익률을 넘어서지 못하는 사람들에게는 타당할지 모른다. 자신은 하지 못하니까 애초에 불가능하다고 믿는 것이다. 그러나 크게 성공한 투자자들은 그렇지 않다는 걸 안다.

자존심, 공포, 탐욕, 희망, 무지, 무능, 과민반응 그리고 추론과 판단을 그르치는 일련의 인간적 오류가 온갖 불일치와 그에 따른 기회를 만든다. 이런 기회를 파악하는 귀중한 도구가 바로 공급과 수요 사이에 벌어지는 펀더멘털 측면의 싸움을 담은 차트다. **차트는 매수자와 매도자가 경매장에 모인 가운데 특정 종목에서 무슨 일이 일어나고 있는지 보여준다. 즉, 감정과 논리, 기만적 의도에 따른 결정이 충돌하는 양상을 분명한 시각적 패턴으로 제시하는 것이다. 그것은 수급의 판결이다.** 이런 관점에서 차트를 바라보면 그 이미지들이 매수든 매도든, 사람들이 하는 모든 선택을 보여준다는 사실을 이해하게 될 것이다. 그래서 한번 훑어보기만 해도 특정한 기간에 일어난 일들을 정확하게 알 수 있다.

차트 제작과 그래프 활용에 있어서는 하늘 아래 새로운 것은 없다. 사람들은 수 세기 동안 차트를 활용해왔다. 항해하기 위해 별자리 지도를 그리는 선장을 생각해보라. 마찬가지로 시장을 항해하기 위해 차트를 활용한다. 많은 투자자는 차트를 읽으려고 시도한다. 그러나 정확하게 읽는 사람은 드물다. 앞서 언급한 대로, 일부 차트 무용론자들은 지난 정보를 예측에 활용할 수 없다고 주장한다. 그러나 이런 철학을 현실에서 따른다면 과거의 증거를 활용하여 현재의 사건을 판단할 수 없다. 즉, 기압 저하가 날씨를 알려주거나, 39.4도의 열과 근육통이 독감 증상임을 알 수 없다.

어떤 사람들은 시장 등락 타이밍이나 종목 거래 타이밍을 효과적으로 예측할 수 없다고 믿는다. 그래서 그런 시도는 기법이나 가용한 정보와 무관하게 쓸데없는 짓이라고 생각한다. 나는 경험을 바탕으로 내가 거둔 성공이 많은 경우에 정확한 타이밍 때문이었다고 말할 수 있다. 타이밍 잡기는 차트를 활용하지 않고는 사실상 불가능하다. 최고의 자금 운용역 중 다수는 차트를 활용한다. **나도 차트에 많이 의존한다. 종목의 실제 가격 변동을 통해 확증되지 않는 한, 펀더멘털 분석만으로는 베팅하지 않는다.** 우선 나는 차트를 활용하여 주가의 전반적인 추세를 파악한다. 다시 말해, 기술적 분석을 통해 관심 종목에 있는 후보 종목의 적격성을 판단한다. 그다음, 차트를 활용하여 진입 타이밍을 잡는다.

차트가 초고수익을 달성하는 데 도움을 줄까?

차트가 시장을 예측하는 능력을 부여할까? 당연히 아니다. 다음에 룰렛 휠을 돌릴 때 공이 어디에 떨어질지 예측할 수 없는 것처럼, 시장도 예측할 수 없다. 다행히 시장을 예측하지 않아도 주식투자에 성공할 수 있다. 카지노가 룰렛을 돌릴 때마다 나올 결과나 블랙잭의 패를 미리 알지 않아도 도박 사업으로 돈을 벌 수 있는 것처럼 말이다. 성공하려면 주가를 예측할 수 있어야 한다고 믿는 사람들은 핵심을 완전히 놓친 것이다. 기민한 투자자는 거래 타이밍을 잡고, 리스크를 관리하며, 수익을 낼 가능성을 높이기 위한 메커니즘으로 가격과 거래량 분석을 활용한다. 크게 성공한 투자자는 차트 분석의 가치를 안다. 그들의 성공은 예측이나 예견과 아무 관계가 없다. 그들은 시장의 발자국을 읽는 기술을 습득한 다음, 위험 대비 높은 보상을 얻을 기회에 자금을 투입한다.

차트를 도구로 활용하라

차트 분석 또는 '기술적 분석'과 관련하여 크게 세 가지 학파로 나눌 수 있다. 첫 번째는 가장 순수한 방법론자로, 오직 가격과 거래량 변동에만 의존한다. 순수한 기술적 분석가들은 자신이 알아야 할 모든 것이 차트에 있다고 믿는다. 그들은 근본적으로 펀더멘털을 불필요한 정보로 여긴다. 궁극적으로 '할인', 즉 주가에 반영되었기 때문이다. 스펙트럼의 반대편에는 두 번째 그룹이 있다. 바로 자신이 알아야 할 모든 것은 기업의 펀더멘털에 있다고 믿는 순수한 펀더멘털주의자들이다. 그들에게 구불구불한 선, 봉, 포인트앤드피겨point-and-figure(시간을 무시하고 주가 등락만 O, ×로 표시하는 오래된 방식—옮긴이) 상자는 무의미하다. 이 수치 분석가들은 차트 분석을 찻잎으로 점치는 것만큼이나 경멸한다.

세 번째 그룹은 기술적 펀더멘털주의자로 구성된다. 명칭에서 알 수 있듯이 그들은 기술적 분석과 펀더멘털 분석을 모두 활용한다. 굳이 골라야 한다면 나는 이 그룹에 속한다. 나는 펀더멘털뿐 아니라 가격과 거래량에도 의존한다. 주식을 매수할지 결정할 때 펀더멘털과 기술적 측면 양면에서 고려해야 할 중요한 속성이 있다. 건강한 복합적 접근법은 펀더멘털뿐 아니라 차트를 활용하여 성공 확률을 높인다.

차트는 원인이 아닌 결과다?

기본적인 차트 패턴 중 다수는 대공황 이전인 1900년대 초반에 발견되었다. 그러니 이런 의문이 들 수 있다. 이 거래 패턴들이 먼 과거부터 효과적이었다면 너무 큰 인기를 끌거나 쉽게 구할 수 있어서 우위를 부여하는 능력을 오래전에 잃지 않았을까? 그 답은 단순하다. **차트 패턴은 원인이 아니라 결과다. 수급의 그림은 시장을 좌우하지 않는다. 시장을 좌우하는 것은 인간의 행동이다. 인간의 행동은 지금까지 변하지 않았고, 앞으로도 크게 변하지 않을 것이다.** 따라서 차트 패턴이 진입 및 탈출 타이밍을 잡는 강력한 도구인 것은 분명하다.

지금은 더 많은 정보가 그 어느 때보다 빨리 움직이며, 마우스만 클릭하면 주문을 넣을 수 있다. 그렇다고 해서 인간의 본성이 바뀐 것은 아니다. 지금부터 설명할 차트 기법은 다른 내용과 마찬가지로 주식을 거래할 때 내가 하는 일을 토대로 삼는다. 즉, 나의 일상적 작업, 주식시장에서 30년에 걸쳐 학습, 응용, 연마하면서 거둔 성공의 결실이라는 말이다. 이 기법은 지금도 활용할 수 있다. 또한 역사적 분석에 따르면, 내가 태어나기 수십 년 전에도 효과적이었을 것이다. 1927년으로 거슬러 올라가보면, 당시 RCA가 지금의 AOL과 비슷하게 18개월 동안 721퍼센트나 상승했다. 또 1934년에는 코카콜라가 시장 주도주로 부상했다. 코카콜라는 전반적인 시장이 바닥을 치기 전에 두각을 드러낸 후 580퍼센트 상승했다. 이 엄청난 상승으로 이어지는 단서들은 현재 시장에서 나타나는 단서들과 다르지 않다. 그렇다면 가격 패턴은 시대를 초월하는 것일까?

나는 지금까지 대부분의 시간을 초고수익 종목을 연구하는 데 쏟았다. 그래서 1990년대에 마이크로소프트와 아메리카 온라인의 가격 행태를 초래한 희망과 탐욕, 흥분과 패닉 같은 기본적인 힘이 그보다 수십 년 전 주도주의 주가 움직임에도 나타난다고 설명할 수 있다. 주가는 지금도 과거와 같은 방식으로 움직인다. 이는 의견이 아니라 관찰 가능한 사실이다. 시간을 들여서 공부할 의지가 있는 투자자에게 차트는 펀더멘털 분석과 더불어 귀중한 도구다. 도구함에 있는 모든 도구를 통합하면 초고수익을 추구하기

그림 10.1　아메리카 온라인(America Online, AOL)의 주가 패턴(1995~2005)과 라디오 코프 오브 아메리카(Radio Corp. of America, RCA)의 주가 패턴(1924~1933)

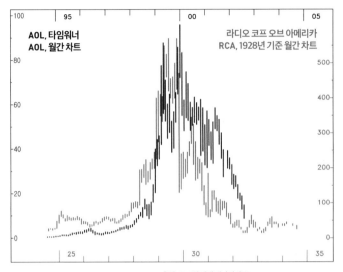

그림 10.1　아메리카 온라인(America Online, AOL)의 주가 패턴(1995~2005)과 라디오 코프 오브 아메리카(Radio Corp. of America, RCA)의 주가 패턴(1924~1933)

출처: 토크빌 애셋 매니지먼트(Tocqueville Asset Management LP) 제공,
톱라인 인베스트먼트 그래픽스(Topline Investment Graphics) 제작, www.topline-charts.com

위해 시너지 효과를 내는 방식으로 활용할 수 있다.

기차가 정시에 오는가?

　지금까지 내 사무실에 들른 사람들은 컴퓨터 모니터를 보며 "이 선들이 무슨 의미를 지니는지 어떻게 알아요? 너무 혼란스러워요"라고 말했다. 그러므로 무엇을 찾을지 알아야 한다. 나는 병원에 가서 심전도 검사를 받을 때 작은 종이띠 형태의 출력물에서 상하로 널뛰는 선들이 무엇을 의미하는지 모른다. 그러나 훈련받은 전문가에게 심장의 활동과 리듬을 차트로 그리는 단순한 절차는 정상과 비정상 여부를 판단하는 데 귀중한 정보를 제공한다. 마찬가지로 주가와 거래량의 그래프를 분석할 때 정상적인 행동인지, 아니면 걱정할 근거가 되는지 확인한다. 따라서 차트는 구체적인 정보뿐 아니라 귀중한 단서도 제공한다.

가격과 거래량 분석은 그 주식이 매집 중인지 또는 분산 중인지(대량 매수 또는 매도)를 파악하는 데 도움이 된다. 가격과 거래량은 명민한 차트 분석가에게 극단적인 위험을 경고한다. 또한 수익을 낼 가능성이 비교적 높은 때가 언제인지도 알려준다. 그러나 차트를 살피는 사람들 중 소수만이 효율적으로 차트를 활용한다. 이들은 탁월한 성과를 올리려면 무엇에 초점을 맞춰야 할지 안다. 모든 경매 시장을 좌우하는 궁극적인 원리는 수급 법칙이다. 건설적인 가격 변동과 잘못된 가격 변동을 구분할 줄 알면 차트를 필터로 활용할 수 있다. 그렇게 최고의 선택지를 찾아내고 성공 확률을 높인다. **핵심은 그 종목이 다음에 무엇을 할지가 아니라, 무엇을 해야 하는지 분명하게 아는 것이다. 그다음에는 기차가 정시에 오는지만 파악하면 된다.**

당신이 매일 아침 6시 5분 기차를 타고 출근한다고 가정하자. 이 기차는 대체로 6시와 6시 10분 사이에 역에 도착한다. 그런데 오늘은 시계를 보니 6시 15분인데도 아직 도착하지 않았다. 그래도 당신은 크게 걱정하지 않고 그저 기차가 조금 늦는 모양이라고 생각할 것이다. 하지만 기차가 7시에도 역에 들어서지 않으면 어떻게 될까? 뭔가 문제가 생긴 것 같다고 생각할 것이다. 시간이 지날수록 문제가 생겼을 가능성은 높아진다. 그런 근거 있는 판단을 할 수 있는 유일한 이유는, 무엇이 정상이고 어떤 일이 생겨야 하는지 알기 때문이다.

초고수익을 안겨줄 후보 종목의 적절한 특성을 파악하면 리스크가 명확해진다. 주식이 예상대로 행동하지 않는 것은 중대한 적색경보다. 매우 엄격한 요건을 충족했고 강력한 잠재력을 지닌 것으로 간주되는 주식이 있다고 하자. 그런데 그 주식이 부실하게 움직인다면 문제가 있는 것이다. 무엇을 해야 하는지 알면 전반적인 여건에서 주식이 정확하게 또는 부정확하게 행동하는 때를 감지할 수 있다. 어떤 양상이 전개되어야 하는지 알기 때문에 다르게 행동하면 발을 빼기가 훨씬 쉬워진다.

먼저 해야 할 일

내가 보기에 아마추어들이 차트를 활용할 때 거듭 저지르는 실수는 첫 번째 단계, 즉 큰 그림을 무시하는 것이다. 차트가 가장 먼저 보여주는 정보는 전반적인 추세다. 추세가 상향인지, 하향인지, 아니면 횡보 패턴으로 움직이는지(즉, 1단계인지, 2단계인지, 3단계인지, 4단계인지)를 알 수 있다. 먼저 장기 추세가 상향(2단계)임을 파악하고, 특정 종목이 주의를 기울일 만한 후보 종목이라는 증거를 확인하라. 그 종목은 주도주일 수도 있고, 실적 개선 종목일 수도 있으며, 심지어 씨클리컬cyclical일 수도 있다. 그다음에는 최적의 매수 시기를 고민해야 한다. 즉 방아쇠를 당겨서 포지션을 취할 적기가 언제인지 판단해야 한다. 이처럼 차트 분석은 종목을 선택하고 진입 타이밍을 잡는 데 중요하다.

차트 분석에 대한 첫 번째 조언은 진공 상태에서 바라보면 안 된다는 것이다. 나는 대부분의 차트 분석 작업에서 기존 추세가 지속되는 양상을 토대로 삼는다. 이 개념은 나의 접근법에서 근본적인 의미를 지닌다. 수익을 극대화하려면 상승 추세에 있는 종목을 선정하여 상승 모멘텀을 활용해야 한다. 기관투자자들의 자금이 유입되기 전에 올라타려 하면 안 된다. 그보다 상승 모멘텀이 계속해서 증가하고, 매수 시 실패할 확률이 상대적으로 낮은 구간을 찾아야 한다. 나는 진입 타이밍을 잡을 때 이전 상승 추세의 맥락 안에서 상승이 잠시 멈추거나 쉬어가는 보합 구간을 찾는다. 안타깝게도 차트에서 베이스 패턴이 잘 형성되었다는 이유만으로 주식을 매수하는 투자자가 너무 많다. 그들은 바닥이라고 생각하고 매수한 그 베이스가 장기 하락 추세의 맥락 안에 있다는 사실을 간과한다.

장기 하락 추세에 속하는 '좋은 베이스'에서 롱 포지션을 잡는 것은 폐렴에 걸렸는데도 낮은 콜레스테롤 수치만 보고 건강하다고 말하는 것과 같다. 이 경우 콜레스테롤 수치가 좋아도 훨씬 심각한 문제에 직면할 수 있다. **현재의 차트 패턴이 양호한지 여부는 장기 추세의 맥락 안에서 차지하는 위치에 따라 다르다. 너무 초반이면 하락 추세를 재개할 위험이 있다. 너무 후반이면 상승 추세의 후기 베이스에서 매수하여 실패할 위험이 있다.** 반면 거래 타이밍을 정확하게 잡으면 아주 두둑한 수익을 낼 수 있다.

나는 절대 장기 추세를 거스르지 않으며, 2단계 상승 추세에서 롱 포지션을, 4단계 하락 추세에서 숏 포지션을 잡으려 노력한다. 그게 전부다. 꾸준하게 수익을 내고 성공 확률을 높이려면 체계적인 방식으로 거래해야 한다. 지금부터 보여줄 단계별 접근법은 일종의 절차다. 이 절차의 첫 부분은 현재의 차트 패턴을 검증하는 것으로, 전반적인 추세의 토대 위에서 종목을 걸러내야 한다. 그다음 너무 많은 사람이 추종할 만큼 명백해지기 전에 보합 구간에서 부상할 때 매수해야 한다.

다만 현재의 차트 패턴은 맥락에 따라 살펴야 한다. 장기 추세가 상방이 아니라면 그 주식은 매수 후보 종목으로 적합하지 않다. 따라서 큰 그림을 잊어서는 안 된다. 격언이 말하듯이, 추세는 당신의 친구다. 그러나 맞서려 들면 추세는 최악의 적이 된다. 성공 확률을 높이기 위해서는 확실하게 상향 추세에 따라 움직이는 종목을 고수하라. 주가가 장기적인 하락 추세에 있으면 매수를 고려하지도 마라.

보합 구간을 찾아라

2단계 상향 추세를 파악했다면 다음 단계는 지속적인 상승을 가능하게 하는 여건, 바로 적절한 베이스를 찾는 것이다. 모든 베이스가 아니라 적절한 베이스라고 말한 점에 주목하라. 누구라도 차트를 보고 횡보하는 종목을 파악할 수 있다. 하지만 그저 횡보하는 것만으로는 부족하다. 정확히 무엇을 찾아야 할지 알아야 한다.

건설적인 보합 구간은 휴식 또는 소화의 시기로, 그동안의 움직임에 따른 일시적인 수익 실현이 이뤄진다. 그 결과 주가는 평형 또는 조정 모드로 접어든다. 대개 조정이 이뤄지는 동안 절대 고점에서 저점까지 퍼센트 기준으로 가장 적게 떨어지는 종목을 고르는 것이 좋다. 매집이 이뤄지는 종목은 장기

그림 10.2 매수를 고려하기 전 2단계

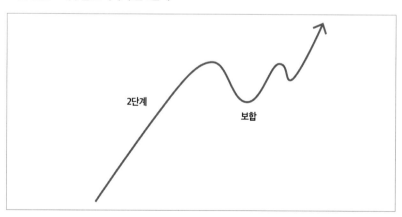

상향 추세에 속하는지 확인하라. 매수를 시작할 적절한 시점은 주가가 적절한 보합 구간에서 빠져나오는 때다.

상향 추세의 맥락 안에서 휴식과 보합을 거친 다음 상승을 이어간다. 이런 상황 중 대다수는 명확한 신호를 드러낸다. 3주에서 많게는 60주 동안 특정한 발자국을 남기는 것이다. 이 발자국에는 매수 또는 매도 여부를 판단할 수 있게 해주는 다양한 뉘앙스가 남겨 있다.

변동성 축소 패턴

대다수 투자자는 잘못된 시기에 주식을 매수하고 싶은 욕구를 어쩌지 못한다. 대개 주가가 하락할 때 그렇다. 나는 이런저런 종목을 어떻게 생각하냐는 질문을 많이 받는다. 99퍼센트의 경우 "지금은 매수하지 않을 겁니다"라고 답한다. 그 이유는 보상이 위험보다 큰 특정 지점에서만 매수한다는 엄격한 원칙을 갖고 있기 때문이다. 그러면 어떻게 그 지점을 파악할까?

내가 꾸준히 따르고 실행하는 하나의 공통된 원칙 또는 성배가 있다면, 바로 변동성 축소라는 개념이다. **나는 모든 거래에서 이 핵심 특성을 살핀다. 사실상 모든 건설적인 가격 구조(매집 진행 중)의 공통적인 특징은 베이스의 특정 영역에서 변동성이 축소되는 동시에 거래량도 크게 줄어든다는 것이다.** 나는 이 양상을 설명하기 위해 '변동성 축소 패턴VCP, volatility contraction pattern' 개념을 활용한다.

우리의 목적에 비추어 보면, VCP는 수급에 따른 진입 구도의 일부다. VCP의 주된 역할은 저항이 가장 적은 선에서 정확한 진입 지점을 파악하는 것이다. 나는 모든 차트 패턴에서 변동성이 왼쪽에서 오른쪽으로 갈수록 줄어드는지 확인한다. 이때 주가 베이스의 왼쪽에서 변동성이 크다가 오른쪽에서 작아져야 한다.

축소 횟수 계산

나는 1995년 2월에 손잡이가 달린 컵 패턴에서 부상하는 FSI인터내셔널 종목을 매수했다. 이 주식은 2단계 상승 추세에서 완벽한 VCP의 특성을 드러냈다. 보합 구간은 10주 동안 이어졌으며, 컵 구간에서 18퍼센트의 조정이 이뤄졌고, 손잡이 구간에서는 주가가 5퍼센트만 떨어졌다. 베이스의 맨 오른쪽에서 가장 조밀한 진입 구도가 형성되는 동안 거래량이 줄어든 점에 주목하라. 나는 11주 차에 주가가 손잡이 구간의 고점을 뚫을 때 매수했다. 주가는 이 지점에서 130퍼센트 상승했다.

VCP 기간 동안, 대개 2~6번의 축소가 연속적으로 이뤄진다. 예를 들면, 처음에는 주가가 절대 고점에서 저점까지 25퍼센트 떨어지고, 뒤이어 약간 상승하다가 다시 15퍼센트 급락한다. 그러다가 매수자들이 다시 들어오면서 주가가 약간 오른 후 최종적으로 8퍼센트 떨어진다. 특정 지점에서 거래량이 감소하는 것과 더불어 점차 가격 변동성이 줄어드는 것은 마침내 베이스가 완성되었음을 뜻한다.

일반적으로 나는 각각의 축소가 이전의 조정 또는 축소분의 약 절반(여기에 적절한 정도의 가감) 수준에서 멈추는 것을 선호한다. 고점에서 저점까지의 거리로 측정되는 변동성은 매도자들이 서둘러 수익을 실현할 때 가장 커진다. 이후 매도자가 줄면 가격 조정폭은 이전보다 줄어들고, 변동성은 감소한다. 대다수 VCP 진입 구도는 2~4번의 축소를 통해 형성된다. 때로는 최대 5~6번의 축소가 이뤄질 수도 있다. 이런 변동은 또한 축소의 대칭이 이뤄졌음을 보여주는 패턴을 형성한다. 나는 이런 축소를 'T'라 부른다.

모든 가격 패턴이 VCP 특성을 드러내지는 않는다. 즉, 다바스 박스_{Darvas box} 패턴(오닐의 스퀘어박스 패턴_{squarebox pattern}과 같은 것이라 봐도 된다—감수자)이

그림 10.3　FSI인터내셔널(FSII), 1995

나는 1995년 2월에 전형적인 VCP 패턴에서 부상하는 FSII 종목을 매수했다. 이후 주가는 7개월 동안 130퍼센트 상승했다.

나 4~7주 동안 지속되는 평평한 베이스_{flat base}(주봉의 종가가 지난주에 비해 1% 내외인 매우 좁은 범위에서 형성되는 패턴—감수자) 구조 같은 변형도 있다. 이런 유형의 베이스에서는 진정한 변동성 축소가 이뤄지지 않는다. 고점에서 저점까지 약 10~15퍼센트의 조정이 나오는 가운데 주가가 횡보하면서 조밀하고 좁은 패턴 또는 박스 형태를 유지하기 때문이다. 또는 주가가 25퍼센트에서 10퍼센트, 5퍼센트까지 변동성을 줄이면서 전형적인 VCP 진행을 보여줄 수 있다.

그림 10.4   변동성 축소 'T'의 사례

그림 10.5   W. R. 그레이스(W. R. Grace, GRA), 2004

2004년에 GRA는 3번에 걸쳐 변동성을 줄이면서 강력한 상승을 위한 토대를 마련했다. 이후 주가는 55일 동안 147퍼센트 상승했다.

기술적 발자국

각 종목은 보합 구간을 지나는 동안 고유한 흔적을 남긴다. 이 흔적은 발자국처럼 멀리서 보면 비슷하다. 그러나 초점을 좁혀서 보면 모두 다르다.

그에 따른 특성을 나는 해당 종목의 기술적 발자국이라 부른다. **즉각 구분되는 VCP의 속성은 축소 횟수(대개 2~4번 사이), 베이스 구간의 상대적 깊이, 베이스 구조의 특정 지점과 연계된 거래량 수준이다.** 나는 매주 수백 개 종목을 살핀다. 그래서 야간에 정리한 내용과 각 종목의 발자국에 대한 기호를 신속하게 검토하여 빠르게 종목을 훑어볼 수 있는 방법을 만들었다. 이는 세 가지 요소로 구성된다.

1. **시간**: 베이스가 시작된 지 며칠 또는 몇 주가 지났는가?
2. **주가**: 최대 가격 조정폭은 얼마나 깊었으며, 베이스의 맨 오른쪽에서 최소 기간 조정폭은 얼마나 얕았는가?
3. **대칭**: 베이스 구간에서 몇 번의 축소가 이뤄졌는가?

키가 1미터 82센티미터에 체중이 104킬로그램이며 허리둘레가 43인치인 사람의 모습을 머릿속으로 그릴 수 있듯이, 나는 어떤 주식의 '치수'를 알면 그 발자국을 가늠할 수 있다. 이는 차트를 보지 않고도 바닥의 핵심 측면을 이해하는 데 도움이 된다. 메리디언 바이오사이언스^{Meridian Bioscience}의 사례를 살펴보자. 이 종목의 경우 2단계 상승 추세의 중간 부분에서 일련의 변동성 축소가 이뤄졌다. 이는 상승을 이어가기 전에 나오는 보합 국면이었다. 실제로 메리디언 바이오사이언스의 주가는 4번의 축소(4T)를 거친 후 40주 보합 구간을 돌파했다. 그 후로 15개월 동안 100퍼센트 넘게 상승했다.

그림 10.6은 점선으로 표시된 베이스 안에서 나온 4번의 변동성 축소를 보여준다. 첫 번째 축소는 2006년 4월에 시작되었다. 이때 주가는 19달러에서 13달러로 떨어지면서 고점에서 저점까지 31퍼센트의 가격 조정을 겪었다. 뒤이어 주가는 상승하다가 다시 보합 국면으로 접어들었다. 그에 따

라 17달러 약간 밑에서 14달러 아래로 떨어지면서 17퍼센트의 조정을 겪었다. 이는 변동성이 축소된다는 첫 번째 신호였다. 두 번째 조정 이후 주가는 다시 상승했다. 이번에는 17달러를 조금 넘었다가 16달러 아래로 하락했다. 그 결과 약 8퍼센트라는 훨씬 좁은 구간이 형성되었다. 이 지점에서나는 이 종목에 관심을 갖기 시작했다(저자가 보합 기간을 40주로 잡고 매수의참고 자료로 중시하는 이유는 베이스의 형성 기간이 길수록 피봇 포인트를 돌파할 때상승폭이 더 높기 때문이다. 메리디언 바이오사이언스는 40주간 베이스를 형성하면서상승 에너지를 축적했다—감수자).

그림 10.6 기호로 표시한 VCP 발자국: 40W 31/3 4T

끝으로 2주 동안 아주 적은 거래량으로 3퍼센트에 불과한 짧고 얕은 조정이 이뤄졌다. 그에 따라 피봇 매수 지점_{pivot buy point}이 형성되었다. 이는 매도 물량이 말랐다는 의미였다. 시장에 나오는 공급 증가분이 줄면서 수익 실현 물량이 소진된 것이다. 연이어 가격 변동성과 거래량이 줄어드는 가운데 4번의 T를 거친 주가는 매수를 위해 재고 물량을 요구한다면 급등할 준비가 되어 있었다. 나는 2007년 1월에 거래량이 확연히 늘어나는 가운데 주가가 피봇 매수 지점인 18달러를 뚫었을 때 진입했다. 이후 주가는 15개월 동안 118퍼센트 상승했다.

변동성 축소는 무엇을 말해주는가?

매집 구간에서 주가의 보합은 궁극적으로 강한 투자자들이 약한 트레이더들의 물량을 흡수하고 있음을 뜻한다. '위크 핸드_{weak hands}(투자 기업에 대한 확신이 없어서 잘 버티지 못하는 투자자들을 가리킴—옮긴이)'들이 제거되면 공급 부족에 따라 주가가 오른다. 재고가 거의 동났기 때문에 적은 수요에도 가격이 크게 상승하기 때문이다. 이를 '최소 저항선_{line of least resistance}'이라 부른다. **대개 절대 고점에서 저점까지 거리가 짧고, 일간 및 주간 종가가 밀집_{tight} _{close}**(종가의 변화폭이 1% 내외로 매우 적은 것—감수자)**되는 것은 좋은 신호다.** 이 조밀한 구간에서는 거래량이 크게 줄어야 한다. 일부 경우에는 거래량이 마르거나, 주가가 상승하기 시작한 이후 최저치 근처로 줄어든다. 이는 매우 긍정적인 전개다. 특히 조정 및 보합 구간 이후인 경우에는 더욱 그렇다. 시장에 나오는 물량이 줄었다는 확실한 신호이기 때문이다. 매집 구간을 지나는 주식은 언제나 이런 특성(조밀한 가격 구간 및 거래량 감소)을 보인다. 따라서 베이스의 오른쪽에서 매수를 시작하기 전에 이 부분을 확인해야 한다. 이런 특성은 소위 '피봇 매수 지점'을 형성한다. 거래량이 늘어나는 가운데 주가가 피봇 지점을 넘어설 때가 매수 타이밍이다.

이는 기존 추세가 지속될 타이밍을 성공적으로 잡는 데 있어 매우 중요한 개념이다. 최선의 상황이 나오려면 변동성이 축소되는 동안 거듭 확인할 수 있는 특정 지점에서 거래량도 줄어야 한다(저자는 베이스를 왼쪽과 오른쪽으로 나누어 설명하는데, 왼쪽에서 변동성이 심하다가도 오른쪽에서 변동성과 거래량이 축소되는 것을 중요시했다—감수자).

내가 VCP 개념을 고안한 이유는 미완성 주가 베이스의 일반적인 패턴에 의존하는 사람이 너무 많았기 때문이다. 그들은 이 베이스 구조에서 가장 중요한 요소들을 간과했다. 이 요소들은 베이스 구조를 무효화하고 무너지

그림 10.7   USG

2006년에 USG 주식은 이전 상승 기간 후에 보합 구간을 거치면서 VCP 패턴을 만들었다. 이후 주가는 4달 동안 85퍼센트 상승했다.

기 쉽게 만들 수 있다. **당신이 경험한 모든 무너진 베이스 구조는 간과한 일부 잘못된 속성에 그 원인이 있다고 장담할 수 있다.** 많은 책이 기술적 패턴을 피상적으로 기술한다. 패턴 인식 훈련은 종종 당신을 잘못된 길로 이끄는데, 이는 공급과 수요의 역학을 이해하지 못하기 때문이다. 이 힘은 '헤드 페이크_{head fakes}(농구에서 공격수가 머리 움직임으로 수비수를 속이는 것―옮긴이)'가 아닌 성공 확률이 높은 매수 지점을 만들어낸다. 공급과 수요의 역학을 조금 더 자세히 살펴서 실제로 어떤 일이 일어나는지 알아보자.

매물대 감지하기

주가가 조정을 받아서 하락하면 불가피하게 전고점 부근에서 매수했다가 손실을 안은 채 물리는 매수자들이 생긴다. 그들은 늘어나는 계좌 손실에 괴로워하면서 반등 랠리를 통해 매도할 기회를 초조하게 기다린다. 손실이 커지고 시간이 지날수록 그들 중 다수는 본전만 찾아도 기뻐할 것이다. 그에 따라 손익분기점 근처에서 빠져나가고 싶어 하는 투자자들이 매도 대기 물량을 쏟아 낸다. 그들은 롤러코스터를 타는 듯한 고난을 겪으면서 본전을 찾을 수 있기를 간절히 바란다.

공급 문제를 악화시키는 것은 또 다른 매수자 집단이다. 그들은 손실을 안은 채 손익분기점을 기다리는 물린 매수자들과 다르다. 그들은 운 좋게도 바닥에서 매수한 덕분에 이제 아주 근사한 수익을 축적한 상태다. 주가가 전고점 근처로 반등하고 물린 매수자들이 본전을 찾을 무렵이 되면, 그들도 보유 물량을 매도하여 단기간에 올린 수익을 확정하고 싶어 한다. 이 모든 매도는 베이스의 오른쪽에서 조정을 초래한다. 이때 기관이 매집한 종목이

그림 10.8   수급 역학의 이론적 사례

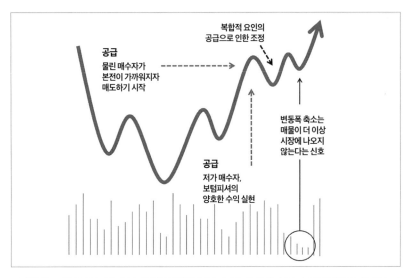

거래량이 크게 줄어든 가운데 주가 변동폭이 줄어드는 것은 시장에 나오는 물량이 멈췄으며, 최소 저항선이 확립되었음을 뜻한다.

라면 왼쪽에서 오른쪽으로 갈수록 변동성이 줄어들 것이다. 대형 플레이어들이 공급 물량을 흡수하기 때문이다. 주가가 VCP를 그리며 일련의 축소 과정을 거치는 것은 단순히 수요와 공급의 역학이 작동하는 양상이다. 또한 이는 질서 있게 손바뀜이 일어나고 있음을 뜻한다. 이 경우 약한 보유자로부터 강한 보유자로 손이 바뀌는 자연스러운 과정이 진행될 때까지 기다려야 한다. **손절을 사용하는 트레이더로서 당신은 약한 보유자다. 핵심은 최후의 약한 보유자가 되는 것이다. 그러므로 당신은 매수하기 전에 다른 약한 보유자들이 나가떨어질 때까지 기다려야 한다.**

시장에 나오는 물량이 멈췄다는 증거는 거래량이 크게 줄고, 가격 변동도 확연하게 잦아드는 양상을 통해 드러난다. 이 요건을 적용하면 매수자가 몰리는 거래를 피할 수 있다. 이런 주식은 사람들의 관심망에 잡히지 않을 가능성이 높다. 이는 성공 확률을 높여준다. 보합 구간의 오른쪽에서 주가와 거래량의 변동이 잦아들지 않으면 여전히 시장에 물량이 나오고 있을 가능성이 높다. 이런 주식은 너무 위험하다.

왜 신고가 부근에서 매수해야 할까?

주식시장에서 가장 흔히 듣는 말 중 하나는 "저가 매수, 고가 매도"다. 이 말은 대다수 사람들이 주식으로 돈을 버는 방법에 대해 생각하는 방식과 동의어가 되었다. 물론 수익을 내려면 매도 가격보다 낮은 가격에 매수해야 한다. 그렇다고 해서 반드시 역사적 저점이나 그 근처에서 매수해야 하는 것은 아니다. 시장은 개인적 의견이나 전문가의 예측보다 더 정확하다. 새로운 강세장의 초반에 52주 신고가를 찍는 주식은 태동기에 있는 대박 주식일 수 있다. 반면 52주 신저가 근처에 있는 주식은 기껏해야 매물대를 처리해야 하며, 상방 모멘텀이 부족하다. 이런 주식은 연이어 저점을 낮출 수 있다. 신고가를 찍은 주식은 맞서 싸울 매물대가 없다. 이런 주식은 "내가 뭔가 일을 벌이는 중인데, 사람들이 눈치채고 있네?"라고 말한다. 반면 신저가를 찍는 주식은 명백히 부진하다. 이런 주식은 투자자의 관심을 끌지 못하거나, 기관에 의해 대량으로 매도된다.

"2단계 조건이 충족될 때까지 기다리고 싶지 않아"라고 말하는 사람들이 있다. 이들은 주가가 저점에서 벗어날 때 일찍 진입하고 싶어 한다. 문제는 초기 단계에서는 아무런 확증이 없다는 것이다. 해당 주식이 기관 매수세를 끌어들이고 있다는 걸 어떻게 알까? 근본적인 토대가 없으면 좋게 출발해도 탈선할 수 있다. 그러면 곧 무너질 반등 종목을 사는 꼴이 된다. 이런 종

그림 10.9 테이저(TASR)

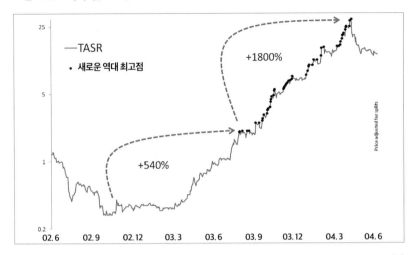

TASR 주가는 540퍼센트 상승하여 역대 최고점에 이르렀으며, 해당 지점에서 추가로 1,800퍼센트 상승했다.

차트 제공: 롱보드 애셋 매니지먼트(Longboard Asset Management)

그림 10.10 야후(YHOO)

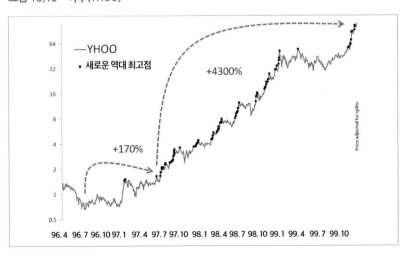

YHOO의 주가는 170퍼센트 상승하여 역대 최고점에 이르렀으며, 그 지점에서 추가로 4,300퍼센트 상승했다.

차트 제공: 롱보드 애셋 매니지먼트

그림 10.11 　마이크로소프트(MSFT)

MSFT의 주가는 1989년에 역대 최고점을 찍은 이후에도 54배나 상승했다.

차트 제공: 롱보드 애셋 매니지먼트

그림 10.12 　몬스터 베버리지(MNST)

MNST의 주가는 2003년 8월에 기록한 역대 최고점을 넘어 8,000퍼센트 더 상승했다.

차트 제공: 롱보드 애셋 매니지먼트

목은 1단계의 이도 저도 아닌 상태에 머물거나, 더 나쁘게는 버티지 못하고
하락한다.

어떤 주식은 대규모 거래량이 뒷받침하는 가운데 확실한 2단계 상승 추세를 타고 새로운 고지에 이른다. 기관은 포지션을 취하면서 주가를 밀어올린다. 그 이유는 해당 기업의 펀더멘털이 탄탄하며, 미래 전망은 더욱 좋다고 믿기 때문이다. 그림 10.11과 10.12에서 주가가 역대 최고가를 찍을 때까지는 본격적인 열광이 시작되지도 않는다는 사실을 확인할 수 있다.

어떤 주식이 20달러에서 80달러까지 상승하면서 초고수익 종목이 되는 유일한 방법은 줄곧 신고가를 찍는 것이다. 주가가 50달러에서 100달러로 뛴 다음 300달러까지 오르는 종목의 경우도 마찬가지다. 몬스터 베버리지는 2003년 말에 역대 최고점을 기록했다. 이때 주가가 너무 높아 보인다는 이유로 두려워서 매수하지 않았다면 커다란 기회를 놓쳤을 것이다. 몬스터 베버리지는 2006년 초까지 8,000퍼센트 상승했다.

깊은 조정 패턴은 붕괴에 취약하다

주가가 급락하는 경우, 기업이나 산업에 심각한 문제가 있거나 약세장이 전개되고 있을 가능성이 높다. 고점에서 50~60퍼센트 떨어진 가격에 거래된다고 해서 그 종목이 싸다고 결론 내려서는 안 된다. 첫째, 이 정도 수준의 하락은 펀더멘털 측면에서 심각한 문제가 있는 경우가 많다. 둘째, 아직 펀더멘털에 문제가 없더라도 하락폭이 깊은 종목은 대규모 매물대와 맞서야 한다. 하락폭이 깊을수록 물린 매수자들이 가하는 부담이 커진다. 끝으로, 주가가 많이 하락할수록 반등 시 매물대 부근에서 수익 실현 물량이 늘어난다. 수익폭이 클수록 바닥 매수자들이 매도할 가능성이 높아진다. 대규모 약세장 조정이 이뤄지는 동안 일부 종목은 최대 50퍼센트 하락한 후에도

그림 10.13 맨카인드(Mankind, MNKD), 2009~2012

MNKD 주식은 전고점 근처까지 반등했지만 매물대에 직면했다. 이 지점에서 매도세가 주가를 급락시켰다. 이듬해에도 같은 상황이 반복되었다.

그림 10.14 트래블주(Travelzoo, TZOO), 2011

대규모 조정으로 TZOO는 매물대에 취약해졌다. 이후 주가는 12주 동안 80퍼센트 하락했다.

여전히 잘 풀릴 수 있다. **나는 60퍼센트 이상 조정받은 종목은 매수하지 않는다. 그 정도의 하락은 심각한 문제가 있는 경우가 많다. 대부분의 건설적인 진입 구도는 10~35퍼센트 정도만 조정된다.** 많이 조정받는 종목보다 적게 조정받는 종목에 집중하면 성공할 확률이 높아진다. 대부분의 여건에서 전체 시장보다 2~3배 이상 조정받는 종목은 피해야 한다.

시간 압축

주가가 베이스 오른쪽에서 너무 빨리 오르면 해로운 '시간 압축_{time compression}'이 이뤄진다. 대부분 이런 종목은 당분간은 피해야 한다. 시간 압축은 V자형 가격 변동을 보이거나 적절한 오른쪽 전개 과정이 생략된 형태로 드러난다. 건설적인 가격 보합은 일정한 대칭성을 지니는 경향이 있다. 즉, 쌓인 공급 물량을 소화하고 처리하는 데 시간이 걸린다는 말이다. 급등락은 약한 보유자들을 솎아낼 시간을 주지 않는다. 강한 보유자들이 약한 플레이어들을 대체하려면 시간이 걸린다. 주식이 건설적인 보합 구간을 거칠 만큼 충분한 시간을 줘야 한다. 그래야 즉각적인 매도세의 사슬에 얽매이는 일 없이 상승 기조를 이어갈 수 있다.

적절한 베이스 다지기 기간은 조정폭에 따라 3주에서 길게는 65주 동안 지속될 수 있다. 가격 변동이 VCP 속성을 드러내야 한다는 요건을 적용하면 공급이 줄어드는 종목을 찾아낼 확률이 높아진다. 이런 종목의 경우 적절한 매수 지점이 형성되어 즉각적이고 지속적인 상승으로 이어진다.

그림 10.15　마그나 인터내셔널(Magna Intl. Inc., MGA), 2010

2010년 11월에 MGA 주식은 베이스의 오른쪽에서 너무 빨리 급등했다. 그 결과 저위험 매수 지점을 형성하는 데 오랜 시간이 필요했다. 이후 주가는 3개월 동안 140퍼센트 상승했다.

그림 10.16　트로이그룹(Troy Group Inc., TROY), 2000

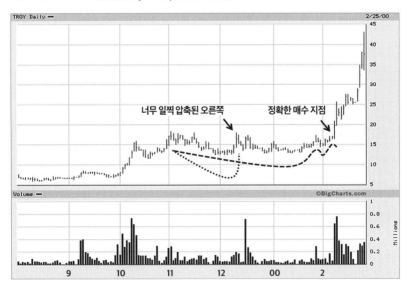

TROY 주식은 적절한 보합 구간을 형성할 시간이 필요했다. 이는 매우 강력한 상승의 토대가 되었다. 이후 주가는 14일 동안 146퍼센트 상승했다.

흔들기

변동성이 축소되고 시간 압축이 없는 것과 더불어 베이스에서 털어내기가 이뤄지는지 확인해야 한다. 대부분의 개인 투자자들이 당하는 지점이기도 하다. 예를 들어, 40달러에 어떤 주식을 매수했다고 가정하자. 지난 몇 달 동안 여러 번에 걸쳐 그 주식이 최저 35달러에 거래되다가 반등했다는 사실을 파악했다면, 이는 35달러를 지지선으로 볼 만한 근거가 된다. 이 경우 35달러 바로 밑에 손절선을 정하는 것이 논리적이다. 문제는 이런 판단을 한 사람이 당신 말고도 많다는 것이다. **시장에서 내가 보는 것은 다른 사람도 본다는 사실을 잊지 마라.** 다른 투자자들은 35달러 아래 어딘가에 손절선을 두는 게 당연하다고 생각할 것이다. 그러나 주식시장에서 너무나 당연한 일이 통하는 경우는 드물다. 당신이 40달러에 주식을 매수한 직후에

그림 10.17 딕스스포팅굿즈(DKS), 2003

2003년 2월에 DKS 주식은 2002년 12월 저점을 뚫으면서 털어내기를 했다.

그림 10.18　메리디언 바이오사이언스(VIVO), 2007

VIVO 주식은 여러 주요 지점에서 주가가 전저점을 뚫으면서 건설적인 털어내기를 진행했다.

그림 10.19　데커스 아웃도어(DECK), 2006

DECK의 주가는 베이스 저점과 오른쪽의 손잡이 구간에서 전저점 아래로 흘러내렸다.

주가가 급락한다. 이번에는 주가가 35달러 밑으로 떨어진다. 결국 손절 주문이 다수 나오고, 그에 따라 주가는 더 떨어진다. 35달러 바로 밑에 손절선을 정한 다른 사람들과 마찬가지로, 당신도 포지션에서 밀려난다. 이 매도세가 소진되면 주가는 당신을 태우지 않은 채 반등한다. 이런 상황이 낯설지 않은가? 그렇다면 털어내기에 당한 것이다.

성공 확률을 높이려면 주가가 베이스를 만드는 동안 특정 주요 지점에서 1번 또는 여러 번 털어내기가 이뤄지는지 확인해야 한다. 털어내기는 약한 보유자들을 제거하여 주가가 지속적으로 오르게 한다. 리스크를 줄이기 위해 엄격한 손절 주문을 활용하는 당신도 약한 보유자라는 사실을 명심하라. 다시 말해, 더 큰 손실을 입을 가능성으로부터 자신을 보호하기 위해 비교적 사소한 조정이 이뤄지는 동안 주식을 매도할 것이다. 그렇다고 해서 손절 원칙이 잘못되었다는 말은 아니다. 손절 시스템은 필수적이다. 그러나 손절 관행은 일부 상승 종목에서 불가피하게 당신을 털어낼 것이다. 진입하기 전에 털어내기를 드러내고 소화한 베이스 형태를 파악하면, 안장에서 내던져질 가능성이 낮아진다.

가격 변동을 이해하는 명민한 투자자는 매수하기 전에 베이스 구간에서 털어내기가 이뤄진 증거를 확인한다. 털어내기는 베이스를 완성하는 시점에 매수 지점을 강화한다. 주요 지지 구간은 아마추어들에게도 뻔히 보인다. 즉, 프로에게는 함정을 놓을 뻔한 구간이 된다. 이 구간은 지뢰밭처럼 손절선으로 가득하다. 그래서 주가가 인계철선을 건드리면 터질 준비가 되어 있다. 이 책에서 다루는 범위를 넘어선 얘기이기는 하지만, 명백한 지지 구간이 뚫려서 아마추어들이 설정한 손절 주문이 발동되는 상황만 전문적으로 노리는 전문 투자자들도 있다.

다만 혼동하지 말아야 할 점이 있다. 털어내기가 이뤄지는 동안에는 하락 종목을 매수할 때가 **아니라고** 생각할지 모른다. 그러나 우리는 해석자이지, 예측자가 아니다. 지지 구간을 뚫는 베이스가 형성될 경우, 이는 털어내기일 수도 있고 급락 또는 장기적 하락 국면에 접어드는 것일 수도 있다. 주가 하락이 털어내기로 끝날지 말지 지켜봐야 할 이유가 여기에 있다. 거래에 들어가기 전에 베이스의 크기와 규모에 따라 1~2번 또는 3번에 걸쳐 털어내기가 진행되는 것이 이상적이다. 털어내기는 베이스의 저점, 오른쪽 그리고 손잡이나 피봇 구간에서 발생할 수 있다.

수요의 증거를 확인하라

지금까지 가격 변동에 따른 발자국을 토대로 우리의 요건을 충족하는 후보 종목을 파악했다. 이 시점이 되면 2단계 상승 추세에 있는 종목을 확인할 수 있다. 상승 추세가 소화되는 동안 사람들은 보유 물량을 매도하여 수익을 실현할 것이다. 따라서 어느 정도 조정이 이뤄질 것으로 예상할 수 있다.

이때 진즉에 수익을 실현하지 못했다고 후회하는 사람들이 생긴다. 이들은 주가가 반등하면 발을 뺄 것이다. 우리가 확인해야 할 것은 그다음에 일어나는 일이다. 매도세가 진정된 후에도 여전히 해당 종목을 매수하려는 사람들이 있는가? 투매 후 대형 수요가 들어와 주가를 더 밀어 올리는가, 아니면 상승이 끝났는가? 가격과 거래량 변동을 자세히 관찰하면 이런 문제에 대한 통찰을 얻을 수 있다.

이 시점에서는 기관의 매집 신호에 초점을 맞추고 살펴야 한다. 매집 신호는 주가의 급등으로 나타난다. 급등은 대개 베이스에서 나오는 조정폭의 저점 그리고 베이스의 오른쪽에서 이뤄진다. 이런 가격 변동은 대규모 거래량을 수반할 때 신뢰성을 얻는다. **압도적인 거래량이 실린 가격 급등은 기관의 매수를 뜻하곤 한다. 기관의 매수는 바로 우리가 찾는 것이다. 털어내기 이후 주가가 대규모 거래량을 수반한 채 상승하는 것은 좋은 신호다.**

급등은 갭의 형태로 등장할 수 있다. 갭은 주가가 이전에 기록된 수준보다 크게 높거나 낮게 기록될 때 발생한다. 대개 이런 현상은 개장 시에 쉽게 관찰할 수 있는데, 거래량이 적은 종목의 경우 일중에도 갭이 발생한다. 갭은 대규모 거래량을 수반하곤 한다. 상방 갭은 예상을 뛰어넘는 영업이익이나 바람직한 업계의 변화 또는 증권사의 투자 의견 상향 같은 호재에 따른 결과다. 갭은 인식을 긍정적인 방향으로 바꾸고 매수세를 창출하는 펀더멘털 측면의 변화로 생기는 것이 이상적이다. 많은 경우, 갭은 주간 차트에도 나타난다. 이

그림 10.20 메리디언 바이오사이언스(VIVO), 2007

VIVO 주식은 저점에서 강한 매수세를 드러낸 후 베이스의 오른쪽에서 건설적인 변동성 축소 양상을 보인다.

런 갭을 살펴서 대형 기관 매수자가 그 종목을 매집 중인지 판단해야 한다.

그림 10.20은 메리디언 바이오사이언스의 주가가 처음에는 하락하면서 5월에 저점을 찍는 양상을 보여준다. 이 저점은 7월에 뚫렸다. 이후 주가는 급반등한 후 단기적인 조정을 거쳐 상방으로 큰 갭을 냈다. 이 갭은 강한 매수세를 반영하는 거래량 급증을 수반했으며, 10월에는 횡보 패턴이 전개됐다. 이후 9월 저점을 뚫는 하락이 나오면서 또 다른 털어내기가 촉발되었다. 그다음부터 전반적인 등락폭이 조밀해지기 시작하는 양상에 주목하라. 대형 매수세(갭), 거래량이 적은 조정, 베이스에서 이뤄진 여러 번의 털어내기, 등락폭 축소의 조합은 이 종목에 대한 매집이 진행되고 있다는 충분한 증거가 된다. 12월에 등락폭이 축소되면서 손잡이 구간이 형성될 때도 2번의 작은 털어내기가 일어난다. 이는 매수 패턴에 더욱 힘을 보탠다. 한 가지 측면만으로는 뛰어난 매수 지점이 형성되지 않는다는 점을 명심하라. 그보다는 이 모든 요소가 조합되어야 한다.

급증한 거래량을 수반하는 큰 폭의 급등은 기관이 대량으로 그 주식을 사들이고 있음을 나타낸다. 한편, 급락은 나오지 말아야 한다. 다시 말해 상승일의 거래량이 하락일의 거래량보다 훨씬 많아야 한다. 또한 급등 시의 상승폭은 크고, 하락 시에는 거래량이 적어야 한다.

딕스스포팅굿즈의 주가는 12월 저점을 뚫은 후 대규모 거래량을 수반한 채 급반등했다. 2월에 갭이 발생할 때 상장일 이후 최대 거래량이 나왔다는 점에 주목하라. 다만 그 자체만으로는 매수 근거로 삼기에 불충분하다. 주가가 아직 VCP를 그리는 과정을 거치지 않았기 때문이다. 그러나 나중에 VCP가 완성된 후 이 종목은 매수 후보로 충분한 채비를 갖추었다. 실제로 주가는 곧 급등하여 54개월 동안 525퍼센트 상승했다.

베이스의 오른쪽에서 주가가 저점을 벗어나 상승할 때 거래량이 평균 이

그림 10.21   딕스스포팅굿즈(DKS), 2003

DKS의 주가는 12월 저점을 뚫은 후 대규모 거래량을 수반한 채 급반등했다. 이는 기관의 매수세를 나타내는 신호다. 주가는 54개월 동안 525퍼센트 상승했다.

상으로 늘어나는 종목을 찾아라. 평균 거래량에 비해 수백 퍼센트 또는 최대 1,000퍼센트까지 급증하는 경우도 드물지 않다. 대규모 상승일이 대규모 하락일보다 변동폭이 더 크고 더 자주 나오는 종목을 찾아라. 대규모 매수세가 나온 다음 날, 전날 상승세를 반납하고도 남을 정도로 강한 하락이 거래량을 수반한 채 나오면 그 종목은 피해야 한다. 가격이 크게 상승한 일이나 주에 거래량은 증가하고, 정상적인 조정 기간에는 거래량이 감소했다면 또 다른 건설적인 신호이다. 이는 당신이 고려하는 종목을 기관이 매집 중임을 뜻한다. 매수하기 전에 이런 속성을 확인하라.

그림 10.22　데커스 아웃도어(DECK), 2006

DECK의 주가는 베이스의 저점에서 2번의 털어내기를 한 후 오른쪽에서 급증한 거래량과 함께 급등했다.

그림 10.23　마그나 인터내셔널(MGA), 2010

MGA의 주가는 2006년 11월에 털어내기를 거친 후 압도적인 거래량과 함께 급등했다. 이는 기관의 매집이 진행 중임을 말해준다. 실제로 이후 주가는 3개월 동안 140퍼센트 상승했다.

그림 10.24   밸라시스 커뮤니케이션스(Valassis Communications, VCI), 2010

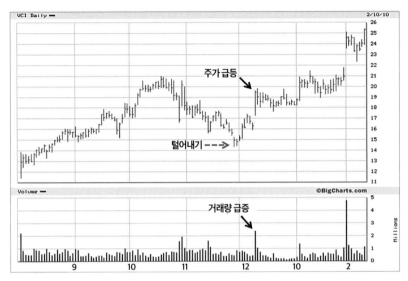

VCI의 주가는 베이스의 오른쪽에서 거래량이 급증하는 가운데 급등했다. 또 이후 5개월 동안 80퍼센트 상승했다.

그림 10.25   엘란PLC(ELN), 1991

ELN의 주가는 보합 구간 저점을 아래로 뚫은 후 거래량이 증가하면서 급등했다. 또 이후 12개월 동안 152퍼센트 상승했다.

차트 제공: 인터랙티브 데이터©2009

보합 이전의 급등

    종종 조정이나 보합 구간이 시작되기 전에 베이스의 시작점, 왼쪽에서 급등이 나오곤 하는데, 이는 뉴스로 인한 것일 수 있으며 이 종목을 일시적으로 지나치게 상승시킨다. 이 경우 해당 종목은 기간 조정에 취약해진다. 전반적인 시장이 조정받을 때는 더욱 그렇다. 시러스 로직_{Cirrus Logic} 은 다음 분기에 대해 추정치보다 나은 영업이익을 예고함으로써 가이던스를 상향했고, 그 결과 주가가 크게 급등했다. 그로부터 며칠 만에 시장이 전반적으로 조정받기 시작했다. 이는 시러스 로직의 주가에 일시적인 압력을 가했다. 결국 주가는 고점에서 23퍼센트 조정받았다. 그래도 시장 조정폭의 2.3배로 받아들일 수 있는 수준이었다. 시장이 바닥을 친 후 시러스 로직의 주

그림 10.26   시러스 로직(CRUS), 2010

CRUS의 주가는 영업이익 가이던스가 상향되면서 상승했다. 그에 따라 상승폭이 커지면서 조정에 취약해졌다. 실제로 전반적인 시장이 중간 수준의 조정을 거치는 동안 주가가 하락했다. 그러나 이후 주도주로 부상했다.

그림 10.27 아메리칸 슈퍼컨덕터(American Superconductor, AMSC)

AMSC는 호재를 소화한 후 2003년 8월 중순부터 12월 중순까지 전형적인 VCP 패턴을 전개하면서 강력한 랠리의 토대를 마련했다.

가는 베이스의 오른편에서 상승하면서 건설적인 구도를 만들었다. 또한 52주 신고가를 찍은 지점에서 4달 만에 162퍼센트 상승했다.

피봇 지점

적절한 피봇 지점은 보합 구간이 완성된 후 다음 상승이 시작되려는 지점을 나타낸다. 다시 말해, 베이스 패턴이 형성된 후 그 종목에 진입하게 만드는 촉매 역할을 하는 가격 수준이다. 이 지점에서 그 종목은 매수해야 할 구간이 된다. 주가가 피봇보다 높은 지점에서 형성되는 것은 다음 상승 국면의 시작을 나타내는 경우가 많다. 피봇 지점은 '행동 촉구' 가격 수준이다. 그래서 최적 매수 지점으로 불리기도 한다. 피봇 지점은 주가가 새로운 고지나 고점 밑까지 올라서는 것과 연계되어 형성된다.

주가 보합의 맥락에서 이뤄지는 일시적인 가격 정체는 이 종목의 매수 시점을 설정하게 해준다. 가령 주가가 피봇 지점의 상단을 뚫는 경우 1,000주 지정가 매수 주문을 넣을 수 있다. 이때 몇 퍼센트포인트 이상 추격하지 말고 최대한 피봇 지점 근처에서 매수해야 한다.

제시 리버모어는 피봇 지점을 최소 저항선으로 설명했다. 이 경계를 넘어선 종목은 아주 빠르게 상승할 수 있다. **주가가 최소 저항선을 돌파하면 단기간에 더 상승할 가능성이 아주 크다**. 그 지점에서 공급 물량이 적기 때문이다. 그래서 소규모 수요도 주가를 밀어 올릴 수 있다. 적절한 보합 구간에서 벗어난 정확한 피봇 지점이 무너지는 경우는 드물다.

그림 10.28 메르카도리브레(MELI), 2007

MELI의 주가는 2007년 12월 초에 적절한 피봇 지점에서 부상하여 13일 동안 75퍼센트 상승했다.

그림 10.29　아메리칸 슈퍼컨덕터(AMSC), 2004

AMSC의 주가는 전형적인 VCP 패턴으로부터 최소 저항선을 통해 부상한 후 17일 동안 60퍼센트 상승했다.

그림 10.30　임팩스 랩스(Impax Labs, IPXL), 2003~2004

IPXL의 주가는 2004년 1월에 분명하게 확정된 피봇 지점을 돌파한 후 3개월 동안 70퍼센트 상승했다.

그림 10.31　넷플릭스(NFLX), 2009

NFLX의 주가는 2009년 10월에 전형적인 VCP 보합 구간을 지나 새로운 고지로 올라선 후 21개월 동안 525퍼센트 상승했다.

　　그림 10.28은 메르카도리브레Mercadolibre의 주가 변화를 보여준다. 이 주식의 발자국은 6W 32/6 3T다. 즉, 6주에 걸쳐 베이스가 형성되었고, 32퍼센트에서 시작하여 피봇에 해당하는 6퍼센트에서 조정이 마무리되었다. 또한 11월에 털어내기가 이뤄진 후 건설적인 양상으로 변동성이 축소되었다. 마지막 축소가 이뤄질 때 거래량이 아주 적다는 점도 주목하라. 이는 마지막 피봇 지점이 형성되는 동안 손바뀜이 거의 일어나지 않았기 때문이다. 메르카도리브레의 주가는 피봇 지점을 돌파한 후 13일 동안 75퍼센트 상승했다. 이것이 내가 원하는 유형의 빠른 가격 상승이다.

피봇 지점에서의 거래량

모든 정확한 피봇 시점에서는 거래량이 줄어드는데, 최소한 하루는 거래량이 평균 이하로 감소하는 것을 확인해야 한다. 거래량이 거의 말라버리거나 베이스가 시작한 이후로 가장 낮은 거래량을 보이는 경우가 흔하다. 실제로 마지막 축소 시 거래량은 50일 평균보다 적어야 하며(거래량 50일 이동평균선 하회), 하루나 이틀 정도는 거래량이 극도로 적어야 한다. 대형주의 경우에는 항상 이런 일이 생기지는 않는다. 그러나 일부 중소형주는 거래량이 마른다. 많은 투자자는 이를 유동성 부족으로 보고 우려하지만, 주가가 크게 상승하기 직전에 이런 일이 일어난다. 왜 그럴까? 거래량 감소는 시장에 나오는 매도 물량이 없다는 뜻이기 때문이다. 매도 물량이 거의 없는 상태에서는 소규모 매수세도 주가를 아주 빠르게 밀어 올릴 수 있다.

그림 10.32 뉴 오리엔털 에듀케이션(EDU), 2007

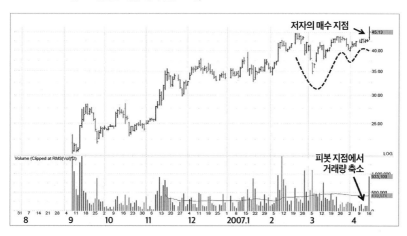

EDV의 주가는 2007년 4월에 VCP 매수 패턴에서 부상했다. 가격 변동폭과 거래량이 크게 축소되면서 피봇 지점 및 최소 저항선을 형성하는 양상에 주목하라. 이후 주가는 7개월 동안 105퍼센트 상승했다.

차트 제공: 인터랙티브 데이터©2008

그림 10.33   메르카도리브레(MELI), 2007

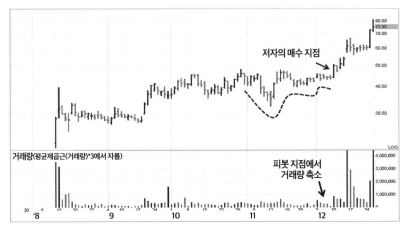

MELI의 주가가 베이스를 돌파하기 전날, 거래량이 역사상 최저 수준 근처까지 줄었다. 이후 주가는 17일 동안 75퍼센트 상승했다.

차트 제공: 인터랙티브 데이터©2008

그림 10.34   시러스 로직(CRUS), 2010

CRUS은 돌파 전에 등락폭과 거래량이 극도로 줄었다. 나는 2010년 3월 30일에 이 주식을 매수하고 미너비니 프라이비트 액세스 회원들에게 8.09달러에 매수하라고 추천했다. 이후 주가는 4개월 동안 163퍼센트 상승했다.

이를테면, 좁은 축소 구간(피봇 지점)에서 거래량이 크게 줄어야 한다. 뉴 오리엔털 에듀케이션New Oriental Education의 사례를 살펴보자. 먼저 발자국이 8W 22/2 3T인 것을 확인하라. 이는 8주 동안 베이스가 형성되었고, 조정 폭이 22퍼센트에서 8퍼센트, 2퍼센트까지 연이어 줄었음을 뜻한다. 마지막 축소 구간은 가격 측면에서 좁을 뿐 아니라(2퍼센트 변동폭), 거래량도 상당히 말랐다. 여기서 형성된 피봇 지점은 평균보다 훨씬 적은 거래량과 함께 매우 조밀하다. 이는 대단히 건설적인 신호다. 따라서 주가가 강한 거래량을 수반한 채 피봇 지점을 돌파하면 매수 주문을 넣어야 한다. 뉴 오리엔털 에듀케이션의 주가는 피봇 지점을 돌파한 후 7개월 동안 105퍼센트 상승했다.

일중 거래량을 통한 추정

VCP 패턴에서 적은 거래량과 함께 마지막으로 조밀한 등락폭 축소가 이뤄진 후 통상적인 수준보다 많은 거래량과 함께 상승 움직임이 나오는 것이 이상적이다. 어떤 주식의 보통 거래량이 100만 주라고 가정하자. 장 개시 2시간 후에 50만 주(통상적인 수준의 절반)가 이미 손바뀜을 한 가운데 주가가 상승한다. 아직 장 마감까지는 4시간 반이 남았다. 이 정도면 일중 거래량을 토대로 그날의 거래량이 평균 일 거래량의 300~400퍼센트(또는 그 이상)가 될 것이라고 추정할 수 있다. 이런 상황에서 주가가 피봇 지점을 돌파하면 주문을 넣는다.

피봇 지점을 넘을 때까지 항상 기다려라

일부 투자자는 푼돈을 아끼려고 주가가 피봇 지점을 돌파하기 전에 들어가려고 한다. 반드시 돌파가 일어날 것이라고 가정하는 것은 위험하다. **피봇 지점이 조밀하다면 일찍 들어가는 데 따른 실질적인 이득이 없다. 불필요한 리스크를 감수할 뿐이다. 주가가 피봇 지점을 돌파하여 가치를 증명하게 하라.** 피봇 지점은 매수 지점에 불과하지만 내게는 주식을 매입하기 전에 확인하는 가장 중요한 퍼즐이다.

모든 보합 구간이 조밀한 피봇 지점을 갖는 것은 아니다. 때로 고점 말고는 진정한 피봇이 없는 평평한 베이스(플랫베이스 패턴)가 형성된다. 이 경우, 주가가 베이스의 최고점을 넘어설 때 매수를 노릴 수 있다. 다만 베이스의 상하 조정폭이 10~15퍼센트를 넘지 말아야 한다. 또한 컵 완성 속임수 **cup completion cheat**(3C) 또는 손잡이가 달린 컵 같은 다른 주가 패턴은 전반적인 구조의 고점 아래에서 피봇 지점이 형성될 수 있다.

이 단계적 접근법은 정확하게 거래 타이밍을 잡는 데 도움을 줄 것이다. 그래서 리스크는 낮으면서도 잠재적으로 큰 보상을 얻을 수 있는 최적의 지점을 파악하도록 해준다. 앞서 설명한 기법들을 활용하면 정확하게, 더 나은 논리를 토대로 거래할 수 있다. 그렇다고 해서 절대 손실을 입지 않는다거나, 그 종목이 조정을 받아서 손절당하는 바람에 밀려나는 일은 없을 거라는 말은 아니다. 분석이 잘못되었거나 약세장에서 롱 포지션 중심으로 거래하려고 시도하면 피봇을 찾으려는 노력이 주요 매수 지점을 찾는 대신 좌절로 끝날 수 있다. 또는 매수 직후에 갑작스럽게 주가가 하락할 수도 있다. 피봇 지점의 성공은 매수 패턴이 얼마나 잘 확립되었는지 여부와 연관된다.

스쿼트와 반전 회복

때로 주가가 피봇 지점을 돌파했다가 다시 반락하여 고점 아래에서 마감하는 경우가 있다. 이를 나는 '스쿼트_{sqaut}'라고 부른다. 나는 이런 일이 생길 때 바로 재매수하지는 않으며, 적어도 하루나 이틀 정도 기다리면서 '반락 회복_{reversal recovery}'을 하는지 살핀다. 특히 강세장에서는 이렇게 여지를 두는 것이 좋다. 일부 경우에는 회복되기까지 10일 이상이 걸린다. 이는 완고한 기준이 아니다. 더 길게 걸리는 경우도 있고, 회복 없이 손절당하게 만드는 경우도 있다.

물론 나는 반락폭이 손절선을 지날 만큼 크면 매도한다. 반락으로 주가가 20일 이동평균선 밑에서 마감하면 성공 확률이 줄어든다. 이는 주관의 영역이다. 이 경우 나는 매도하기도 하지만, 주가가 손절선 위에서 버틸 경우 여지를 주기도 한다.

변동폭이 조밀해지고 거래량이 줄면 매수할 셋업이 개선될 수 있다. 이미 포지션을 잡은 상태라면 당신이 매수를 조금 일찍 한 것일 수도 있다. 애피맥스_{Affymax} 종목에서 그런 일이 일어났다. 나는 2012년 8월 20일에 이 종목을 매수했다. 그날 주가는 당일 고점 밑에서 마감했으며, 다음 날에는 약간 떨어지기도 했다. 이후 며칠 동안 변동폭이 조밀해지고 거래량이 줄어들었고, 나는 계속 포지션에 머물면서 애초의 손절선을 유지했다. 매수 10일 후, 애피맥스의 주가는 새로운 고지로 회복했고, 나는 포지션을 추가 매수했다. 뒤이어 주가는 42일 동안 61퍼센트 상승했다.

그림 10.35 애피맥스(AFFY), 2012

AFFY의 주가는 돌파 지점에서 스쿼트가 나온 이후 손절선 위에서 버티면서 10일 후에 반락폭을 회복했다.

그림 10.36 마그나 인터내셔널(MGA), 2010

MGA의 주가는 3일 후 스쿼트에서 회복했다. 또한 뒤이어 3개월 동안 140퍼센트 상승했다.

그림 10.37 아마존(AMZN), 1997

AMZN의 주가는 4개월 전에 상장된 후 새로운 고지로 올라서는 과정에서 일련의 반락 회복을 보여 주었다. 이후 주가는 16개월 동안 1,700퍼센트 상승했다.

돌파 실패 여부는 어떻게 알까?

주가가 피봇 구간을 돌파하면 실패 신호를 살펴라. 돌파가 실패하면 빠르게 베이스가 붕괴될 수 있다. 돌파에 성공한 후 주가는 20일 이동평균선을 지켜야 하며, 대부분의 경우 그 밑에서 마감하지 말아야 한다. 또한 패턴의 폭(등락폭)이 커지면 안 된다. 오르는 것은 좋지만 심하게 오르내리는 것은 좋지 않다. 조정이나 스퀴트가 나오더라도 거래가 실패할 것이라고 무조건 결론 짓지 말고, 주가가 회복할 기회를 줘라. 조정이 나와도 20일 이동평균선 위에서 버티면서 스퀴트하면 다음 날이나 며칠 안에 주가를 회복한다. 그러나 주가가 손절선을 건드리면 발을 뺀 후 재평가해야 한다.

오전장 반락에 대한 대응

또 다른 경험칙은 돌파일에 나오는 '오전장 반락'에 대한 것이다. 이는 오전장에 주가가 상승하다가 정오나 오후 1시 전에 돌파 지점으로 돌아오는 것을 말한다. 이 경우 장 마감 때까지 시간을 주려고 노력하라. 다만 반락이 너무 심해서 보호용 손절선을 넘는 것은 안 된다. 그렇지 않다면 오전장 초반 랠리가 기세를 잃고 반락이 나왔다는 이유로 당황하면서 돌파가 실패했다고 결론짓지 말아야 한다. 이런 일은 자주 일어난다. 주가가 매수가 아래로 내려갈 수도 있다. 그래도 거래 계획을 고수하고, 원래의 손절선을 유지하라. 건강한 시장에서는 오후장에 주가가 회복되어 강하게 마감하는 경우가 많다.

모든 요소의 통합

나는 1995년 3월에 케네스 콜 프로덕션스_{Kenneth Cole Productions} 주식을 매수했다. 모든 측면에서 전형적인 속성을 지닌 완벽한 VCP 진입 구도가 나왔기 때문이다. 케네스 콜 프로덕션스는 견조한 영업이익과 매출을 기록하면서 나의 관심을 끌었다. 가격과 거래량 변동 양상도 아주 좋아 보였다. 또한 시장은 조정 구간을 지난 후 회복되는 중이었다.

변동성이 왼쪽에서 오른쪽으로 가면서 축소되는 것에 주목하라. 주가는 조정 이후 32퍼센트에서 14퍼센트, 7퍼센트, 3퍼센트까지 점차 등락폭을 줄였다. VCP는 진입 지점 및 성공적인 돌파로 이어진다. 이는 건설적인 변동성 축소의 탁월한 사례다. 주가는 8개월 만에 100퍼센트 넘게 상승했다.

그림 10.38 케네스 콜 프로덕션스(KCP), 1995

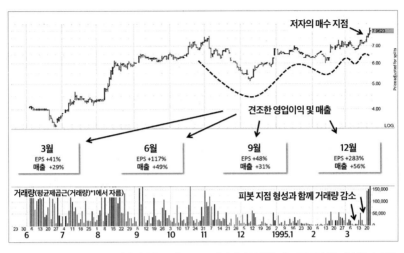

나는 1995년 3월에 탄탄한 펀더멘털을 토대로 VCP 패턴에서 부상할 때 KCP 주식을 매수했다. 이후 주가는 8개월 동안 102퍼센트 상승했다.

그림 10.39 포스터 휠러(Foster Wheeler, FWLT), 2007

나는 2007년 4월, 아침에 대규모 영업이익 발표로 주가가 갭 상승했을 때 FWLT 주식을 매수했다. 대규모 돌파 거래량과 당일 고가 마감에 주목하라. 주가는 이 지점에서 9개월 동안 180퍼센트 상승했다.

차트 제공: 인터랙티브 데이터ⓒ2008

그림 10.40　룰루레몬 애슬레티카(LULU), 2010

나는 2010년 11월에 쌍바닥에서 상승할 때 LULU 주식을 매수하고, 미너비니 프라이비트 액세스 회원들에게 추천했다. 이후 주가는 18개월 동안 245퍼센트 상승했다.

그림 10.41　엘란 PLC(ELN), 1991

건조하게 상승하는 영업이익 증가율과 적절한 기술적 진입 구도 덕에 손잡이가 달린 컵 패턴에서 성공적으로 돌파했다. 이후 주가는 12개월 동안 152퍼센트 상승했다.

차트 제공: 인터랙티브 데이터©2009

관심 종목 구성

거래 성공의 주요 요소는 체계적인 생각과 분석이다. 많은 투자자는 절차를 따르지만 대부분 일관성이 없다. 미리 거래를 계획하면 체결창이나 깜박이는 호가 스크린에 주의를 분산시키지 않고 리서치를 진행할 수 있다. 나는 매일 저녁, 같은 시간에 리서치를 한다. 그래서 오전 9시 30분에 개장 벨이 울리면 이미 어떤 종목이 어느 가격 수준에서 최고의 잠재력을 보일지 안다. 나는 일종의 기호로 종목의 발자국을 표시한다. 이 표기법은 한눈에 종목의 상황을 파악할 수 있게 해준다. 예를 들어, 2012년 9월 2일에 내가 관심을 가진 종목은 그림 10.42와 같다.

보다시피 일부 종목에는 동그라미가 쳐 있고, 두 종목에는 밑줄이 그어져 있다. 또한 종목명 뒤에 별표가 그려진 종목도 있고, 'pb'라고 표기된 종목도 있다. 기호는 원하는 대로 쓰면 된다. 다만 내가 쓰는 기호의 의미는 이렇다. 동그라미, 별표, 'pb'는 매수 측면에서 한눈에 해당 종목의 순위를

그림 10.42 2012년 9월 2일에 기록한 내용

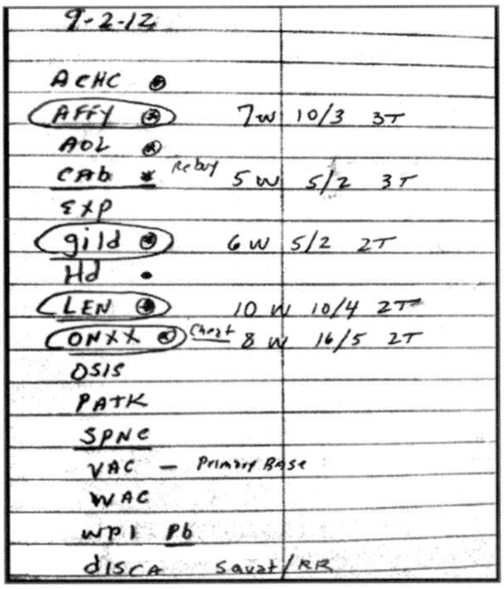
9-2-12
ACHC
AFFY 7w 10/3 3T
AOL
CAb * Rebuy 5 w 5/2 3T
EXP
gild 6 w 5/2 2T
Hd
LEN 10 w 10/4 2T
ONXX Chart 8 w 16/5 2T
OSIS
PATK
SPNC
VAC — Primary Base
WAC
WPI Pb
dISCA Squat/RR

파악하게 해준다. 즉, 진입할 준비가 된 것처럼 보이는 종목과 더 성숙이 필요한 종목을 구분한 것이다.

나는 아주 마음에 드는 종목에는 동그라미를 치고, 잠재력이 있는 종목에는 밑줄을 긋는다. 피봇 지점이 형성된 종목에는 뒤에 별표를 한다. 피봇 지점에서 곧 매수가 가능한 종목에는 별표에 동그라미를 친다. 풀백 매매 **pullback**(피봇 포인트를 한 번 돌파한 종목이 다시 피봇 포인트 근처로 돌아올 때 매수하는 것. 이동평균선의 지지 여부에 따라 매수하는 것도 풀백 매매의 일종이다—감수자)를 할 만한 종목에는 옆에 'pb'라고 쓴다. 또한 오른쪽을 보면 가장 관심 가는 종목의 기술적 발자국이 기호로 표시되어 있다.

이 내용을 거래 시스템으로 전환하는 방법은 다음과 같다. 동그라미나 별표가 그려진 종목은 가격을 띄워서 자세히 살핀다. 밑줄이 그어진 종목은 당장은 매수 패턴이 성숙하지 않았지만 지켜볼 필요가 있다. 나머지는 관심 종목에 계속 넣어두고 어떻게 전개되는지 본다. 각 종목은 '관찰', '매수 대기', '매수 준비'로 순위를 매긴다. 시간이 지남에 따라 일부 종목은 매수 실행 대상이 된다. 또한 관심 종목에 속한 일부 종목은 (관찰에서 매수 대기를 거쳐 매수 준비로) 순위가 상향되기도 하고, 완전히 탈락하기도 한다. 나는 관심 종목을 구성한 후에는 일중 거래 양상을 지켜본다. 그래서 어떤 종목이 피봇 지점을 넘어서 내가 미리 정한 가격에 이르면 포지션을 잡는다.

정상적인 반응과 테니스공 액션

나는 1980년대에 5세대 자금 운용역이자 버거 펀즈**Berger Funds**의 창립자인고_故 윌리엄 빌 버거_{William M. B. Berger}의 방법론에 흥미를 느꼈다. 빌 버거는 뛰어난 자금 운용역이었다. 그의 버거 펀드는 매우 인상적인 실적을 올렸으며, 가장 역동적인 주도주를 꾸준히 포함시켰다. 빌이 조정에 대해 한 말은 오랫동안 기억에 남았다. 그는 가격 반응과 조정을 통해 그 종목이 테니스공인지, 달걀인지 판단할 수 있다고 말했다. 그는 테니스공 같은 종목을 보유하길 원했다. 지금부터 귀중한 그의 말을 전해주고자 한다.

어떤 주식이 건설적인 보합 구간에서 벗어나면서 적절한 피봇 지점을 돌파했다고 가정하자. 그러면 어떤 반응을 보이는지 살펴야 할 때다. 이 반응은 그 주식을 계속 보유해야 할지 여부를 말해준다. 주가는 상승하는 도중에 단기적인 조정을 겪는다. 그 주식이 건강하고, 매집이 진행 중이라면 조정은 짧을 것이다. 또한 주가는 지지선에 부딪힌 다음 테니스공처럼 튀어올라 단 며칠 안에 신고가로 반등할 것이다. 이를 통해 정상적인 반응인지, 아니면 우려해야 할 만한 비정상적인 활동인지 판단할 수 있다.

넷플릭스는 27W 27/7 3T VCP 진입 구도에서 벗어나는 성공적인 돌파 사례를 보여준다. 그림 10.43에서 볼 수 있듯이, 조정은 각각 5일과 7일 동안 이뤄진다. 뒤이어 주가는 새로운 고지로 반등한다. 거래량은 첫 돌파 시에, 그리고 최초의 정상적인 반응에 뒤이은 랠리 때 크게 증가한다. **주가는 피봇 지점을 돌파한 다음 돌파 지점이나 그 지점의 약간 아래로 반락한다. 이는 주가가 며칠 안에 또는 1~2주 안에 아주 빠르게 회복하는 한 정상적이다.** 거래량은 조정 기간 동안 줄었다가 주가가 신고가를 찍을 때 늘어나야 한다. 초기 랠리와 첫 1~2번의 정상 반응 동안에는 변동성이 크지 않아야 한다. 사소한 반응 또는 기간 조정은 자연스러우며, 상승이 진행되는 동안에는 등장하기 마련이다. 최고의 주식은 빠르게 반등한다. 이를 통해 보유할 가치가 있는 주식임을 알 수 있다.

그림 10.43 넷플릭스(NFLX), 2009

NFLX의 주가는 돌파 지점으로 반락했지만, 5일 후에 대규모 후속 거래량을 수반한 채 급반등했다. 이는 전형적인 테니스공 액션이다.

VCP에서 주식을 매수한 후 다음의 신호를 살펴야 한다.

- 상승 초기에 거래량이 며칠 동안 증가해야 한다.

- 주가는 대개 저항 없이 며칠 동안 상승해야 한다.

- '정상 반응'이 일어난다. 이때 거래량은 초기 추세가 형성되는 동안보다 줄어들며, 주가는 상승 추세가 주춤할 수 있다.

- 정상 반응이 나온 후 며칠 또는 1~2주 안에 거래량이 다시 늘어나고 주가의 상승 추세는 재개되어야 한다.

그림 10.44   스트라이커 코프(SYK), 1995

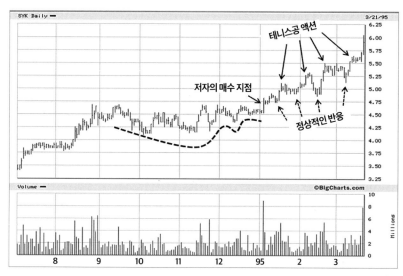

나는 1995년 1월에 VCP 보합 구간에서 부상할 때 SYK 주식을 매수했다. 이후 두어 달 동안 모든 조정은 빠르게 새로운 고지로 반등했다.

그림 10.45   룰루레몬 애슬레티카(LULU), 2010

LULU의 주가는 2010년 11월에 강한 돌파를 이룬 후 일시적인 기간 조정만 거치면서 계단식 상승을 보였다.

그림 10.46 메리디언 바이오사이언스(VIVO), 2007

VIVO의 주가는 성공적인 돌파와 이틀 동안의 후속 상승 이후 3일에 걸쳐 3.5퍼센트만 하락했으며, 이후 반등하여 새로운 고지로 올라섰다.

그림 10.47 밸라시스 커뮤니케이션스(VCI), 2010

VCI의 주가는 실적 발표와 함께 갭 상승한 후 약간 반락했다가 다시 새로운 고지로 올라섰다.

그림 10.48　베베 스토어스(Bebe Stores, BEBE), 1998

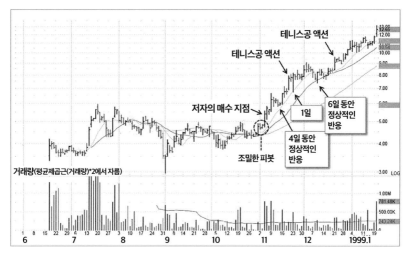

1998년 11월에 돌파한 후 각 조정은 지지선에 부딪혔으며, 주가는 빠르게 반등하여 신고가로 올라섰다. 이는 매우 강력한 가격 변동이다.

플랫폼을 갖춘 접시형

1960년대에 윌리엄 자일러_{William L. Jiler}는 《실전 차트 패턴 63_{How Charts Can Help You in the Stock Market}》이라는 책을 썼다. 내가 보기에 차트 패턴을 다룬 이 책은 시대를 앞서갔으며, 지금도 여전히 귀중한 통찰을 담고 있다. 차트를 통해 투자 성과를 개선하려는 사람은 모두 필독 도서 목록에 이 책을 넣어야 한다. 자일러는 플랫폼을 갖춘 접시형 패턴을 최초로 부각시켰다. 이 패턴은 나중에 손잡이가 달린 컵 패턴으로 유명해졌다. 또한 이 패턴은 초고수익 종목이 크게 상승하기 전에 그리는 모든 패턴 중에서 가장 반복성이 강하며 믿을 만하다. 자일러는 접시형 패턴을 '꿈의 패턴'이라고 했는데, 쉽게 파악할 수 있고 믿을 만하기 때문이었다. 나는 그의 생각에 동의한다. 다만 이 패턴

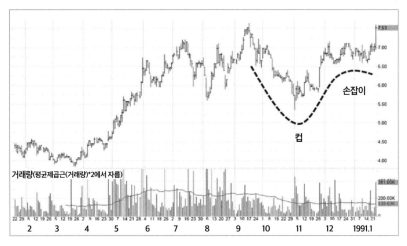

그림 10.49   엘란 PLC(ELN), 1991

손잡이

컵

거래량(평균제곱근(거래량)*2에서 자름)

2 3 4 5 6 7 8 9 10 11 12 1991.1

손잡이가 달린 컵 패턴을 그린 ELN의 차트

차트 제공: 인터랙티브 데이터

은 잘못 해석할 가능성이 높다. VCP 개념과 거래량 및 찾아야 할 구체적인 뉘앙스를 공부하면 부실한 분석을 빠르게 제거하고 다음 대형 초고수익 종목을 찾을 수 있다. 앞서 말한 대로, 거래량 축소는 모든 패턴에서 이뤄지는 건설적인 가격 행태의 핵심 속성이다.

3C 패턴

'컵 완성 속임수' 또는 3C는 지속형 패턴이다. 즉, 최대한 빠른 시점에 매수를 시도해야 한다. 일부 주식은 하단에서 속임수 구간을 형성하고, 또 어떤 주식은 컵 또는 접시 패턴의 중간 부분 근처에서 속임수 구간을 형성한다. 요점은 주가가 베이스를 찍을 때와 2단계 상승 추세에 다시 맞물려서 새로운 상승 추세가 시작되는지를 파악하는 것이다. 속임수 구간 거래는 성

그림 10.50　시러스 로직(CRUS), 2010

CRUS은 2010년 2월에 3C 피봇 지점(속임수 구간)을, 뒤이어 3월에 손잡이를 형성했다.

그림 10.51　밸라시스 커뮤니케이션스(VCI), 2010

2010년 1월에 속임수 구간 바로 위에서 손잡이가 형성되었다. 둘 다 진입하기에 적절한 피봇 지점을 제공한다.

공 확률을 높이는 한편, 상승 반전의 타이밍을 잡아주는 실행 가능한 피봇 지점을 제공한다.

손잡이가 형성되는 지점은 대개 컵 상단 3분의 1이다. 중간 부분 3분의 1이나 중간 지점 바로 밑에 손잡이가 형성되면 하나 이상의 매수 지점을 확보할 수 있다.

속임수 구간은 내가 컵 패턴에서 거래를 시도하는 가장 빠른 지점이다. 이 지점보다 빨리 들어가서는 안 된다. 타당한 속임수 구간은 손잡이처럼 등락 폭이 좁아지는 동시에 거래량도 줄어야 한다. 이런 현상은 최대한 빠른 시점에 매수할 기회를 제공한다. 항상 전체 포지션을 잡지는 않더라도 속임수 구간을 활용하여 점차 포지션의 규모를 키우면 평균 단가를 낮출 수 있다. 그 주식이 중간 구간의 고점 위에서 거래되면 전환을 이룬 것이다. 따라서

그림 10.52 구글(GOOG), 2004

GOOG의 주가는 2004년 9월에 드문 하단 속임수 피봇 지점을 형성한 이후 38주 동안 600퍼센트 상승했다.

저점을 찍고 장기 2단계 핵심 추세를 재개할 것이다.

　속임수 구간의 매수 패턴은 전형적인 손잡이가 달린 컵 패턴과 합격 요건이 같다. 단지 컵 부분이 완성되는 것이기 때문이다. 이에 부합하려면 주가가 이미 이전 3~26개월 동안 적어도 25~100퍼센트(일부 경우에는 200~300퍼센트) 상승했어야 한다. 또한 (거래일이 200일 이상이라는 가정하에) 상승 추세를 그리는 200일 이동평균선 위에서 거래가 이뤄져야 한다. 패턴 형성 기간은 짧게는 3주에서 길게는 45주(대부분 7~25주 동안 지속됨)다. 고점에서 저점까지의 조정은 전반적인 시장 여건에 따라 15~20퍼센트에서 일부는 35~40퍼센트, 최대 50퍼센트까지 다양하다. 60퍼센트를 넘는 조정은 너무 깊으며, 붕괴에 극도로 취약하다. 전반적으로 시장 조정이 이뤄지는 동안 속임수 구간에 따른 매수 패턴이 형성되는 일이 흔하다. 가장 강력한 주식은 전반적인 시장 지수가 조정을 거치고 반등할 때, 또는 적어도 비슷한 시기에 이 패턴을 토대로 급등한다.

추세 전환 과정

A. **하락 추세**: 장기 2단계 상승 추세의 맥락 안에서 중기 가격 조정이 일어난다. 이 하락은 여러 주 또는 여러 달에 걸쳐 진행될 수 있다. 또한 하락 추세가 형성되는 동안 거래량이 늘어나는 가운데 주가가 크게 튀는 일도 흔하다.

B. **상승 추세**: 주가가 하락 추세를 깨고 랠리를 시도한다. 그래도 아직 매수하면 안 된다. 가격 및 거래량 측면에서 바닥을 치고 새로운 상승 추세로 진입했다는 증거가 보이지 않기 때문이다. 주가는

그림 10.53 시러스 로직(CRUS), 2010

CRUS의 주가는 2010년 3월에 속임수 구간 위로 상승하면서 추세 전환을 이룬다.

베이스의 오른편에서 상승하기 시작한다. 이때 대개 이전 하락폭의 3분의 1에서 절반을 회복한다. 그러나 중기 하락 추세 동안 형성된 매도 압력이 충분히 강할 경우 주가 상승을 막고 일시 중단 내지 기간 조정을 초래한다.

C. **일시 중단**: 주가가 며칠 또는 몇 주 동안 상승을 멈추고 변동성이 적어진 구간(속임수)을 형성한다. 이 구간의 등락폭은 고점에서 저점까지 5~10퍼센트에 그쳐야 한다. 최적의 상황은 속임수 구간에서 주가가 전저점 아래로 흘러내리면서 털어내기가 일어나는 것이다. 이는 손잡이가 달린 컵 패턴에서 손잡이 구간이 형성되기를 바라는 양상과 동일하다. 이 시점에서 주가가 가격이 멈춘 구간의 고점으로 올라서면 매수할 준비가 된 것이다. 돌파 준비가 되었음

을 알리는 전형적인 신호는 등락폭이 조밀해지는 동시에 거래량이 크게 줄어드는 것이다.

D. **돌파**: 주가가 변동성이 적은 구간의 고점을 넘어서면 매수 주문을 넣어라. 이제는 추세 전환이 이뤄진 것으로 볼 수 있다. 즉, 주가가 바닥을 쳤으며, 중기 추세가 장기 2단계 핵심 추세와 동조하여 상승하고 있는 것이다.

왜 추세 전환을 기다려야 할까?

주가가 한 방향으로 움직이면, 주요 고점이나 저점을 잇는 추세선을 그릴 수 있다. 일반적인 논리는 주가가 추세선을 깨지 않는 한(하락 추세에서 상방 돌파, 상승 추세에서 하방 돌파) 추세가 이어진다는 것이다. 방향이 바뀌면서 추세선이 '깨지면' 새로운 추세가 들어선 것으로 본다. 그렇다면 추세선이 깨질 때 그냥 사면 안 될까? 새로운 추세가 시작되었다는 신호가 아닐까? 문제는 추세선이 깨지는 것이 일시적인 현상일 수 있다는 것이다. 즉, 새로운 추세를 시작하는 것이 아니라 잠시 다른 방향으로 움직인 것일 수도 있다. 그래서 더 큰 등락폭을 보이면서 전반적인 추세가 재개되는 경우가 많다.

역추세 변동성은 흔하다. 이 사실은 의문을 불러일으킨다. 새로운 추세가 기세를 얻었음을 어떻게 알 수 있을까? 그 답은 추세 전환이 이뤄질 때까지 기다리라는 것이다. **주가가 바닥을 치려고 할 때가 거래하기에 가장 위험하다. 이 시기는 매우 변동성이 심하다. 주식이 바닥을 찾을 때는 주가가 심하게 요동칠 수 있다. 이런 때에 저점을 집어내려는 시도는 큰 좌절과 비**

용을 초래할 수 있다. 주가가 요동치는 구간 동안 거듭 손절을 당하면 소규모 손실이 계속 쌓인다. 주가가 하락 추세를 돌파하여 바닥을 친 것처럼 보이다가도 되돌아서는 경우가 흔하다. 이때 전저점이 깨지면 새로운 하락 추세가 생긴다. 등락폭이 넓어지면 이런 일이 반복될 수 있다. 이런 상황은 피해야 한다. 추세가 전환될 때까지 기다리면 성공 확률을 높일 수 있다. 추세 전환은 실패 확률을 줄여준다(없애주지는 못하지만). 주가가 상승을 일시적으로 멈추고 조밀한 보합 상태를 거친 후 후속 상승이 나올 때까지 기다렸다가 진입하면, 성공 확률이 크게 높아진다. 이는 또한 주가가 바닥을 치고 질서정연한 조정을 완료할 시간을 부여한다. 추세선이 깨졌다고 해서 매수하지 마라. 추세가 바뀔 때까지 기다려라. 매수를 시작할 지점은 상승 후 일시 보합 구간의 고점이 깨질 때다. 이는 속임수 구간 또는 손잡이 구간에서 나올 수 있다.

리버모어 시스템

전설적인 트레이더인 제시 리버모어는 주가가 방향을 바꾸고 후속타, 지속적인 상승이 나와야만 매매하는 시스템을 따랐다. 그는 추세가 거래 방향과 일치할 때만 포지션을 잡았다. 또한 주가가 새로운 상승 추세를 확증할 때까지 기다려서 모든 소규모 역추세 랠리에서 휘둘리는 일을 피했다. 그는 추세가 깨진 후에도 두 번의 조정이 일어날 때까지 기다렸다. 그다음에 주가가 두 번의 조정의 고점을 넘어서면 포지션에 진입했다. 이것이 리버모어식 추세 전환 투자법이다. 그는 이 기법을 활용하여 그 누구보다 많은 돈을 벌었다.

그림 10.54 리버모어 투자법의 예

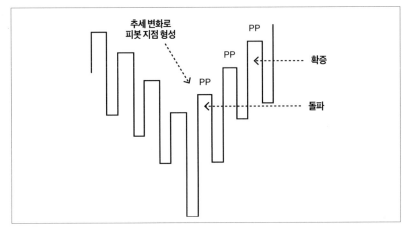

제시 리버모어는 피봇 지점(PP)을 매수 지점으로 삼았다. 그는 절대 바닥을 잡으려고 하지 않았다. 대신 추세가 바뀌기를 기다린 다음 새로운 추세가 지속된다는 증거가 나올 때 매수하기 시작했다(즉, 정상적인 반응 이후 고점을 돌파할 때를 기다렸다).

실패 재설정

손절당했다고 해서 이면의 펀더멘털이 나쁘다거나 거래가 잘못된 것만은 아니다. 단지 흔들기에 당한 것일 수도 있다. 나는 손절당한 후에도 해당 종목을 계속 관심 종목에 올려두고 기술적 분석으로 볼 때 매수 패턴이 다시 이뤄지는지 살핀다. 때로는 실패 후 두 번째 매수 지점이 첫 번째 차트 패턴보다 더 나을 수 있다. 즉, 첫 번째 진입을 촉발한 패턴보다 성공 확률이 더 높을 수 있다는 말이다. 털어내기가 이뤄졌다는 사실은 향후 전망에 있어서 건설적인 의미일 수 있다. 나는 이를 '실패 재설정_{failure reset}'이라 부른다. 이는 두 가지 형태를 지닌다. 하나는 다시 매수하기 전에 새로운 베이스를 구축해야 하는 '베이스 실패'다. 다른 하나는 며칠 후에 재설정되어 회복이 가능한 '피봇 실패'다.

그림 10.55   메르카도리브레(MELI), 2007

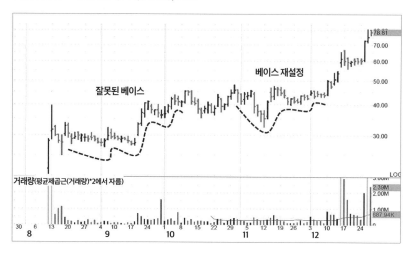

MELI는 2007년 9월과 12월에 의심스러운 베이스에서 벗어나려고 시도하다가, 보합 과정을 거쳐서 실패 재설정 이후 상승했다.

차트 제공: 인터랙티브 데이터©2009

나의 대박 종목 중 일부는 손절당한 후 재설정 과정을 거쳤다. 물론 실패한 매수 지점이 모두 재설정되는 것은 아니다.

2007년 10월에 메르카도리브레는 최초 베이스(상장 이후 처음 나온 매수 가능한 지점)에서 벗어나 새로운 고지로 올라섰다. 그러나 9일 후 주가가 15퍼센트 하락했다. 이는 대다수 투자자가 손절하기에 충분한 하락폭이었다. 그러나 이 종목을 계속 관심 종목에 넣어두었다면 12월에 재설정이 이뤄지는 것을 확인할 수 있었을 것이다. 그래서 아주 양호한 수익을 올릴 수 있었다. 손절당했다고 해서 종목을 버리지 마라. 펀더멘털이 건재하다면 실패 재설정이 나오는지 계속 지켜보라.

그림 10.56　크래프트 브루어스 얼라이언스(Craft Brewers Alliance Inc., HOOK), 2010

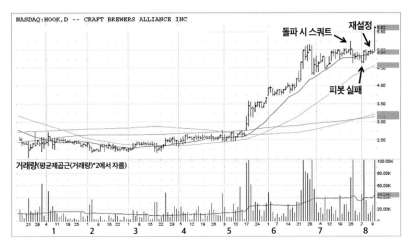

그림 10.56　크래프트 브루어스 얼라이언스(Craft Brewers Alliance Inc., HOOK), 2010

나는 2010년에 손절당한 직후에 HOOK 주식을 재매수했다. 이 주식은 재설정 구간을 거쳐 며칠 후 급등했다.

차트 제공: 인터랙티브 데이터©2009

그림 10.57　크래프트 브루어스 얼라이언스(HOOK), 2010

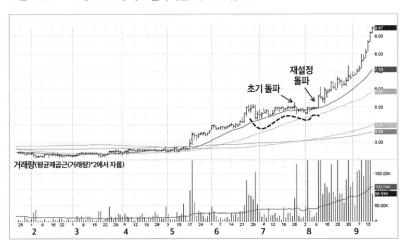

HOOK 주식은 실패 피봇 재설정 이후 26일 동안 90퍼센트 상승했다.

차트 제공: 인터랙티브 데이터©2009

그림 10.58　사우스웨스턴 에너지(Southwestern Energy Co., SWN), 2004

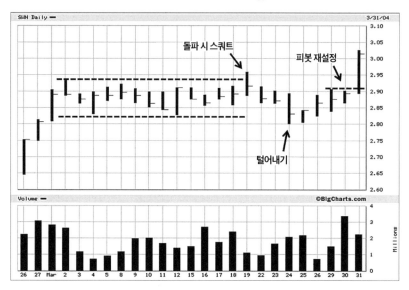

SWN 주식은 2004년 3월에 손잡이 구간을 돌파하려고 시도하다가 되돌아왔다(스쿼트). 이후 손잡이 구간의 저점을 뚫으면서 털어내기가 이뤄졌다. 그러나 5거래일 후 주가는 재설정을 거쳐 재상승했다.

그림 10.59　사우스웨스턴 에너지(SWN), 2004

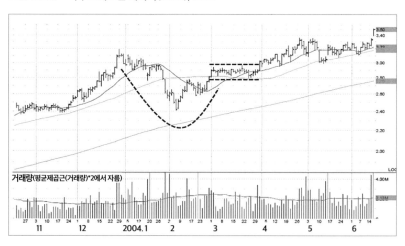

SWN 주식은 2004년 3월에 손잡이가 달린 컵 패턴에서 부상했다. 그러다가 손잡이 구간 안에서 실패 피봇 재설정이 이뤄졌다. 이후 주가는 53개월 동안 1,400퍼센트 상승했다.

차트 제공: 인터랙티브 데이터©2009

실패 피봇 재설정

　실패 피봇 재설정은 베이스 재설정과 비슷하다. 다만 베이스 재설정보다 짧은 기간에 매수 지점이 형성되는 동안 이뤄진다는 점이 다르다. 피봇 실패가 반드시 베이스 실패를 초래하는 것은 아니다. 대신 며칠 또는 몇 주 안에 새로운 매수 지점을 재설정할 수 있다.

파워 플레이

　'파워 플레이_{power play}'는 구별하는 법을 배울 수 있는 가장 중요한 매수 패

그림 10.60　테이저(TASR), 2004

강력한 이전 상승 추세, 조밀한 주가 등락폭, 극도의 거래량 감소는 즉각적인 상방 폭등을 이루기에 완벽한 매수 패턴을 형성했다. 대다수 투자자는 아마 주가가 너무 높고 위험하다고 생각했을 것이다. 그러나 주가는 그 이후 16주 동안 329퍼센트 상승했다.

턴 중 하나로, '높고 조밀한 깃발high tight flag'이라고도 부른다. 모든 기술적 패턴 중에서 명백히 가장 많이 오인되는 매수 패턴이기도 하다. 한편으로는 가장 수익성이 좋은 패턴이다. 나는 두 가지 이유로 파워 플레이를 '속력 패턴velocity pattern'이라고 부른다. 첫째, 이 패턴에 해당하려면 매우 강력한 모멘텀이 필요하다. 실제로 가파른 주가 급등이 첫 번째 요건이다. 둘째, 이 매수 패턴은 최단 기간에 가장 빠르게 움직일 수 있다. 속력은 더 빠른 속력을 부른다. 이 패턴은 기업의 전망과 관련하여 극적인 전환을 시사하기도 한다. 빠른 주가 상승은 FDA 약물 승인, 소송 해결, 새로운 제품 및 서비스 발표, 실적 발표 같은 주요 호재를 통해 이뤄질 수 있다. 또한 아무 재료가 없어도 상승할 수 있다. 이 매수 패턴에 따른 최고의 거래 중 일부는 설명되지 않은 강세로 이뤄진다. 파워 플레이는 내가 펀더멘털을 거의 고려하지 않고 매

그림 10.61 퀄리티 시스템스(Quality Systems, Inc., QSII), 1995

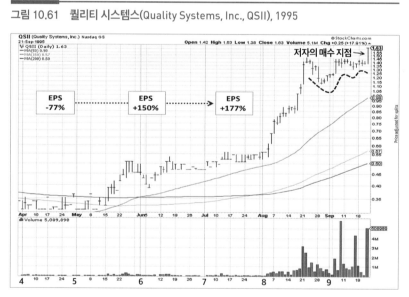

QSII 주식은 1995년 9월에 전형적인 VCP 속성과 강력한 영업이익 증가율 상승세가 성공적인 돌파로 이어지면서 파워 플레이에 따른 매수 패턴을 형성했다. 이후 주가는 66일 동안 127퍼센트 상승했다.

그림 10.62   베스트바이(Best Buy Co., BBY), 1997

나는 1997년 12월에 BBY 주식을 매수했다. 돌파가 나오기 전날, 거래량이 최저로 줄고, 등락폭이 극도로 좁아지는 점에 주목하라. 이후 주가는 19개월 동안 947퍼센트 상승했다.

그림 10.63   아레나 파마소티컬스(Arena Pharmaceuticals Inc., ARNA), 2012

ARNA 주식은 2번에 걸쳐 타당한 매수 지점을 제공했다. 첫 번째는 전환 지점, 두 번째는 손잡이 구간에서 돌파할 때였다. 이후 주가는 9일 동안 70퍼센트 상승했다.

수하는 유일한 경우다. 그렇다고 해서 펀더멘털 개선이 없는 것은 아니며, 개선되는 경우가 아주 많다. 파워 플레이 상황에 속한 주식은 엄청난 강세를 드러낸다. 그래서 현재 영업이익과 매출이 보여주는 것과 무관하게 뭔가가 있음을 말해준다. 즉, 해당 주식의 주가는 중대한 재료를 반영하고 있다. 나는 파워 플레이 상황에서 펀더멘털을 요구하지는 않지만 대신 다른 매수 패턴과 마찬가지로 VCP 속성을 드러낼 것을 요구한다. 파워 플레이 주식도 적절한 수급 소화 과정을 거쳐야 한다.

파워 플레이에 적합하려면 다음 요건을 충족해야 한다.

1. 대규모 거래량을 수반한 폭발적인 급등세로 주가가 8주 안에 100퍼센트 이상 상승해야 한다. 이런 변화는 횡보하는 구간을 지난 후에 일어난다.
2. 이후 3~6주(일부 경우에 12일 만에 부상함)에 걸쳐 주가가 비교적 좁은 구간에서 횡보하되 조정폭은 20~25퍼센트 이내여야 한다.
3. 베이스 안에서(대개 돌파 며칠 전에) 거래량이 크게 줄어든다.

탄탄한 펀더멘털 대 준비된 가격

모든 펀더멘털 요건을 충족한다고 해서 당장 그 주식을 사야 하는 것은 아니다. 기업에 대한 펀더멘털 분석이 딱 떨어진다고 해도 큰돈을 벌려면 투자자의 인식에 대한 분석도 정확하고 시기적절해야 한다. 기업의 분기 영업이익이 1~2번 아주 좋게 나와도 주가는 여전히 조정이나 보합 구간에 있는 경우가 많다. 이 경우, 기대감으로 주가가 이미 상승했을 수 있다. 그래서 영업이익이 따라잡는 동안 상승분을 소화할 시간이 필요한 것일 수도 있다.

그림 10.64　딕스스포팅굿즈(DKS), 2003

또는 전반적인 시장이 조정받는 중이어서 발목을 잡는 것일 수도 있다. 인내심을 가지고, 그 주식을 관심 종목에 올려두고 가격과 거래량 속성이 적절하게 매수 기회를 마련할 때까지 기다려라. **주식으로 큰돈을 버는 열쇠는 전반적인 시장 환경이 활기를 유지하는 동안 주가를 뒷받침하는 펀더멘털과 건설적인 가격 변동을 일치시키는 것이다.** 펀더멘털, 기술적 구도, 시장 분위기를 비롯한 모든 힘이 밀어줘야 한다. 펀더멘털이 탄탄해도 가격 측면에서 준비되지 않았을 수 있다. 즉, 공급과 수요의 역학이 아직 최소 저항선을 확립하지 못했을 수도 있다는 말이다. 기업이 좋다고 해서 그 주식까지 좋은 것은 아니다. 이 둘을 구분하는 법을 배워야 한다.

　그 종목에 대해 당신이 어떻게 생각하는지는 그다지 중요하지 않다. 중요한 것은 대형 기관들이 어떻게 생각하느냐다. 주가를 크게 움직이는 것은 그들이기 때문이다. 따라서 기관이 가치 있다고 인식하는 기업을 찾아야 한다.

　딕스스포팅굿즈 주식은 긍정적인 가이던스를 제시한 후 나온 강한 반응으로 나의 관심 종목에 올랐다. 견조한 영업이익이 발표되고 주가가 기술적 수준을 유지하는 것을 보고, 그 종목을 매수 경보 상태로 상향시켰다. 몇 주 후, 건설적인 가격 변동으로 내가 기다리던 매수 패턴이 나왔다. 나는 주가가 적절한 보합 구간에서 벗어날 때 매수했다.

11장

아는 종목만
매수하지 마라

가령 2~3년 전에 상장한 신규 종목의 고점이 20달러 정도이며, 그 가격이 2~3년 전에 형성되었다고 가정하자. 그런데 만약 해당 기업과 관련하여 바람직한 일이 생겨서 주가가 오르기 시작한다면 대개는 신고점을 찍는 순간에 매수해도 안전하다.

- 제시 리버모어

당신은 절제력을 지닌 트레이더로서 최대한 짧은 기간에 최대한 많은 수익을 올리기 위해 좁은 길을 걸어야 한다. 당신은 충분한 요소가 폭등을 위한 최적의 매수 패턴으로 수렴되었다고 판단될 때만 매수해야 한다. 나의 매수 패턴에서 중요한 요소는 '젊음'이다. 가장 흥미로운 거래 기회는 지난 몇 달 혹은 1~2년 동안 신규 상장된 진취적인 기업에서 찾았다. 실제로 역사를 보면 대다수 초고수익 종목은 초고수익 국면이 시작되기 8~10년에 상장된다. 그러나 젊음만으로는 충분하지 않다. 나는 개성 있는 젊은 기업을 원한다! 내가 말하는 개성은 탄탄한 펀더멘털과 함께 '기본 베이스 primary base'라고 부르는 매수 패턴을 통해 분명하게 드러난다.

기본 베이스

모든 강세장은 근래에 상장된 소수의 주도주로 대표된다. 일반적으로 주식이 공개되면 상장 시에 강하게 상승하며, 몇 주 또는 몇 달 동안 상승한다. 그 뒤에는 대개 빠르고 비교적 쉽게 돈을 번 사람들이 수익을 실현한다. 그에 따라 조정이 이뤄진다. 나의 관심을 끌려면 신규 상장주는 적어도 두어 달 동안 거래 활동을 통해 시장에서 자질을 증명해야 한다. 유망한 종목임을 말해주는 증거는 기본 베이스의 형태로 나타난다. 기본 베이스는 상장 후 처음 형성되는 매수 가능한 베이스다. 이는 3주 이상에 걸친 조정 기간에 형성된다. 이 기간을 거쳐 주가는 역대 최고점으로 부상한다. 기본 베이스는 역대 최고점 근처의 건설적인 보합 구간에서 형성되기도 한다.

주가는 하락분을 되찾는 회복 국면에서 새로운 고지로 들어선다. 오랫동안 상승하는 주도주는 여러 베이스 및 보합 구간을 형성한다. 이 구간은 뒤이은 수익 실현과 하락세를 견뎌낸 후 새로운 고점으로 나아간다. 기본 베이스는 해당 주식의 거래 역사에서 이런 강세 패턴이 처음 나올 때 형성된다. 기본 베이스에서 엄청난 상승을 시작한 주식으로는 아마존닷컴과 리서치 인 모션, 야후, 이베이, 구글, 스타벅스, 리복, 마이크로소프트, 인텔 등이 있다.

기본 베이스는 가격과 거래량의 역사를 통해 앞으로 그 주식이 나아갈 방향을 가리킨다. 또한 주식시장의 동향뿐 아니라 기업 펀더멘털에도 그 뿌리를 두고 있다. 기업은 대개 보통주를 발행하고 상장한 후 5~10년 동안 가장 많이 성장한다. 이 기간에 제품이나 서비스가 상장으로 마련한 자금에 힘입어 새로운 미개척 시장으로 확장된다. 또한 이 중요한 기간에 경영진은 기업인으로서 최선의 역량을 발휘하곤 한다. 매출이 늘어나고 규모의 경제

그림 11.1   아마존닷컴(AMZN), 1997

AMZN의 주가는 1997년 9월에 최초 바닥을 벗어나 16개월 동안 2,500퍼센트 상승했다.

가 개선됨에 따라 마진이 증가하고, 영업이익 증가율도 상승한다.

근래에 상장했다고 해서 반드시 사업 연한이 짧은 것이 아니라는 사실을 명심하라. 어떤 기업은 수십 년간 성공적인 개인 기업으로 운영되다가 상장된다. 반면 새로운 산업의 스타트업이 상장되는 경우도 있다. 1990년대에 기술주 붐을 이끈 대박 종목 중 80퍼센트는 상장된 지 8년이 채 되지 않은 신규 상장주였다. 1997년 5월에 상장된 아마존은 4개월이 채 지나지 않은 9월에 기본 베이스를 형성한 후 새로운 고지로 올라섰다. 또한 16개월 후에는 기본 베이스에서 벗어날 무렵의 최고점보다 2,500퍼센트 더 상승했다.

기본 베이스가 형성될 시간을 줘라

신규 상장 주식은 거래 첫날에 바로 25퍼센트나 50퍼센트, 100퍼센트,

그 이상 급등할 수 있다. 또는 데뷔 직후에 급락할 수도 있다. 많은 기대를 받았던 페이스북이 2012년에 상장될 때 이런 일이 일어났다. 페이스북의 주가는 상장 첫날 최고 45달러에 거래되다가 장 막판에 38.23달러로 마감했다. 또한 12일 후에는 고점에서 43퍼센트 떨어진 25.52달러에 거래되었다. 페이스북 주식은 적절한 매수 지점을 만들지 못하고 과도하게 조정받았다. 그래서 매수가 불가능했다.

나는 신규 상장 주식을 매수할 때 최소한의 거래 기록, 즉 기본 베이스를 확인한다. 일부 신규 상장 주식은 최초 베이스를 형성하기까지 1년 넘게 걸리기도 한다. 대부분의 경우에는 믿을 만한 수준이 되려면 적어도 3~5주에 걸쳐 베이스를 형성해야 하며, 25~35퍼센트 이상 조정받지 않아야 한다. 이보다 긴 조정(1년 정도)은 때로 최대 50퍼센트 하락으로 이어지지만, 매수 셋업은 여전히 건실한 경우도 있다. 짧은 3주 정도의 보합은 25퍼센트 이상의

그림 11.2 페이스북(FB), 2012

FB 주식은 상장 후 적절한 매수 지점을 만들지 못하고 과도한 조정을 받았다. 그래서 매수할 수 없었다.

조정으로 이어지지 않아야 한다. 유망한 신규 상장주를 포착했다고 가정하자. 그 기업은 흥미로운 새로운 제품 또는 서비스를 갖추고 있고, 매출 증가율과 영업이익 증가율도 상승하고 있다. 이제 시장이 펀더멘털에 대한 믿음을 확증해주기를 기다려야 한다. 기업에 대한 개인적인 의견은 가격 변동을 통해 검증받지 않으면 가치가 없다. 기술적 분석의 선구자인 제시 리버모어가 말했듯, "시장 자체의 동향에 긴밀한 주의를 기울여라. 시장은 절대 틀리는 법이 없지만 의견은 종종 틀린다". 시장의 확증은 주가가 최초의 타당한 보합 구간인 기본 베이스에서 새로운 고지로 올라서는 것을 통해 드러난다.

누구도 검토하지 않는 기본 베이스

1997년에 사람들은 나의 추천에도 불구하고 야후를 매수하지 않은 것은 물론이고 검토조차 하지 않으려 했다. 그들은 1999년에 야후의 주가가 10배나 상승한 다음에야 뒤늦게 매수하더니 모든 상황이 명백해졌는데도 매도하지 않으려 했다. 그들은 갑자기 야후, 아메리카 온라인, 퀄컴, 노키아, 오라클을 비롯하여 1~2년 전만 해도 무시당하던 여러 기업의 주식을 보유하려 들었다. 타이밍이 완벽했을 때는 누구도 그에 대한 이야기를 들으려 하지 않았다. 낯선 기업인 데다가 높은 멀티플에 거래되는 것처럼 보였기 때문이다. 이 주식들 중 다수는 시장이 막 약세장 하락에 시달리고, 세상이 아시아 위기에 집중할 때 부상했다. 나는 1997년 7월에 야후 주식을 매수했다. 야후 주가는 최초 베이스에서 벗어난 후 29개월 동안 7,800퍼센트 상승했고, 야후는 인터넷 서비스 제공업체라는 비교적 새로운 산업군에서 시장 주도주로 부상했다.

그림 11.3 야후(YHOO), 1997

YHOO는 인터넷 서비스 제공업체라는 비교적 새로운 산업군에서 시장 주도주로 부상했다. 야후 주가는 29개월 동안 7,800퍼센트 상승했다.

복수의 매수 지점을 제공한 램버스

캘리포니아에 있는 램버스_{Rambus}는 컴퓨터 메모리 칩이 마이크로프로세서로 명령을 더 빠르게 전달할 수 있도록 새로운 설계를 고안했다. 이 기술은 칩 대기업인 인텔을 통해 강력한 추진력을 얻었다. 인텔은 갈수록 처리속도가 빨라지는 마이크로프로세서를 따라잡을 수 있는 더 빠른 메모리 칩이 필요했다. 램버스는 1997년 5월 14일(A지점)에 상장되었다. 주가는 당일에 크게 상승하면서 고가로 마감했으며, 이후 약 5주 동안 횡보했다. 그러다가 1997년 6월 16일(B지점)에 기본 베이스에서 벗어나 새로운 고지로 올라섰다. 이후 주가는 4일 동안 급등하다가 6월 19일에 고점(C지점)을 찍었다. 그다음에는 약 6주 동안 지속된 2차 횡보 보합 구간에 접어들었다. 그러다가 7월 29일에 주가는 2차 베이스에서 벗어나(D지점) 또 다른 고점을 넘어섰다. 이는 주가를 다시 한번 크게 올릴 만한 강력한 상승의 발판을 마련

그림 11.4 램버스(RMBS), 1997

RMBS의 주가는 9주 동안 150퍼센트, 37주 동안 1,450퍼센트 상승했다.

했다. 램버스는 기본 베이스가 관찰력이 뛰어난 투자자에게 여러 번의 매매 기회를 제공한 전형적인 사례다.

바디 센트럴

나는 2010년 12월에 쇼핑몰에서 크리스마스 쇼핑을 하다가 바디 센트럴Body Central(BODY/나스닥)이라는 소매업체를 발견했다. 세련된 매장은 쿠키 커터 유통 모델로서 나의 주의를 끌었다. 나는 이 회사가 탄탄한 인터넷 사업도 보유하고 있다는 사실을 알게 되었다. 가장 중요한 점은 실적이 좋다는 것이었다. 실제로 근래 분기에 크게 늘어난 영업이익을 발표한 상태였다. 더욱 흥미롭게도, 이 회사의 주식은 겨우 몇 달 전에 상장되었다. 그래서 기회라고 여겼다. 나는 가격 변동을 보여주는 차트를 보고 즉시 흥분했다. 완벽하게 기본 베이스에서 매수 패턴을 만들고 있었기 때문이다. 나는 두어

그림 11.5   바디 센트럴(BODY), 2011

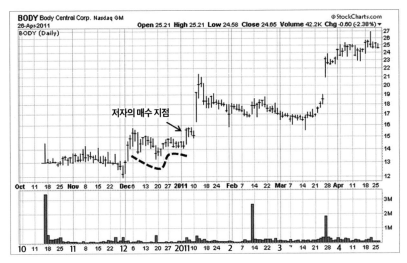

BODY의 주가는 2011년 1월에 기본 베이스에서 벗어나 15개월 동안 105퍼센트 상승했다.

그림 11.6   딕스스포팅굿즈(DKS), 2003

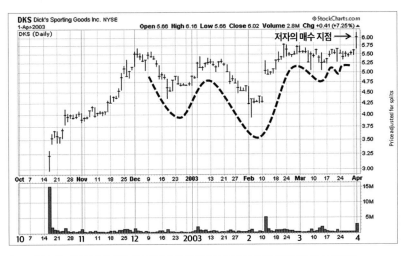

DKS의 주가는 2003년 4월에 기본 베이스에서 벗어나 15개월 동안 200퍼센트 상승했다.

그림 11.7   주니퍼 네트웍스(Juniper Networks, JNPR), 1999

JNPR의 주가는 1999년 7월에 기본 베이스에서 벗어나 8개월 동안 500퍼센트 상승했다.

주 동안 동향을 살폈다. 2011년 1월 5일에 양호한 거래량과 함께 주가가 오르기 시작했다. 보합 구간은 탄탄했으며, 영업이익은 견조했다. 또한 규모를 키울 수 있는 사업을 운영하는 비교적 작은 기업으로서 경영진도 일을 잘하는 것처럼 보였다. 그래서 나는 포지션을 잡았다. 이후 주가는 15개월 동안 100퍼센트 넘게 상승했다. 같은 기간에 나스닥지수는 채 10퍼센트도 오르지 않았다.

모든 개구리가 왕자가 되는 것은 아니다

기본 베이스에서 신고가에 오르는 모든 주식이 대박 종목이 되는 것은 아니다. 적절한 기본 베이스는 큰 상승을 이루는 동안 투자자가 참여할 만

그림 11.8 아이로봇(IRBT), 2005~2007

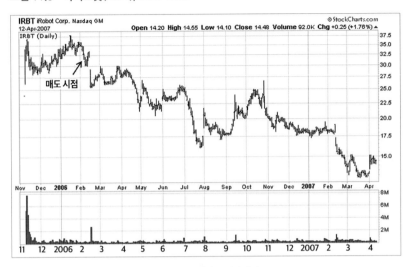

기본 베이스가 무너지면서 주가가 고점에서 65퍼센트 하락했다.

한 최선의 확률을 제공한다. 그래도 큰 폭으로 상승하는 종목을 짚어낸다는 보장은 없다. 따라서 기본 베이스가 무너지면 손절하고 탈출할 계획을 세워 둬야 한다.

나는 2006년 1월에 기본 베이스에서 상승하던 아이로봇_{iRobot} 주식을 매수했다. 그 직후에 주가는 고점을 찍은 후 상승하지 못했다. 뒤이어 추가 하락이 시작되었다. 나는 조금 손실을 보고 보유 물량을 매도했다. 이는 잘한 일이었다. 이후 가파르게 급락하면서 37달러를 넘던 주가가 7달러까지 떨어졌기 때문이다. 나는 규칙을 따르고 개인적인 의견이나 감정에 판단력이 흐려지지 않도록 조심한 덕분에 큰 손실을 피할 수 있었다.

혁신 기업에서 파산 기업으로

> ❧ 여성 의류와 모자, 장신구의 스타일은 시대와 함께 계속 바뀐다. 마찬가지로
> 주식시장의 오랜 주도주는 몰락하고, 새로운 주도주가 부상하여 그 자리를
> 차지한다. 시간이 흐르면 새로운 주도주가 선두로 나선다. 과거의 주도주 중
> 일부는 뒤처진다. 주식시장이 존재하는 한 언제나 그럴 것이다. 유연한 태도
> 를 가져라. 오늘의 주도주가 2년 후에는 주도주가 아닐 수도 있다.
>
> - 제시 리버모어

버지니아주 리치먼드에 있는 창고형 유통업체인 서킷시티Circuit City 는
2008년에 파산 신청을 했다. 서킷시티는 초대형 매장의 선구자였으며, 주
가는 1980년대와 1990년대에 급등하면서 10년 동안 6,000퍼센트 넘게 올
랐다. 실제로 1981년부터 2000년까지의 상승률은 6만 3,000퍼센트 이상이
었다. 서킷시티는 1980년대에 미국에서 가장 강력한 유통업체 중 하나였다.
그러나 시간이 지나면서 중대한 실수를 저질렀고 실수는 누적되었다. 최고
의 성장기는 회사가 비교적 작을 때였고, 규모가 훨씬 커지면서 여러 가지
문제가 악화되었다. 2008년에도 서킷시티는 여전히 미국에서 베스트바이
에 이어 2대 소비자 가전 전문 유통업체로서 700개 이상의 매장을 보유하
고 있었다. 그들은 155개의 기존 매장을 폐쇄하고, 그보다 적은 수의 신규
매장을 열었다. 또한 일부 매장의 임대 계약을 재협상하고 본사 인력을 줄
일 계획을 세웠다. 이는 미래의 성장이 유망할 때 사업 확장 국면에서 하는
일과 정반대였다. 서킷시티의 주식을 보유한 사람들은 2008년에 주가가 0까
지 내려가는 모습을 지켜봐야 했다.

누구나 '공식 성장주'로 여기는 유명 기업의 주식을 조심하라. 기관 선호
종목은 서킷시티처럼 최고의 영업이익 성장률을 이미 경험했으며, 성장주
라는 공식 명칭을 얻은 후에는 너무 뻔한 종목이 된다. 그래서 어느 시점이

되면 과보유 상태에 이른다. 이때 중대한 문제가 알려지면 시장에 나오는 공급 물량이 주가를 급락시킬 수 있다. 대신 새로운 시장 주도주를 매수하라. 낯선 기업을 두려워하지 마라. 조사하고, 기본 베이스를 형성하는 주식들과 친숙해져라. 그 과정에서 다음의 대박 종목을 찾을 수 있다.

TRADE LIKE
A STOCK MARKET
WIZARD

12장

리스크의 속성

사실상 모든 경쟁적인 활동에는 챔피언을 가리는 대회가 있다. 슈퍼볼, 월드시리즈, NBA 결승전이 있고, 엔터테인먼트 분야에도 아카데미상, 에미 상, 토니상이 있다. 트레이딩도 다르지 않다. 오랫동안 최고 중 최고들은 전 미투자대회_{USIC, U.S. Investing Championship}에서 실력을 검증했다.

USIC는 1983년에 노먼 자데_{Norman Zadeh}가 시작한 후 주식, 옵션, 선물 트 레이더들에게 검증의 장이 되었다. 자데의 경력은 수학, 주식 투기, 도박을 아울렀다. 그는 1974년에 《승리의 포커 시스템_{Winning Poker Systems}》을 썼으며, 스탠퍼드대학과 UCLA에서 수학을 가르쳤다. 또한 재능 있는 이론수학자 였지만, 정적인 이론으로는 경매시장의 현실을 파악할 수 없다는 사실을 알 았다. 그의 목표는 효율적 시장 이론이 틀렸음을 증명하는 것이었다. 특히 그는 그 오류를 학자들에게 알리고 싶어 했다. 그래서 특정한 개인이 시장 보다 높은 수익률을 올릴 수 있음을 보여주기로 했다. USIC는 개인적 이득 을 챙기는 한편, 그 사실을 증명하는 수단이었다.

전미투자대회는 곧 유명세를 얻었다. 우승자 중 다수는 대단한 투자 경 력을 쌓았다. 초기에 USIC는 주식, 옵션, 주식 및 옵션, 선물의 네 부문이었다. 자데는 대회가 진행되는 동안 트레이딩 인재들을 물색했으며, 다양한 인재들을 고용하여 자신의 고객을 위해 자금을 운용하는 일을 맡겼다.

나는 1980년대에 〈월스트리트저널〉에서 USIC 우승자에 대한 기사를 읽었다. 데이비드 라이언이라는 젊은 트레이더는 1984~1986년에 3년 연속 우승을 거두었다. 엄청난 성과였다. 또 다른 우승자는 S&P 선물 투자자인 마틴 '버지' 슈워츠Martin 'Buzzy' Schwartz였다. 라이언과 슈워츠는 나중에 잭 슈웨거Jack Schwager가 쓴 《시장의 마법사들Market Wizards》에 소개되었다. 내가 보기에 USIC 우승자 명단에 이름을 올리는 것이 엘리트가 되는 길이었다.

나는 31세가 된 1996년에 USIC에 참가하기로 결정했다. 나의 실력이 우승할 수 있는 수준이라는 자신이 있었다. 우승자는 1년 동안 가장 많은 수익을 올리면 우승한다는 아주 간단한 규칙에 따라 선정되었다. 대회 참가에 필요한 계좌 규모는 2만 5,000달러였다. 나는 2만 5,000달러가 든 계좌를 게시하고 평소대로 대단히 엄격하게 리스크를 통제하면서 공격적으로 거래했다. 나는 매일 관심 종목을 훑어서 거래를 실행할 최선의 시점을 파악했다. 우승할 자신은 있었지만, 거래 계획을 고수하기 위해 집중했다. 나의 목표는 언제나 그렇듯 최대한 많은 돈을 버는 것이었다. 그러기 위해서는 오직 최적의 시점에 최고의 거래를 실행해야 했다. 나의 거래 시스템에서 벗어난 충동적인 행동은 절대 하지 말아야 했다.

나는 첫 번째 분기 말에 49.72퍼센트의 수익률을 기록했다. 2만 5,000달러의 원금은 3만 7,430달러로 불어났다. 당시에는 분기 결과를 발표하지 않았다. 그래서 나의 성적이 다른 투자자에 비해 얼마나 좋은지 가늠할 수 없었다. 두 번째 분기 말에 나는 장족의 성과를 거뒀다. 추가로 93.75퍼센트의 수익률을 올리면서 첫 6개월 동안의 총수익률은 190.08퍼센트가 되었다. 대회용 계좌에 든 금액은 7만 2,521달러가 되었다. 경쟁자들 사이에서 아주 좋은 입지를 확보했다는 느낌이 들었다.

얼마 후, 대회 진행자 중 한 명이 갑자기 전화를 했다. 그는 실적 발표와 관련된 광고 문제로 증권거래위원회 조사가 진행되고 있어서 대회가 중단된다고 말했다. 믿을 수 없었다. 마침내 USIC에 참가하기로 결정했는데 증권거래위원회가 중단시키다니! 나는 "적어도 내가 몇 등인지는 알려줄 수 있어요?"라고 물었다. 최소한 몇 등을 했는지, 만족감이라도 얻고 싶었다.

그는 "마크, 당신은 100퍼센트가 넘는 차이로 1등이에요"라고 말했다.

나는 대회에 참가할 기회를 줘서 고맙다고 말한 후 크게 낙담한 채 전화를 끊었다. 다른 사람들이 따라잡기 힘들 만큼 훌쩍 앞서 있는데, 대회가 취소될지도 모르는 상황이었다. 그러나 나쁜 거래를 했을 때와 마찬가지로, 실망스러운 일이 생겨도 감수하고 넘어가는 수밖에 없었다.

그해 말, 나는 대회 진행자로부터 다시금 전화를 받았다. 그는 증권거래위원회와의 문제가 해결되어 대회를 재개한다고 설명했다. 대회는 1997년 1월 1일에 재개될 예정이었다. 다만 참가를 희망한다면 처음부터 다시 시작해야 했다. 첫 6개월 동안 내가 올린 190퍼센트의 수익률은 혼자 만족하는 데 그쳐야 했다. 공식 기록이 아니었고, 좋은 이야깃거리이기는 하지만 누구도 신경 쓰지 않을 것이었다.

1997년의 대회를 위해 새로운 규칙이 정해졌다. 부문은 둘로 나뉘었다. 하나는 20만 달러에서 99만 9,000달러까지에 해당하는 개인 트레이딩 계좌 부문이었고, 다른 하나는 100만 달러 이상의 통합 운용 계좌 부문이었다. 각 부문에서 거래하는 종목에는 제약이 없었다. 참가자는 주식, 옵션, 선물 또는 어떤 조합도 자유롭게 거래할 수 있었다. 대단히 부당해 보이는 규칙이었다. 나처럼 주식만 하는 사람은 엄청난 레버리지를 쓰는 옵션 및 선물 투자자들과 경쟁해야 했다. 그래도 나는 첫 번째 부문에 참가하기로 결정하고 25만 달러를 계좌에 넣었다.

첫 번째 분기에 나는 8퍼센트가 조금 넘는 수익률을 올렸다. 1등을 하기에는 턱없이 부족했다. 그러나 중요한 것은 최종 수익률이었다. 이번에는 참가자들의 수익률이 분기마다 〈인베스터스 비즈니스 데일리〉와 〈배런스 Barron's〉에 발표되었다. 그래서 상위권 참가자들의 실적을 확인할 수 있었다. 나는 첫 두 분기 동안 20위권에 들었다. 그러나 나는 선두권에서 뒤처졌다는 사실이 거래에 영향을 미치거나 판단력을 흐리게 만들어서는 안 된다고 생각했다. 나만의 방식으로 게임을 해야 했다. 즉, 나의 조건에 따라 최고의 거래만을 하고, 각 거래를 엄격하게 통제해야 했던 것이다. 실제 돈이 걸린 일이었다. 우승하기 위해 멍청하고 위험한 짓을 하는 것은 용납할 수 없었다. 나는 타당하다고 생각되는 거래 계획을 지키기로 결심했다.

세 번째 분기가 되자 상황이 많이 바뀌었다. 나는 바로 뒤에 있는 경쟁자를 아슬아슬하게 앞서가고 있었다. 둘의 차이는 겨우 0.1퍼센트포인트밖에 되지 않았다. 나는 110.10퍼센트로 1위였고, 2위 투자자의 수익률은 박빙인 110퍼센트였다. 그러다가 4분기가 되자 시장이 조정을 받았다. 아주 힘든 거래 환경이었다. 다우지수는 10월에 고점을 찍은 후 10퍼센트나 하락했다. 내가 바라던 상황이었다. 힘든 시기에는 나의 절제력이 수익을 까먹지 않도록 해줄 뿐 아니라 돈을 벌어줄 수도 있었다. 이는 분명 소수의 사람만이 해낼 수 있는 일이었다. 이후 몇 달 동안 나는 치열한 거래를 통해 다른 경쟁자들을 따돌렸다. 내가 기록한 최종 수익률은 155퍼센트로, 2위보다 거의 2배나 높았다. 나는 감사하게도 머니 매니저 베리파이드 레이팅스 Money Manager Verified Ratings 가 선정한 1997년 전미투자챔피언이 되었다.

이 이야기의 요점은 단순하다. 높은 레버리지를 쓰는 옵션 및 선물 투자자들과 주식만 하는 투자자들이 맞붙는 불공정한 상황은 너무 많은 리스크를 지거나 과도한 거래를 하게끔 압박할 수도 있었다. 또한 크게 뒤처졌을 때 당황하면서 방법을 바꾸고 규칙을 깰 수도 있었다. 그러나 나는 그렇게 하지 않았다. 대신 거래 계획과 장기적으로 수익을 내는 데 절대적으로 필요한 두 가지 요소, 즉 일관성과 리스크 관리에 초점을 맞췄다.

챔피언의 공통점

사람들은 돈을 벌어서 부를 늘리려고 주식을 산다. 그들은 신중하게 선택한 투자 상품이 나중에 큰 수익을 안겨줄 것을 꿈꾼다. 그러나 힘들게 번 돈을 투자하기 전에 그 돈을 잃지 않는 방법부터 생각해야 한다. 내가 지금까지 배운 점이 하나 있다면, 리스크 관리가 주식시장에서 꾸준한 성공을 거두는 데 가장 중요한 요소라는 것이다. 여기서 '꾸준한'이라는 단어에 주목하라.

누구라도 올바른 때, 올바른 곳에 있으면 단기적으로 성공할 수 있다. 그러나 프로와 아마추어, 시대를 초월한 전설과 일회성 기적을 가르는 것은 일관성이다. 나는 수요일 밤에 열리는 볼링 리그에 참가한 첫해에 259점을 기록했다. 놀랄 만큼 예외적인 점수였다. 나의 애버리지는 129에 불과했고, 그 이후로 200점을 넘은 적이 없었다. 나는 투자자로서 경력을 쌓는 동안 호시절에 수백만 달러를 벌어놓고 모두 토해내거나 파산하는 사람을 숱하게 봤다. 지금부터 이런 운명을 피하는 방법을 알려주려 한다.

지켜내야 내 돈이다

~ 거래 자금이 100만 달러든 수천 달러든, 같은 원칙이 적용된다. 그 돈은 당신의 돈이다. 또한 지켜내기만 하면 계속 당신의 돈이 될 것이다. 잘못된 투기는 그 돈을 잃는 가장 확실한 방법 중 하나다.

- 제시 리버모어

꾸준히 수익을 올리려면 수익금과 원금을 보호해야 한다. 사실 나는 이 둘을 구분하지 않는다. 내가 보기에 많은 투자자들이 저지르는 큰 실수는 거래 수익금을 공돈, 원래 갖고 있던 자금과 다르게 여기는 것이다. 이런 습관에 빠졌다면 즉시 인식을 바꿔야 초고수익을 달성할 수 있다.

월요일에 5,000달러를 벌었다고 하자. 나는 5,000달러를 '부가적으로' 얻었으며, 그 돈을 무모한 거래에 마음대로 던져 넣어도 된다고 생각하지 않는다. 나의 계좌는 시작 원금이 달라졌을 뿐이다. 추가된 돈에도 이전과 같은 규칙이 적용된다. 일단 수익이 나면 그 돈은 내 것이다. 어제의 수익은 오늘의 원금 중 일부가 된다.

아마추어 도박꾼의 잘못된 논리에 빠지지 마라. 어떤 사람이 꾸준한 플레이와 보수적인 베팅을 통해 블랙잭 테이블에서 1,500달러를 벌었다고 하자. 이후 그는 무모하게 베팅하기 시작한다. 그가 보기에 지금 거는 돈은 카지노의 돈이다. 주식시장에서도 이런 일이 항상 일어난다. 아마추어 투자자는 수익을 자신의 돈이 아니라 시장의 돈처럼 대한다. 때가 되면 시장이 다시 가져갈 것처럼 말이다. 누군가가 어떤 주식을 주당 20달러에 매수한다고 가정하자. 주가는 27달러로 오른다. 그러자 그는 7달러만큼 완충지대가 생겼으니 '여지를 둬도' 된다고 판단한다. 틀렸다! 나는 주가가 매수가에서 어느 정도 오르면 대개 하방으로 여지를 덜 둔다. 즉, 수익 보호 모드로 들어간다. 최소한 나는 손익분기점을 지킨다. 수익이 손실로 바뀌게 두는 일은 당연히 없다.

거래 시간이 끝나고 포트폴리오를 검토할 때 이렇게 자문하라. 오늘 이 포지션을 긍정적으로 보는가? 그렇지 않다면 왜 보유하고 있는가? 처음 매수 근거는 여전히 유효한가? 모든 거래일을 전체 포지션에 대한 솔직한 평가로 마무리하라.

그렇다고 해서 주가가 더 상승할 수 있다고 믿는 종목에 대해 정상적인 조정조차 허용하지 말라는 것은 아니다. 물론 어느 정도 변동의 여지를 줘야 한다. 다만 이런 허용은 지난 수익과 아무 관계가 없다. 앞으로 기대하는 수익과 그에 따른 리스크를 비교하면서 종목을 평가하라. 매일 각 종목은 더 큰 수익을 올리기 위해 보유해야 한다는 확신을 정당화해야 한다.

타당한 원칙은 명확성을 제공한다

> ❧ 한동안 아주 좋은 수익을 내고 이제 뭔가를 안 것 같다고 생각할 때 언제나 가장 큰 손실이 났다.
>
> - 폴 튜더 존스Paul Tudor Jones

분명히 주식시장에서 아주 쉽게 돈을 벌 수 있는 시기가 있다. 이는 부주의함으로 이어지고, 부주의함은 재난으로 이어질 수 있다. 결국 성공은 특정한 날이나 달 또는 분기에 거둔 수익이 아니라, 장기적으로 **지켜내는** 수익으로 좌우된다. 타당한 리스크 관리 원칙을 준수하면 수익을 지킬 수 있다. 또한 한동안 성공했다는 이유로 자만심에 빠져서 허황된 생각을 할 때 현실 감각을 유지하도록 해준다.

"손실은 일찍 줄이고, 수익은 최대한 키워라"라는 말을 들어보았을 것이다. 나는 잭 슈웨거가 《시장의 마법사들》을 쓸 때 그와 인터뷰한 적이 있다. 그때 나는 손절이 성공의 핵심이라는 이야기를 했다. 잭은 인터뷰 도중에 녹음기를 내려놓으며 이렇게 말했다. "마크, 좋은 이야기이기는 한데, 너무 진부해요. 성공한 투자자들은 다 그렇게 말해요."

나는 "잭, 그게 당연해요. 그래서 그 사람들과 내가 성공한 거예요"라고 말했다.

오랫동안 매매를 하다 보면 새로운 기법을 습득하는 과정에서 관점을 잃기 쉽다. 주의하지 않으면 기본적이고 근본적인 원칙들이 의식 또는 보다 은근하게는 무의식 속에서 부수적인 것으로 보일 수 있다. 리스크 관리의 기본적인 요소는 실력을 키운 다음에 버려도 되는 보조적 수단이 아니다. 오히려 머릿속에서 계속 새롭게 되새기면서 완벽하게 다듬어야 한다. 따분하게 들리겠지만 전설적인 쿼터백인 로저 스타우바흐_{Roger Staubach}가 말한 대로, "눈부신 성과를 거두려면 눈부시지 않은 훈련을 수없이 해야 한다".

잭 사범님의 교훈

내가 기본을 완벽하게 연마하는 데 집착하게 된 부분적인 기원은 어린 시절에 가라데 학원을 다니던 때로 거슬러 올라간다. 나는 체조 동작을 하는 데 소질이 있었다. 그래서 단기간에 온갖 복잡한 가라데 동작을 익히고, 손을 대지 않고 뒤로 공중제비를 돌 수 있었다. 아이들은 내게 '무비 맨_{Movie Man}'이라는 별명을 붙여주었다. 쿵후 영화에 나오는 동작을 할 수 있었기 때문이다. 그래도 나는 초심자였다. 잭 모스카토_{Jack Moscato} 사범님은 내가 겸손해질 필요가 있음을 알았다.

어느 날, 잭 사범님은 내게 제일 처음에 배운 기본적인 앞굽이 자세를 취하라고 말했다. 그는 내 주위를 조용히 걸어 다니다가 갑자기 앞다리를 걸어찼다. 나는 그대로 쓰러졌다. 놀란 눈으로 올려다보자, 잭 사범님은 나를 내려다보며 "공중제비를 배우기 전에 제대로 서는 법부터 배워야겠구나"라고 말했다. 그 이후로 이 교훈은 계속 머릿속에 남았다. 기본을 연마하는 것이 우선이었다. 사범님은 기본을 완벽하게 다듬는 일에 엄격했다. 성공의 핵심 요소는 다른 사람보다 기본을 잘 지키고 그 일을 계속하는 것임을 매일 떠올려라. 뛰어난 성과는 근본적인 원칙의 확고한 토대 위에서 이뤄진다.

손실은 더 많은 고생을 불러온다

주식 거래에서 손실을 보면 더 큰 퍼센트의 수익을 내야 본전을 찾는다. 손실은 기하급수적으로 부담을 가하기 때문이다. 주가가 28달러에서 14달러로 50퍼센트 하락하면 100퍼센트 상승해야 본전이 된다. 주가가 50퍼센트 하락하면, 2배로 올라야 본전이 된다는 것은 생각해볼 만한 가치가 있다.

손실을 비교적 적게 유지하면 어떻게 될까? 10퍼센트의 손실이 난 경우, 11퍼센트 상승하면 본전이다. 5퍼센트의 손실이 난 경우, 5.26퍼센트만 상승하면 본전이다. 절대로 손실을 크게 키우지 말아야 할 이유가 여기에 있다. 또한 계좌의 큰 부분을 잃으면 매수 한도가 줄어든다. 그래서 마침내 대박 종목에 올라타도 계좌가 훨씬 작아진다. 계좌가 클 때 손실이 나고 작을 때 수익이 나는 상황을 피해야 한다. 이 경우에 얻을 것이 별로 없다. 손실

그림 12.1   손실로부터 본전을 회복하는 데 필요한 수익률

손실	본전 회복에 필요한 수익률
5%	5.26%
10%	11%
20%	25%
30%	43%
40%	67%
50%	100%
60%	150%
70%	233%
80%	400%
90%	900%

을 적게 유지하면 투자를 위해 힘들게 번 자금을 보존할 수 있다.

여기서 얻을 수 있는 교훈은 절대로 계좌를 망칠 금액을 잃도록 놔두면 안 된다는 것이다. 손실이 클수록 회복하기 어려워진다. 하방으로 10퍼센트를 넘지 않는 선에서 절대적인 최대 손실폭을 정하라. 평균 손실은 6~7퍼센트 정도로 훨씬 적어야 한다. 정상적인 가격 변동을 위해 10퍼센트로 손절선을 정했는데도 정상적인 조정에도 손절된다면 해결해야 할 문제가 있는 것이다. 즉, 종목 선정 요건과 타이밍이 잘못되었거나 전반적인 시장이 적대적이어서 발을 빼야 한다는 뜻이다.

2번 상승, 1번 하락

3년에 걸쳐 2년은 50퍼센트의 수익을 내고, 1년은 50퍼센트의 손실을 내는 조건을 보장한다면 아주 좋은 거래처럼 보일지 모른다. 그러나 다시 생각해보라. 이 경우 순서와 무관하게 3년 동안의 총수익률은 12.5퍼센트, 연

그림 12.2 조건별 3년 누적수익률

1년차	2년차	3년차	3년 총수익률	연간
10%	10%	-10%	8.9%	2.9%
20%	20%	-20%	15.2%	4.9%
30%	30%	-30%	18.3%	5.8%
40%	40%	-40%	17.6%	5.6%
50%	50%	-50%	12.5%	4.0%
60%	60%	-60%	2.4%	0.8%
70%	70%	-70%	-13.3%	-4.7%
80%	80%	-80%	-35.2%	-13.5%
90%	90%	-90%	-63.9%	-28.8%

수익률은 약 4퍼센트가 된다. 주식에 투자할 때 이 정도 수익률을 바라지는 않을 것이다. 특히 주식투자로 감수해야 하는 온갖 리스크를 고려하면 더욱 그렇다. 실제로 '2번 상승, 1번 하락' 거래는 좋을 수가 없다. 최선의 상황은 30퍼센트의 수익률을 2번 내고, 30퍼센트의 손실을 1번 내는 것이다. 그러면 연수익률은 약 5.75퍼센트가 된다. 여전히 별로 인상적이지 않다. 이는 손실이 기하급수적으로 부담을 가하는 양상을 보여준다. 큰 성과를 내려면 리스크/보상 측면에서 수익이 손실을 압도해야 한다. 다른 방법은 없다!

확신 갖기: 손실 조정 연습

☞ 뛰어난 투자자는 손실을 이해하는 것부터 시작하는 사람이다.

- 샘 젤Sam Zell

나는 주식투자를 시작할 때 손실의 엄청난 영향과 손절의 중요성을 이해하지 못했다. 그래서 대다수 투자자처럼 한동안 성공을 거두다가 두어 번 거래가 잘못되는 바람에 상당히 심한 손실을 겪었다. 이후 손절이 논리적이라고 판단하고 거래에 적용하려고 했다. 그러나 가끔은 상황이 바뀌기를 바라면서 규칙을 깼다. 때로는 좋아하는 포지션에 필사적으로 매달렸고, 그러다가 혼란에 빠지는 지경에 이르렀다. 그래서 나는 모든 거래에서 손절의 효과를 검증하기로 마음먹었다.

나는 지난 모든 손실을 임의로 10퍼센트로 조정하고, 그것이 손실을 줄이는 데 어떤 영향을 미치는지 살폈다. 거기에는 10퍼센트보다 훨씬 큰 손실뿐 아니라 그보다 적은 손실도 포함되어 있었다. 앞서 말한 대로 나는 가끔 떨어진 종목을 붙들고 있었다. 그 바람에 20퍼센트나 심지어 30퍼센트의 손실을 입었다. 이런 손실을 조정하여 10퍼센트로 한정하자, 투자 실적에 미치는 영향이 놀라울 정도였다. 손실을 한정하면 소수의 수익 종목에서 밀려나는 경우도 있었다. 그러나 그에 따른 손해는 손절 효과에 압도되었다. 전반적인 포트폴리오 수익률에 미치는 개선 효과는 믿기 힘들 만큼 엄청났다. 2~3번 다시 계산해봐도 수치는 정확했다. 거기에 따르면 나는 두 자릿수 퍼센트의 손실을 보는 것이 아니라, 70퍼센트가 넘는 수익을 낼 수 있었다.

이렇게 작은 수치 변경으로 성과에 큰 영향을 미치는 것이 가능할까? 당연히 가능하다! 이 깨달음은 주식투자를 하는 데 있어 전환점이 되었다. 나는 리스크 관리가 성공의 열쇠라고 확신했고, 그 이후로 리스크를 많이 피하게 되었다. 그러자 실적이 크게 개선되었다. 나는 철저하게 손절했고, 그 결과 완전히 새로운 수준의 실적을 올렸다. 나는 이를 '손실 조정 연습Loss Adjustment Exercise'이라 부른다. 당신도 한번 해보라. 새로운 시야가 열릴 것이다.

1980년대에 나의 투자 계좌의 손익은 다음과 같았다.

그림 12.3 손실 조정 차트

거래	원래 계좌 실적			손실 조정 후 실적		
	손익 %	누적 %	총수익률 %	손익 %	누적 %	총수익률 %
		$ 100.00			$ 100.00	
1	6%	$ 106.00	6.00%	6%	$ 106.00	6.00%
2	8%	$ 114.48	14.48%	8%	$ 114.48	14.48%
3	10%	$ 125.93	25.93%	10%	$ 125.93	25.93%
4	12%	$ 141.04	41.04%	12%	$ 141.04	41.04%
5 (수익)	15%	$ 162.20	62.20%	15%	$ 162.20	62.20%
6 (수익)	17%	$ 189.77	89.77%	17%	$ 189.77	89.77%
7	18%	$ 223.93	123.93%	18%	$ 223.93	123.93%
8	20%	$ 268.71	168.71%	20%	$ 268.71	168.71%
9	28%	$ 343.95	243.95%	28%	$ 343.95	243.95%
10	50%	$ 515.93	415.93%	50%	$ 515.93	415.93%
11	-7%	$ 479.81	379.81%	-10%	$ 464.34	364.34%
12	-8%	$ 441.43	341.43%	-10%	$ 417.90	317.90%
13	-10%	$ 397.28	297.28%	-10%	$ 376.11	276.11%
14	-12%	$ 349.61	249.61%	-10%	$ 338.50	238.50%
15 (손실)	-13%	$ 304.16	204.16%	-10%	$ 304.65	204.65%
16 (손실)	-15%	$ 258.54	158.54%	-10%	$ 274.19	174.19%
17	-19%	$ 290.41	190.41%	-10%	$ 246.77	146.77%
18	-20%	$ 167.53	67.53%	-10%	$ 222.21	122.21%
19	-25%	$ 125.64	25.64%	-10%	$ 199.88	99.88%
20	-30%	$ 87.95	**-12.05%**	-10%	$ 179.89	**79.89%**
타율 50%	평균 수익률 18.40% 평균 손실률 -15.90%			평균 수익률 18.40% 평균 손실률 -10.00%		

- **수익:** (6, 8, 10, 12, 15, 17, 18, 20, 28, 50퍼센트)– **평균 수익률 18.40퍼센트**

- **손실:** (7, 8, 10, 12, 13, 15, 19, 20, 25, 30퍼센트)– **평균 손실률 15.90퍼센트**

- **누적수익률: –12.05퍼센트**

- **손실 –10퍼센트로 조정**(더 적은 손실 포함)

- **누적수익률: +79.89퍼센트**

참고 사항: 거래가 누적되는 순서는 중요하지 않다. 결과는 동일하다.

시장의 판결 받아들이기

> 매달리지 않으면 그 무엇과도 같이 추락할 일이 없다.
>
> — 토니 로빈스Tony Robbins

주식시장은 사실상 모두에게 엄청난 잠재적 보상과 기회를 제공한다. 절제력을 갖춘 투자자로서 당신에게는 성공 확률을 낙관할 충분한 이유가 있다. 그러나 주식시장은 아무런 통지 없이 타격을 입힐 수도 있다. 그래서 당신의 부푼 꿈을 재정적 악몽으로 바꿀 수 있다. 이는 2000년 3월에 시작된 약세장 동안 큰 손실을 입거나, 2007~2008년의 약세장에서 버티려고 애쓴 수천만 명의 투자자들이 배운 교훈이다. 블루칩 주식에 투자하든, 돼지 삼겹살을 거래하든, 모든 경험 많은 프로는 자존심을 부릴 여지가 없다고 말할 것이다. 시장은 리스크와 위험을 무시하는 사람은 누구라도 무너트릴 수 있고, 무너트릴 것이다. 각각의 약세장마다 새로운 그룹의 투자자들이 이 교훈을 힘겹게 배운다.

성공한 주식투자자가 되기 위해 당신이 익혀야 할 첫 번째 규율은 머리로 이해하기는 쉽지만 대다수는 꾸준히 실천하기가 어렵다는 것이다. 시장의 분노를 피하는 최선의 길은 그 판결을 받아들이는 것이다.

자신이 틀렸을 때를 아는 것

> 좋은 거래는 당신의 아이디어를 따르는 확신과 실수한 때를 인식하는 유연성 사이의 까다로운 균형에서 이뤄진다.
>
> — 마이클 스타인하트Michael Steinhardt

"당신이 틀렸다는 걸 어떻게 아나요?"라는 질문을 받곤 하는데, 나는 언제나 "주가가 떨어지는 걸 보고 안다"고 답한다. 그만큼 간단하다. 사실 매수 직후에 주가가 오르지 않으면 팔아버리는 경우도 많다. 주가가 하락하지 않아도 내가 예상한 대로 움직이지 않으면 한발 물러서서 재평가할 만한 이유가 된다. 매수한 주식의 주가가 매수가 아래로 떨어지는 것은 실수했다는 뜻이다. 적어도 타이밍은 틀린 것이다. 분명히 말하는데, 단기 투자자든 장기 투자자든 타이밍이 전부다. 애초에 부실한 선택이었던 투자로 손실을 입는 것만큼이나, 좋은 기업의 주식이라도 잘못된 시기에 매수하는 바람에 손실을 입기도 한다. **주식투자에 대한 방법론이나 접근법과 무관하게 큰 손실로부터 포트폴리오를 보호하는 유일한 방법이 있다면, 바로 적은 손실이 났을 때 큰 손실로 불어나기 전에 매도하는 것이다. 나는 30년 동안 주식투자를 하면서 이보다 나은 방법을 찾지 못했다.**

놀랍게도 수많은 성공한 투자자들이 이 상식적인 접근법을 지지했지만, 정작 따르는 사람은 극히 적다. 그 결과, (프로를 비롯하여) 아주 소수의 투자자들만 주식시장에서 탁월한 성과를 낸다. 명백히 투자자들이 꾸준히 따르기 가장 어려운 규율은 손실을 줄이는 것이다. 손절은 매수가 실수였음을 인정하는 과정을 수반하기 때문이다. 누구도 틀리는 걸 좋아하지 않는다.

큰 오류를 피하라

> ☙ 우리가 가진 취약점은 무엇이며, 그것을 최소화하고, 피하고, 그것에서 살아남고, 더 나은 성공 가능성을 우리 자신에게 제공하기 위해 우리가 할 수 있는 것은 무엇일까?
>
> — 바비 나이트_{Bobby Knight}

근래에 나는《투자자들은 정말 손실을 확정하기를 주저할까? 과거 수익률과 처분 효과에 대한 트레이딩 반응Are Investors Really Reluctant to Realize Their Losses? Trading Responses to Past Returns and the Disposition Effect》의 공저자인 이츠하크 벤 데이비드Itzhak Ben-David와 이야기를 나눌 기회가 있었다. 경제학자들은 수익 종목을 너무 빨리 처분하고 손실 종목을 너무 오래 갖고 있는 경향을 '처분 효과disposition effect'라 부른다.

벤 데이비드와 데이비드 허슐레이퍼David Hirshleifer는 1990년부터 1996년까지 대형 디스카운트 증권사에 개설된 7만 7,000개 이상의 계좌에서 드러난 주식 거래 양상을 살폈다. 그들은 이전에는 시도하지 않았던 분석을 다양하게 했다. 이를테면, 투자자들이 개별 주식을 언제 매수해서 언제 매도하는지, 각 매도에서 얼마나 벌거나 잃는지 확인했다. 또한 투자자들이 언제 이전에 매수한 주식을 추가 매수할 가능성이 높은지도 확인했다. 연구 결과는 〈금융학 리뷰Review of Financial Studies〉 2012년 8월호에 발표되었다.

이 연구는 다음과 같은 흥미로운 결론을 제시했다.

- 투자자들은 보유 주식이 큰 수익을 얻을 때까지 둘 가능성보다 큰 손실이 날 때까지 둘 가능성이 높다. 즉, 손실 종목을 너무 오래 갖고 있는 반면, 수익 종목을 너무 빨리 판다.
- 주가가 오른 종목보다 내린 종목을 추가로 매수할 가능성이 높다. 투자자들은 주가가 하락했을 때 선뜻 베팅을 늘린다.
- 투자자들은 적은 손실보다 적은 수익을 취할 가능성이 더 높다.

한마디로 대다수 투자자는 손실 포지션에서 너무 느리게 처분한다. 그 결과 견딜 수 없는 지경까지 버틴다. 이 과정에서 귀중한 자본과 시간이 잠식된다. 성공하려면 중대한 좌절, 더 나쁘게는 파국으로부터 계좌를 보호해야 함을 명심해야 한다. **큰 손실을 피하는 것은 단기 투자자로서 큰 수익을 내는 데 가장 중요한 요소다. 주가가 얼마나 오를지는 내가 제어할 수 있는**

부분이 아니다. **그러나 대부분의 경우 작은 손실을 감수할지, 큰 손실을 감수할지는 전적으로 당신의 선택이다.** 한 가지 장담한다면, 작은 손실을 받아들이는 법을 배우지 못하면 조만간 큰 손실을 감수하게 될 것이라는 점이다. 이는 불가피하다.

단기 투자 기법을 터득하려면 파괴적 성향에 직면해야 한다. 이 성향을 이해하고 인정해야 운명을 통제하고 일관성을 얻을 수 있다. 틀렸을 때 최대한 적게 잃는 법을 익히는 데 상당한 시간과 노력을 들여야 한다. 큰 오류를 피하는 법을 익혀야 한다.

비자발적 장기 투자자가 되지 마라

투자자들은 실수를 인정하기 싫어서 합리화한다. 그들은 맞았을 때는 (단기적으로 포지션을 드나들면서 수익을 내는) '트레이더'가 되었다가 틀렸을 때는 '장기 투자자'가 된다. 그들은 주가가 예상과 다르게 움직이면서 손실이 쌓이기 시작하면 갑자기 장기 보유를 결심한다. 제시 리버모어가 말한 '비자발적 장기 투자자'가 되는 것이다. 비자발적 장기 투자자는 적은 수익과 큰 손실이라는 쓰디쓴 과일을 수확한다. 이는 당신이 달성하려는 것과 정반대다.

모든 대규모 조정은 소규모 조정에서 시작된다. 10퍼센트 하락이 50퍼센트 하락의 시작인지는 시간이 지나서 때가 너무 늦기 전까지는 알 길이 없다. 주가가 일정한 정도만 하락했다가 다시 상승할지도 확실히 알 수 없다. 주가가 15~20퍼센트 하락할 것을 알았다면 애초에 매수했을까? 당연히 아니다. 주가가 매수가 아래로 떨어졌다는 사실은 타이밍을 잘못 잡았음을 뜻한다. 주식을 매수하면 대개 50~60퍼센트의 확률로 이런 일이 일어난다. 최고의 투자자는 호황장에서 약 60~70퍼센트의 승률로 수익 종목을 고를 수 있다. 이는 그들의 선택 중 30~40퍼센트는 수익이 나는 대신 손실이 난다는 뜻이다.

실제로 정확한 종목을 고를 확률이 50퍼센트만 돼도 큰 성공을 누릴 수 있다. 다만 손실을 통제해야 한다. 2번이나 3번 중 1번만 수익 종목을 골라도 돈을 벌 수 있다. 다만 계좌에 감당할 수 없는 타격을 입히기 전에 손실 종목을 매도해야 한다. 모든 아낀 돈은 번 돈이다. 또 다음 대박 종목에 올라탔을 때 불릴 수 있는 돈이다. 비자발적으로 장기 투자자가 되지 마라.

내려가봐야 얼마나 내려갈까?

❧ 우리 시대에는 한때 금박이 입혀진 주식으로 여겨졌지만 지금은 거의, 또는 전혀 가치 없는 수백 개 종목을 쉽게 나열할 수 있다. 이처럼 좋은 주식도 무너지며, 그와 함께 지속적인 부의 분배 속에서 보수적인 투자자들의 재산도 무너진다.

- 제시 리버모어

일부 투자자는 양질의 주식만 매수하기 때문에 손절이 필요 없다고 생각한다. 그러나 안전한 주식 같은 것은 없다. 많은 '보수적 투자자'가 장기 투자 목적으로 블루칩 주식을 보유하고 있다가 망했다. 그들의 철학은 우량주를 보유하고 있다면 인내심을 갖는 것이 신중한 태도라는 것이다. 그것이 당신의 전략이라면, 유감스럽게도 결국 불쾌한 뜻밖의 사태를 맞게 될 것이다. 그것은 단지 게으름쟁이의 전략 또는 전략의 부재에 불과하다.

코카콜라나 애플 또는 다른 유명 기업이라는 이유로 "절대 망할 일은 없다"는 말을 얼마나 많이 들었는지 모른다. 그러나 그런 기업이 망하지 않을 수도 있고, 망할 수도 있으며, 70퍼센트 넘게 조정받았다가 회복하는 데 10년이 걸릴 수도 있다. 코카콜라의 주식은 1973년에 고점을 찍은 후 70퍼센트 하락했으며, 이후 회복하는 데 11년이 걸렸다. 물론 투자자들은 연 몇 퍼센트씩 배당을 받았다. 그러나 배당은 물가상승률을 넘어서지 못했고, 투자자들은 여전히 상당한 손실을 끌어안아야 했다. 1998년에 코카콜라의 주식은 다시 고점을 찍었다. 이후 주가는 5년 동안 50퍼센트나 하락했다.

수많은 '우량' 기업이 주가가 심하게 하락하는 시기를 겪었다. 이스트먼 코닥Eastman Kodak의 주식은 1973년에 고점을 찍은 후 회복하는 데 14년이 걸렸다. 하지만 때마침 1987년의 대폭락장을 만나서 다시 주가가 침체되었으며, 1973년 고점을 회복하는 데 8년이 더 걸렸다.

제록스도 1973년에 고점을 찍었으며, 회복하는 데 24년이 걸렸다. 이 기간에 S&P500은 500퍼센트 넘게 상승했다. 1960년대에 에이본 프로덕츠Avon Products의 주식은 상당한 인기를 끌었다. 주가가 실적을 크게 앞서서 오를 정도였다. 그 결과 1958년에 3달러이던 주가가 1972년에는 140달러까지 올랐다. 그러나 140달러에서 고점을 찍은 후에는 19달러까지 폭락했다. 겨우 1년 만에 86퍼센트나 하락해버린 것이다. 14년 후에도 주가는 여전히 19달러에 머물렀다.

1999년 12월부터 2002년 2월까지 32개월 동안 맥도날드의 주가는 72퍼센트 하락했다. 2000년 8월에 AT&T의 주식은 4년이 채 못 되어 80퍼센트나 떨어지며 하락했다. 시스코 시스템스의 주가는 2000년 4월부터 30개월에 걸쳐 90퍼센트 폭락했다. 2000년에 기관 선호 종목인 루슨트 테크놀로지스Lucent Technologies의 주가는 고점을 찍은 후 35개월 동안 99퍼센트 하락했다.

어떤 주식도 영원히 보유할 수 없다. 몇 달 동안이라도 신경 쓰지 않고 리스크 없이 보유할 수 있는 종목은 드물다. 좋은 기업의 주식도 잘못된 시기에 매수하면 형편없는 투자 상품이 된다. 오늘날 많은 투자 등급 기업들은 새로운 난관이나 악화되는 사업 여건 또는 미래 실적 잠재력에 중대한 영향을 미치는 규제 변화에 직면한다. 문제가 명확해지기 전에 주가는 예상에 따라 급락한다. 그래도 경영진은 다 괜찮다고 말한다. 그렇지 않은가? 상장사에서 펀더멘털 측면의 문제가 불거지면 경영진은 최악의 정보원이 된다. 그들은 주가를 방어하기 위해 주주들을 헷갈리게 만든다. 그래서 합법적으로, 때로는 불법적으로 가능한 한 모든 수단을 동원한다. 2008년에 제너럴 모터스는 파산했다. AIG와 리먼브라더스 또는 그 전의 엔론과 월드컴은 어떤가? 이는 한때 우량주였다가 파산한 기업 중 몇몇에 불과하다.

주가가 내려가봐야 얼마나 내려가냐고? 0까지 내려간다!

카지노 방문

✎ 꾸준하게 수익을 내는 사람은 포지션이 강해질 때 베팅을 키우고, 확률이 불리할 때 발을 뺀다. 반면 꾸준하게 손실을 내는 사람은 기적을 바라고, 패배의 스릴을 즐기면서 모든 큰 판에서 씁쓸한 결말을 맞을 때까지 버틴다. 포커판과 투자판에서 기적은 패자가 계속 돈을 잃을 정도로만 일어난다.
- 피터 린치, 《전설로 떠나는 월가의 영웅》

나는 카지노에서 사람들이 세븐 포커를 치는 모습을 처음 봤을 때 주식 거래와 비슷하다고 생각했다. 앤티$_{ante}$(먼저 돌리는 3장의 카드를 보기 위한 첫 베팅—옮긴이)는 0.50달러였다. 그러나 팟$_{pot}$(승자가 이기는 패로 받아가는 판돈—옮긴이)은 평균 약 50달러였다. 따라서 플레이어는 0.50달러로 100배를 딸 가능성이 있음을 충분히 가늠할 수 있었다.

나는 포커판에서 하룻밤을 보낸 후 1,400달러를 벌었다. 비결이 뭐냐고? 나는 주식을 거래하는 방식대로 포커를 쳤다. 즉, 판이 예상대로 흘러가지 않으면 바로 패를 접었다. 플레이할 만한 패를 받지 못하면 다른 플레이어들을 상대로 베팅하지 않았다. 그냥 패를 접고, 판에 참가한 대가인 0.50달러라는 작은 손실을 받아들였다. 나는 이기는 패를 가지면 손실의 몇 배를 딸 수 있다는 사실을 알았다. 30번 연속으로 패를 접은 적도 있었다. 앤티가 0.50달러이니 15달러를 잃은 셈이었다. 그래도 팟의 평균 액수는 50달러였다. 50번을 접고 1번만 따도 잃은 돈의 2배를 벌 수 있었다.

그렇다면 다른 플레이어들은 내가 강패를 잡았을 때만 계속 플레이한다는 사실을 알면서도 왜 접지 않았을까? 바로 자존심 때문이다! 강한 자존심은 약한 절제력을 뜻한다. 포커판에는 언제나 '액션'을 찾는 절제력 없는 플레이어들이 있다. 주식시장도 다를 바 없다. 다만 대개의 투자자가 포커 플레이어보다도 절제력이 부족하다는 점이 다르다. **도박꾼과 단기 투자자의 아킬레스건은 모든 판에서 플레이하려는 욕구다. 이는 조바심이 좋은 판단을 압도해버리는 인간적 약점이다.**

포커판에서 어중간한 패를 접는 것은 주가가 매수가 아래로 떨어진 직후에 계좌를 지키기 위해 매도하는 것과 같다. 손실 거래는 불가피하다. 손실을 제한하면 절제력이 부족한 대다수 투자자를 앞지를 수 있다. 최고의 투자자는 실수를 인식하고 담담하게 손절한 후 다른 거래에 집중한다. 그래서 그들은 다음 기회를 위한 자금을 보존한다.

100만 분의 1

트레이더로서 확실하게 보장된 1,000달러와 모든 것을 잃을 1퍼센트의 확률이 적용되는 100만 달러 중에서 어느 쪽이 더 나을까? 이는 사실 양자택일의 문제가 아니다. '트레이더로서'라는 핵심 구절에 주목하라. 당신이 변호사라면 단 한 번만 재판에 나갈 것인가? 의사라면 단 한 번만 수술을 할 것인가? 주식투자자로서 당신의 결정은 일회성 이벤트에 기반하는가? 당연히 아니다. 평생에 걸쳐 수백, 수천 번 거래할 것이다.

앞선 문제에 대한 답은, 일회성 이벤트라면 100만 달러를 받아야 한다는 것이다. 그러나 100번 이상 많은 거래를 수반한다면 1퍼센트의 확률이 분명 빈털터리로 만들 것이다. 따라서 확실한 1,000달러를 챙기는 편이 낫다.

주식 트레이더가 될 생각이라면 오랫동안, 수십 년 동안 거래하게 될 것이다. **각각의 거래를 장기간에 걸친 100만 번 중 단 1번이라고 생각하면 작은 손실을 감수하고 다음 거래로 넘어가기가 훨씬 쉬워진다.** 절제력을 유지하고, 좋은 판단력을 발휘하며, 성공 가능성이 높은 상황에서 플레이하면 장기적인 확률 분포에 따라 수익을 낼 수 있다.

포커판과 주식판에서는 확실성이 아니라 가능성에 따라 플레이한다. 즉, 항상 옳을 수는 없다. 장기적으로 손실 거래에서 잃는 돈보다 수익 거래에서 버는 돈이 더 많기만 하면 성공할 수 있다. 나는 각 거래를 오랫동안 접할 수많은 판 중 하나, 100만 분의 1로 간주한다.

무엇이 다를까?

어떤 주식이 좋아 보여서 30달러에 매수한다. 펀더멘털이 아주 좋아 보이고, 미래가 밝아 보이며, 주가도 잘 움직이고 있다. 그런데 갑자기 공장이 예정된 날짜에 가동되지 않아서 주당순이익이 추정치보다 많이 적을 것이라는 발표가 나온다. 다음 날, 장이 열리자마자 주가는 매수가보다 10퍼센트 아래로 떨어진다. 그러면 매도하여 손실을 감수할지, 아니면 기다릴지 결정해야 한다.

내가 던지고 싶은 질문은 이것이다. 주가가 악재를 극복하고 회복되기를 기다리면서 10퍼센트 하락한 주식을 계속 안고 가는 것과, 처음부터 좋아 보이는 신선한 종목을 매수하는 것은 무엇이 다를까? 그 답은 당신의 자존심 문제 말고는 다르지 않다는 것이다. 성공하는 투자자는 기어를 바꾸고 변화를 받아들일 줄 안다. 그들은 주식과 사랑에 빠져서 상황이 악화되는 것을 보고만 있지 않는다. 목표는 당신이 맞고 시장이 틀렸음을 증명하는 것이 아니라 돈을 버는 것이다. 지난 거래는 잊고 다른 주식을 찾아라. A주식으로 돈을 벌든, B주식으로 돈을 벌든 무엇이 다른가? 30달러에 매수한 주식의 주가가 지금 27달러라면 약 11퍼센트 상승해야 본전을 찾는다. 현재 포지션을 유지하면서 주가가 30달러로 반등하기를 기다리는 것과 50달러에 새로운 종목을 매수한 후 주가가 56달러로 상승하기를 기다리는 것은 다르지 않다. 새로 매수한 종목의 기업은 공장을 제때 열 수 있다는 점을 제외하면 말이다.

아주 좋은 조건

포커를 칠 때 딜러가 나눠주는 패를 보려면 비용이 든다. 게임에 참가하는 시간 요금을 하우스에 지불해야 할 뿐 아니라 앤티 또는 블라인드_{blind}를 내야 한다. 이제 모든 패를 공짜로 볼 수 있고, 패가 유리할 때만 베팅할 수 있다고 상상해보라. 장기적으로 보면 절대 돈을 잃지 않을 것이다. 주식시장이 지닌 장점 중 하나는 숙련자와 미숙련자, 프로와 아마추어를 막론하고 모든 참가자가 같은 링에서 경쟁한다는 것이다. 이는 시장이 순전히 무작위적이지 **않은** 한 가지 이유다. **주식시장에서 무료로 관람석에 머무르면서 관찰하는 호사를 누릴 수 있고 돈을 걸 만한 최고의 적기를 기다릴 수 있다. 또한 베팅하기 전에 무료로 시장의 '패'를 볼 수 있다. 이는 엄청난 이점이지만, 활용하는 사람이 드물다.**

시장의 모든 움직임에 동참할 필요가 없다. 사실 그러면 안 된다. 엄격한 기회주의자가 되어라. 까다로운 태도로 아주 신중하게 진입 지점을 골라라. 행동하기 전에 확률이 유리해질 때까지 기다려라. 인내심과 절제력을 발휘하면 당신보다 절제력과 실력이 부족한 사람들로부터 이득을 취할 수 있다. 당신이 아무것도 하지 않는 동안 미숙한 상대들은 당신의 성공을 위한 토대를 놓는다. 당신은 공짜로 기다리면서 그 모습을 지켜볼 수 있다. 얼마나 좋은 조건인가!

실수가 문제가 될 때

성공하는 투자자와 성공하지 못하는 투자자의 차이는 손실 종목에 투자했을 때 보이는 반응에 있다. 실수가 자존심을 무너트리는 경험일 이유는 전혀 없다. 틀리는 것은 문제가 아니다. 실수하는 것도 문제가 아니다. 문제는 실수를 인정하지 않으려는 것이고, 틀린 상태를 지속하는 것이다.

— 댄 설리번Dan Sullivan

당신은 자신이 아무리 똑똑하다고 생각하든 간에 시간이 지나면서 분명히 많은 실수를 저지르게 될 것이다. 누구나 그렇다. 실패한 거래 중 다수는 당신의 실수 때문이 아니라 그저 예측할 수 없는 상황 때문일지도 모른다. 진정한 실수는 상황이 변한 후에도 조정을 거부할 때 나온다. **누구도 절대 손실을 내지 않을 만큼 뛰어날 수 없다. 틀리는 것은 불가피하다. 그러나 틀린 상태를 지속하는 것은 선택의 문제다.** 틀린 상태를 지속하는 것은 치명적일 수 있어서 건강에 타격을 입힐 수 있다. 현실을 부인하면 더 이상 주식 거래를 하는 것이 아니며, 투자 자금을 운명에 희생시킨 셈이다. 스트레스와 심장질환 및 궤양의 연관성은 잘 알려져 있다. 건강과 자신감 그리고 돈을 지키려면 나쁜 패를 버리고 다음 판으로 넘어가는 법을 익혀야 한다.

바보 같다는 생각이 들지 않는다면
리스크를 관리하지 않는 것이다

가끔 주식을 손절한 후에 주가가 반등하는 때가 있다. 나도 이런 경우를 숱하게 겪었다. 그때 스스로 멍청하다고 느끼거나 화를 낼까? 아니다. 주식 투자는 장기적으로 이긴 판의 수익이 진 판의 손실을 넘어서게 만드는 확률 게임이다. 당신이 항상 옳을 것이라고 생각하거나, 손실 종목을 안고 있어도 절대 빈털터리가 되지 않을 것이라고 생각하는 것은 비현실적이다. **당신이 바보 같다는 생각을 하게 만드는 것은 멍청한 짓을 하도록 시장이 압박을 가하는 방식이다. 그것에 굴복하지 마라. 절제력을 유지하면서 손실을 줄여라. 리스크 관리의 대안은 리스크를 신경 쓰지 않는 것이며, 그렇게 하면**

절대 좋은 결과가 나오지 않는다.

이런 생각은 당연한 것인데도, 간과되는 경우가 너무 많다. 비밀은 아니지만(성공한 단기 투자자들이 쓴 책에서 가장 자주 언급되는 주제다) 실천하기는 어렵다. 인간 본성에 어긋날 뿐 아니라 엄격한 절제력 그리고 자존심과의 결별을 요구하기 때문이다. 내가 당신을 운동으로 체중을 줄이기 어려운 만큼, 손실을 줄이게끔 하기도 어렵다. 이는 개인적인 선택이다. 내가 할 수 있는 일은 나 자신의 성공을 통해 알게 된 것들을 공유하고, 주식시장이 실수에 쉽게 낙담하는 사람들에게 맞지 않는다는 사실을 말해주는 것뿐이다. 다시 말해, 실수는 교훈이자 더 나아질 수 있는 기회다. 그런 경험은 학습 과정에서 가장 중요한 부분이다. 손실을 줄인다고 해서 주식시장에서 성공한다는 보장은 없다. 그래도 살아남는 데는 도움이 된다.

왜 손절에 실패할까?

투자자들은 대개 자신이 보유한 주식에 애착을 갖는다. 그들은 오랜 시간을 들여서 세심하게 조사한다. 그래서 주식을 매수할 근거를 마련하고, 실적 보고서를 확인하고, 기업의 제품을 사용해보기도 한다. 그들은 자신이 자랑스럽게 선정한 종목의 주가가 급락하면 믿을 수 없다는 태도를 취한다. 그래서 하락할 만한 이유가 있다고 핑계를 댄다. 그들은 증권사에 전화를 걸거나 인터넷을 검색하여 기업에 대한 자신의 신뢰를 뒷받침할 만한 우호적인 의견을 찾는다. 그리고 유일하게 중요한 의견, 바로 시장의 판결을 무시한다.

주가가 계속 하락하면 손실이 불어난다. 그러면 하락폭이 너무 크고 견딜 수 없어서 마침내 수건을 던지고 완전히 실의에 빠진다. 이런 치명적인 함정에 빠지지 마라. **주식시장에서 오랫동안 성공하려면 옳은 것보다 돈을 버는 것이 훨씬 중요하다고 확실하게 결정해야 한다. 자존심은 뒤로 물려야 한다는 말이다.**

이 결정이 쉬워 보인다면 다시 생각하라. 많은 사람은 이 문제를 바로잡지 않은 채 단기 투자를 한다. 그들의 자아상은 거래의 성패에 좌우된다. 그 결과 그들은 실수를 인정하기보다 손실 종목에 대한 핑계를 댄다. 궁극적으로 손절의 성공은 투자 결정에서 희망, 공포, 자긍심, 흥분 같은 감정을 배제하는 능력에 달려 있다. 적어도 감정이 좋은 판단을 압도하지 않는 수준은 되어야 한다.

대다수 투자자는 심리적 함정에 빠진다. 희망과 탐욕의 감정은 손실 또는 같은 맥락에서 수익을 내고 보유 물량을 매도한다는 결정에 혼란을 초래한다. 그들은 매도하기가 어려워서 손실 포지션을 합리화한다. 그리고 매도하기 전에는 손실이 확정되지 않는다고 자신을 설득한다. **손실은 주식투자의 일부다. 손실을 감당할 준비가 되어 있지 않다면 결국 많은 돈을 잃을 각오를 해야 한다.**

보다시피, 나는 이 책에서 두 장을 리스크 관리에 할애했다. 그 이유는 주식 거래와 인생에서는 패배에 대처하는 방식이 평범함과 탁월함을 가르기 때문이다. **개별 종목은 뮤추얼펀드와 달라서 매니저가 없고, 스스로 관리하지도 않는다. 당신이 매니저다.** 주식투자는 버티면서 기다리기만 한다고 해서 반드시 모든 것이 '괜찮아지는' 일은 없다. 단기 투자자에게 작은 손실은 투자 비용에 불과하다. 손절은 유통업체의 할인과 같다. 뛰어난 유통업체는 1년 후에 특정 스타일이나 제품이 다시 유행하기를 바라면서 안 팔리는 제품을 끌어안고 있지 않는다. 그들이 똑똑하다면 할인해서 최대한 빨리 매대에서 치운다. 그리고 모두가 사고 싶어 하는 제품으로 매대를 다시 채운다.

TRADE LIKE

A STOCK MARKET

WIZARD

13장

리스크 대처 및 통제 방법

٭ 나는 인생과 주식 거래에서 성공하기 위해 두 가지 기본적인 규칙을 따른다. 그것은 (1) 베팅하지 않으면 돈을 딸 수 없다는 것과 (2) 칩을 모두 잃으면 베팅할 수 없다는 것이다.

- 래리 하이트Larry Hite

나는 30년 동안 8번의 강세장을 즐기고, 8번의 약세장을 견디면서 주식을 거래했으며, 전적으로 스윙 매매를 통해 부를 쌓았다. 나는 경험을 통해 힘겹게 교훈을 얻었다. 그 덕분에 운 좋게도 꾸준한 성공을 즐기면서 원금뿐 아니라 대부분의 수익을 보존할 수 있었다. 당신은 어떻게 할 것인가? 다시 말해서 어떻게 시간의 검증을 견딜 것인가? 어떻게 강세장에서 수익을 낼 뿐 아니라 약세장에서 수익을 보존할 것인가? 그 비밀은 숨겨져 있지 않으며, 사실 비밀도 아니다. 핵심은 리스크 관리다.

리스크는 손실 가능성이다. 주식을 보유하고 있으면 언제나 주가가 떨어질 가능성이 있다. 즉, 주식에 투자하는 한 리스크에 노출된다. 주식 거래의 목표는 리스크보다 보상 잠재력이 큰 거래를 통해 꾸준히 돈을 버는 것이다. 그러나 대다수 투자자들의 문제점은 보상 측면에 지나치게 초점을 맞추고 리스크 측면을 충분히 고려하지 않는 것이다. 이는 간단한 문제처럼 보이지만, 지금부터 내가 하려는 조언을 따르는 사람은 많지 않을 것이다.

주식시장에서 모든 사람의 목표는 돈을 버는 것이다. 모두가 같은 목적을 가진 환경에서 성공하려면 대다수 투자자들이 의식적으로 하지 않거나, 무의식적으로 하지 못하는 일을 해야 한다. 당신이 성공한 후 돌아보면, 다른 사람들과의 핵심적인 차이는 절제력임을 알게 될 것이다. 나는 오랜 기간에 걸쳐 투자자들이 약세장이나 경제적 난관 때문이 아니라 정신적 난관 때문에 돈을 잃거나 초수익을 달성하지 못한다는 사실을 깨달았다. 이런 개인적 실패로 인해 뒤늦게 '10퍼센트 하락했을 때 왜 팔지 않았지?'라고 자책한다. 30~40퍼센트 하락한 다음에는 갑자기 10퍼센트 손실이 그렇게 나쁘지 않아 보인다.

이런 말이 익숙하게 들리는가? 당신은 어떤 주식을 35달러에 매수했고, 32달러에 매도하기를 주저한다. 뒤이어 주가는 26달러까지 떨어진다. 이제 매수가인 35달러에라도 매도할 수 있다면 기쁠 것이다. 그러나 주가는 16달러까지 떨어진다. 그제야 당신은 '작은 손실을 보고 빠져나갈 기회가 있었는데 왜 26달러나 심지어 32달러에 팔지 않았지?'라고 생각한다. 투자자들이 이런 상황에 처하는 이유는 리스크에 대처하기 위한 적절한 계획 없이 자존심이 끼어들도록 놔두기 때문이다. 적절한 계획은 실천을 요구하며, 그러기 위해서는 절제력이 필요하다. 그 부분은 내가 해줄 수 없다. 다만 어떻게 하면 되는지는 가르쳐줄 수 있다.

생활 습관을 길러라

평범함과 뛰어남의 차이는 절제가 거래를 위한 원칙만이 아니라 뛰어난 성과를 위한 원칙이라는 근본적인 믿음에 있다. 리스크 관리는 절제력을 요구한다. 전략을 고수하려면 절제해야 한다. 합당한 계획이 있어도 절제력이 부족하면 감정이 거래에 끼어들어서 일을 망친다. 절제는 습관으로 이어진다. 그것은 좋은 습관이 될 수도 있고, 나쁜 습관이 될 수도 있다. 이는 오랜 기간에 걸쳐 자신에게 어떤 규율을 적용하느냐의 문제다. 당신은 다른 사람들처럼 매일 아침 일어나면 양치질을 한다. 매일같이 양치질하는 게 지겨우니까 이번 달에는 치아 관리를 쉬어야겠다고 생각하지는 않는다. 양치질은 수년간의 반복과 시간을 들일 가치가 있다는 믿음에 따라 자동으로 이뤄지며, 머릿속에 각인된다. 이런 심리적 조건화는 운동과 건강한 식생활 같은 것에도 적용되며, 이는 사람들이 일상에서 우선시하기로 선택하는 생활 습관이 된다.

감정적으로, 절제력 없이 포트폴리오를 관리한다면 격렬하고 피곤한 변화를 각오해야 한다. 그리고 결국에는 노력의 대가로 내세울 만한 가치 있는 성과를 얻지 못할 것이다. **좋은 주식 거래는 따분하다. 나쁜 주식 거래는 흥분되고 솜털이 곤두서게 만든다. 당신은 따분하지만 부유한 투자자가 되거나, 흥분을 추구하는 도박꾼이 될 수 있다. 이는 전적으로 당신의 선택에 달려 있다.** 명석한 반복적 작업은 성공적인 거래 습관을 심어준다. 긍정적인 성과를 내는 일을 하는 습관을 들이는 것은 가치 있다. 다만 뛰어난 성과를 위한 원칙, 바로 절제가 필요하다.

비상 계획 수립

☞ 성공은 절대 완결되지 않는다.

- 윈스턴 처칠

주식시장과 인생에서 리스크는 불가피하다. 우리가 할 수 있는 최선은 합당한 계획을 통해 리스크를 관리하는 것이다. 주식에 투자할 때 리스크를 관리하는 유일한 길은 언제, 얼마나 사고팔지, 그리고 어떻게 최대한 많은 잠재적 사건에 대비할지 파악하는 것이다. 주식투자자는 자신을 보호하기 위해 매도하는 법을 익혀야 한다. 주가를 움직이는 힘은 통제할 수 없기 때문이다. **리스크 회피가 아니라 리스크 관리를 목표로 삼아야 한다. 즉, 리스크를 완화하고 손실 가능성 및 금액을 상당한 수준으로 통제해야 한다.**

나는 주식 거래에서 어떤 것도 운에 맡기고 싶지 않다. 카지노에 가서 블랙잭을 할 때는 이길 확률이 어느 정도인지 안다. 운을 시험해보고 싶다면 그것이 내가 바랄 수 있는 최선이다. 그러나 주식 거래에서는 도박을 하지 않는다. 그것은 생계와 안정을 걸고 주사위를 굴리는 꼴이다. 주식시장에서 성공을 보장받는 최선의 방법은 비상 계획을 수립하고, 새로운 시나리오를 파악하고 직면할 때마다 갱신하는 것이다. 성가시고 갑작스러운 문제없이 거래하는 것을 목표로 삼아야 하며, 그러기 위해 모든 상황에 안정적으로 대처할 방법을 찾아야 한다. 미리 대책을 세워두는 것은 리스크를 효과적으로 관리하는 데 매우 중요하다.

프로들은 적절한 준비를 한다. 실행하려면 준비해야 한다. 나는 투자하기 전에 발생할 수 있는 모든 상황에 대한 대책을 미리 세워둔다. 내가 대비하지 않은 상황은 생각할 수 없다. 새로운 상황이 발생하면 비상 계획에 추가한다. 예상치 못한 새로운 사안이 불거지면 비상 계획이 확장된다.

비상 계획을 미리 세워두면 포지션에 변화가 생기거나 예상치 못한 상황에 직면했을 때 신속하고 과감하게 대응할 수 있다. 또한 수익 실현에도 대비해야 한다. **각 거래일에 장이 열리기 전에 그날 생길 만한 일을 토대로 각 포지션을 어떻게 처리할지 머릿속으로 연습하라. 그러면 장이 열렸을 때 당**

황할 일이 없다. 이미 어떻게 대응할지 알고 있기 때문이다.

조종사가 747 점보 제트기를 조종하듯이 포트폴리오를 운용해야 한다. 조종사는 안전한 비행을 위해 모든 가능한 비상사태에 대비하여 사전 계획을 세운다. 거기에는 엔진 고장, 악천후, 유압장치 결함, 수백 개의 다른 기계적, 전기적 문제가 포함된다. 또한 뇌우를 만나는 것부터 승객이 문제를 일으키는 것까지 다양한 가능성을 고려한다. 그래서 문제가 생기면 논쟁하거나 지체하지 않는다. 모든 상황에 대한 절차나 대응이 마련되어 있다. 이는 훈련과 대비를 통해 이뤄진다. 대비하지 않으면 취약해진다. 2001년에 발생한 9·11테러는 적절한 대비의 중요성을 상기시켰다. 그 결과 현재는 조종석 문이 강화되었으며, 1960년대에 도입된 항공 경찰관 제도가 확대되었다. 일부 조종사는 무장까지 갖추었다. 지난 실수로부터 배우고 적절하게 대비하는 일은 안전한 여행뿐 아니라 안전한 투자도 가능케 한다.

나는 주식 거래에서 다음 네 가지 기본 비상 계획을 따른다.

1차 손절

나는 주식을 매수하기 전에 미리 주가가 어디까지 떨어지면 포지션을 탈출하는 손절선을 정한다. 그래서 주가가 손절선에 닿는 순간 주저 없이 매도한다. 일단 발을 뺀 후에는 냉정하게 상황을 평가할 수 있다. 1차 손절선은 포지션을 잡는 초기 단계에 가장 중요하다. 주가가 상승하면 매도 지점을 올려서 추적 손절매$_{Trailing\ stop}$(매수 후 주가가 상승함에 따라 수익을 지키기 위해 매도 지점을 점진적으로 높이는 것—감수자) 또는 방어벽$_{backstop}$(이 정도의 수익은 반드시 지켜야 한다는 기준하에 매도 지점을 정하는 것. 예를 들면, 평균 수익률이 20퍼센트인 투자자라면 주식이 30퍼센트 이상 상승하면 평균 수익률인 20퍼센트에 방어벽을 두어 주가 변동성을 감내하고 주식이 더 높게 상승할 수 있는 여지를 주는 한편, 최소한 평균 수익률은 지키는 전략—감수자)을 통해 수익을 보호해야 한다.

재매수

일부 주식은 건설적인 매수 지점을 만들고, 심지어 유망한 베이스에서 벗어나면서 매수자들을 끌어들인다. 그러나 이후 갑자기 가격 조정이나 급격한 되돌림을 거치면서 손절을 초래한다. 이런 일은 시장이 전반적인 약세나 높은 변동성을 겪을 때 일어나는 경향이 있다. 그러나 강한 펀더멘털을 지닌 주식은 조정이나 되돌림 이후에 재설정을 통해 새로운 베이스나 적절한 매수 지점을 형성할 수 있다. 이런 강한 모습은 바람직한 신호다. 때로는 두 번째 매수 지점이 첫 번째 매수 지점보다 강력하다. 이런 주식은 다시 추세를 되살리는 과정에서 또 다른 약한 보유자들을 털어낸다. 그래서 많은 거래량과 함께 두 번째 바닥에서 벗어나면 제대로 상승할 수 있다.

다만 주가가 하락해도 다시 매수 지점을 형성할 것이라고 가정하지는 말아야 한다. 언제나 자신을 보호하고 손실을 줄여라. 다른 한편으로 손절당하는 일이 생기더라도 그 주식을 미래의 매수 후보 종목에서 무조건 배제하지 마라. 아직 잠재적 수익 종목의 모든 속성을 갖고 있다면 재진입할 지점을 찾아라. 그냥 타이밍이 안 맞았을 수도 있다. 대박 종목을 잡으려면 2~3번 시도해야 한다. 프로 트레이더들은 그렇게 한다. **아마추어는 1~2번 손절당한 종목을 두려워하거나, 마음고생을 걱정한다. 반면 프로는 객관적이고 냉철한 자세를 유지한다.** 그들은 각각의 거래를 리스크 대 보상의 관점에서 평가한다. 그래서 각각의 매수 지점을 새로운 리스크 내지는 새로운 기회로 바라본다. 어떤 사람들은 매도 직후 같은 종목에 재진입하는 것은 아마추어 같은 행동이라고 생각한다. 나는 감정 때문에 기회를 놓치는 것도 역시 아마추어 같은 행동이라고 생각한다. 특히 요동치는 시장에서 손절매를 활용하여 리스크를 관리하는 일은 때로 헛수고를 하는 듯한 느낌을 안긴다. 그 좌절감을 인식하고 자존심 때문에 리스크 관리에 소홀하면 안 된다는 사실을 상기하라. 당신은 첫 번째 시도에서 실패했다. 그게 무슨 큰일인가? 당신은 두 번째 시도에서도 실패했다. 똑똑한 물고기인 모양이다! 그냥 웃어넘기고 낚싯대와 릴을 계속 준비하라. 중요한 것은 장기적인 결과다. 내가 거래했던 최고의 종목 중 일부는 이전에 여러 번 나의 포지션을 손절시키고 다시 베이스를 다졌다.

수익 실현

주가가 손절폭의 몇 배에 해당하는 상승폭을 쌓았을 때 수익이 손실로 바뀌게 하면 안 된다. 예를 들어, 손절선을 7퍼센트 하락한 지점에 설정했다고 가정하자. 주가가 20퍼센트 상승하면 해당 포지션이 모든 수익을 반납하고 손실을 내도록 하면 안 된다. 이런 일을 방지하기 위해 손절선을 손익분기점으로 올리거나 추적 손절 주문으로 바꿔서 대부분의 수익을 지켜야 한다. 근사한 수익이 난 포지션에서 본전만 찾으면 바보 같은 기분이 들 것이다. 그러나 쏠쏠하던 수익이 손실로 바뀌면 기분이 더 나쁠 것이다.

일정한 시점이 되면 포지션을 정리해야 한다. 매도는 두 가지 방법으로 할 수 있다.

- 강세에 매도, 즉 주가가 오르는 동안 현금화하는 것
- 약세에 매도, 즉 주가가 내리는 동안 현금화하는 것

강세 매도는 프로 트레이더들이 경험을 통해 학습한 관행이다. 주가가 빠르게 상승할 때와 기세를 소진했을 때를 파악하는 것이 중요하다. 매수자가 많으면 포지션을 쉽게 정리할 수 있다. 또는 주가 상승세가 끊긴 직후에 첫 약세 신호에서 매도할 수도 있다. 강세 매도와 약세 매도에 대한 계획을

모두 세워둬야 한다.

재난 계획

네 번째 비상 계획이 필요한 상황은 자주 일어나지 않을지 모른다. 그래도 재난 계획은 당신의 포트폴리오를 구하고 모든 노력의 대가를 보호할 수 있다. 몇 년 동안 주식 거래로 불린 계좌가 제대로 대비하지 못했다는 이유로 무작위적인 블랙 스완 black swan (가능성이 극히 낮은 문제가 발생하는 사태—옮긴이)에 타격을 입는 것은 안타까운 일이다. 재난 계획은 비상 계획에서 가장 중요한 요소로 드러날 수 있고, 실제로 그렇게 될 가능성이 높다. 재난 계획은 인터넷이나 전기가 끊어졌을 때 대처하는 방법과 같은 문제를 다룬다. 예비 시스템이 있는가? 아침에 일어나서 뉴스를 확인했더니 어제 주식을 산 기업이 증권거래위원회의 조사를 받고 있으며, 대표가 횡령한 공금을 들고 해외로 도피하는 바람에 큰 갭 하락이 나올 것 같다면 어떻게 대응할 것인가?

비상 계획의 중요한 역할은 곤경에 처했을 때 좋은 판단을 하도록 돕는 것이다. 나는 주식시장에서 오래 살아남기 위해, 아주 나쁜 일이 일어날 것처럼 매일같이 포트폴리오를 운용한다. 그래서 언제나 최악의 시나리오에 대비한다.

비상 계획은 잠재적 상황에 대한 대응법을 담고 있는 거래 전략만큼 탄탄한 심리적 전략을 갖추도록 해준다. 어떤 상황은 미리 대비해두지 않으면 즉시 편향되지 않은 행동을 취해야 할 때 서로 충돌하는 생각들로 이어질 수 있다. 비상 계획 수립은 지속적인 과정이다. 새로운 문제를 겪으면 대응 절차를 만들어야 한다. 이 절차는 비상 계획의 일부가 된다. 모든 답을 아는 일은 불가능하다. 그러나 대부분의 상황을 포괄하여 보상이 리스크를 넘어서는 수준까지는 나아갈 수 있다. 그것이 핵심이다.

손실은 기대 수익의 함수다

> ☙ 단기 투자는 앞으로 나올 움직임을 예측하는 일과 다름없다. 정확하게 예측하려면 확고한 예측의 토대를 갖춰야 한다.
>
> — 제시 리버모어

　생명보험회사는 인구 표본에 기반한 사망률 표에 따라 사업을 운영한다. 이 표는 특정 연령에 사망할 가능성이 높은 사람들의 비율을 보여준다. 생명보험회사는 이 표를 통해 앞으로 특정한 햇수 동안 생존할 가능성이 높은 특정 연령대 인구를 정확하게 예측할 수 있다. 물론 어떤 사람이 얼마나 오래 살지는 알 수 없다(다음 거래가 성공적일지 알 수 없는 것처럼). 그러나 충분한 정확성을 갖고 평균을 추정하여 보험료를 정확하게 책정할 수 있다. 그러면 어떤 해에든 보험금을 지급하고, 사업비를 충당하며, 양호한 이익을 확보할 수 있는 충분한 자금을 보유할 수 있다.

　생명보험회사가 사망률 표를 활용하는 것과 비슷한 방식으로 주식을 거래할 수 있다. 나는 오랫동안 그렇게 해왔다. **주가가 얼마나 오를지 통제할 수 없다. 그러나 각 거래에서 잃는 돈은 통제할 수 있다. 손실은 수익의 평균 사망률을 토대로 정해야 한다.** 이는 보험사가 보험료를 얼마나 부과할지를 통제할 수 있는 것과 비슷하다. 보험료가 사망률 표와 직접적으로 연계되는 것과 마찬가지로, 거래 손실은 수익의 사망률 표 및 평균 만기와 직접적으로 연계된다.

　꾸준히 돈을 벌려면 수학적으로 플러스 수익률을 기대할 수 있어야 한다. 즉, 우위가 필요하다. 이는 보상/리스크의 비율이 일대일(순비용)보다 커야 한다는 것을 뜻한다. 그러기 위해서는 당연히 평균 손실을 수익보다 낮게 줄여야 한다.

나는 30년 동안 수만 개 종목을 거래했다. 그동안 수익 종목을 정확하게 맞힌 경우는 50퍼센트 정도에 불과했다. 손익에 있어서는 맞힌 만큼 틀린 적도 많았다는 말이다. 그러나 손실이 난 횟수가 같거나 때로 더 많아도 평균적으로 수익액이 손실액보다 훨씬 컸다. 생각해보라. 나는 맞힌 만큼 틀렸는데도 큰돈을 벌었다. 그 이유는 아주 중요한 규칙을 따랐기 때문이다. 언제나 리스크를 평균 수익보다 낮은 수준으로 제한한다는 규칙 말이다.

언제 손절해야 할까?

앞서 말한 대로, 손절 지점은 투자자가 자의적으로 정하는 것이 아니다. 손절은 기대 수익의 함수다. 수익 수준과 그 빈도를 정확하게 예측할수록 어디서 손절해야 할지 정하기가 쉬워진다. 최대 손절선은 타율(수익 거래의 비율)과 거래당 평균 수익(기대 수익)에 좌우된다.

50퍼센트의 거래에서 수익을 내는 투자자가 있다고 가정하자. 이 경우 평균적으로 적어도 손실이 나는 만큼 수익을 내야 장기적으로 본전이 된다. 미래의 수치는 가정을 토대로 삼을 수밖에 없다. 그러나 핵심 수치는 실제 거래에서 나온 평균 수익이다. 이 수치를 계산하면 어디서 손절해야 할지 훨씬 분명하게 파악할 수 있다. 대략 평균 수익의 절반 수준에서 손절하면 된다.

워런 버핏은 "수익 확률에 수익액을 곱한 값에서 손실 확률에 손실액을 곱한 값을 빼라. 완벽하지는 않아도 그게 핵심이다"라고 말했다.

투자자의 대죄를 피하라

나는 평균 수익보다 많은 손실을 내는 것을 투자자의 대죄라 부른다. 손실 종목에서 잃는 것보다 더 많은 금액을 수익 종목에서 벌어야 한다는 사실을 기억하는가? 수익 종목에서 버는 돈이 손실 종목에서 잃는 돈보다 많지 않으면 장기적으로 어떻게 돈을 벌겠는가? 사실 대다수의 투자자는 평균 수익이 얼마인지도 모른다. 손절선 설정에 대한 나의 경험칙은 실제 거래 결과를 토대로 파악한 기대 수익의 절반을 넘어서면 안 된다는 것이다. 예를 들어, 수익 거래에서 평균 15퍼센트의 수익을 낸다면 주가가 매수가에서 7.5퍼센트 이상 하락하기 전에 매도해야 한다. 주당 30달러에 매수했다면 초기 손절선은 27.75달러에 설정하면 된다.

평균 수익이 얼마나 크든 간에 대다수 투자자의 경우 주가가 10퍼센트 이상 떨어지기 전에 매도할 것을 권한다. 매수 시점을 잘 잡지 못해서 매수가에서 10퍼센트 이상의 변동이 필요하다면 타이밍과 선정 요건이 잘못된 것이다. 평균 30퍼센트의 수익을 내고 수익 종목을 매도한다고 가정하면, 기대 수익의 절반이라고 해도 15퍼센트의 손실을 허용하라고 권하지 않는다. 나의 경험에 따르면, 10퍼센트 하락은 애초에 제대로 매수했다는 가정하에 거래에 문제가 있다는 신호다.

효과적으로 거래하는 법을 익히면 시간이 지남에 따라 평균 수익이 늘어날 것이다. 정기적으로 평균 수익을 확인하고 그에 따라 손절선을 조정하라. 그러나 반드시 손절해야 하는 선도 있다는 점을 명심하라. 바로 '항복 지점uncle point'이다. 어린 시절에 친구가 팔을 참을 수 없는 지경까지 비틀면 당신은 "항복"이라고 말했을 것이다. 다음에 평균 수익보다 큰 손실을 내면 '수익보다 손실이 큰데 어떻게 해야 돈을 벌 수 있지?' 하고 자문하라.

당신이 할 수 있는 최선의 일은 손실을 수익보다 작게 유지하는 것이다. 경험이 쌓이면 효율적인 투자자가 될 것이고, 평균적으로 더 많은 수익을 실현하고 더 많은 돈을 재투자하게 될 것이다. 개선된 거래 실력은 계좌를 불려줄 것이다. 그러기 위해서는 손실을 작게 유지하고 투자자의 대죄를 피해야 한다. 손실이 평균 수익보다 커지지 않게 하라.

실패 수용

나는 언제나 최고를 기대하고 최악에 대비한다는 철학에 따라 살았다. 높은 비율로 수익 거래를 하는 데 의존하는 시스템은 그다지 탐탁지 않았다. 최고를 기대하고 최선을 계획하기 때문이다. 나는 이런 시스템은 일이 잘못되어서 우위를 잃었을 때 너무 위험하다고 생각했다. 상황이 정상적으로 흘러가는 동안에는 최종적인 결과가 같을지 모르지만, 70~80퍼센트의 경우에 옳아야 한다. 힘든 시기를 맞아서 40~50퍼센트의 경우에만 옳으면 어떻게 될까? 또 정말로 힘든 시기에는 어떻게 될까? **높은 비율의 수익 거래에 의존하는 것은 조정이 불가능하다는 문제점을 지닌다. 수익 거래와 손실 거래의 횟수는 통제할 수 없다. 오직 손절선만 통제할 수 있다. 힘든 시기에 수익이 줄면 손절폭을 줄일 수 있다.**

나는 타율이 비교적 낮아도 심각한 문제에 직면하지 않도록 리스크/보상 비율을 안전하게 설정한다. 나는 이 개념을 '실패 수용'이라 부른다. 나의 목표는 절대 손절선을 10퍼센트로 정한 가운데 손익 비율을 최소한 2대 1로 유지하는 것이다. 나는 3대 1을 추구하며, 50퍼센트의 타율로 이 비율을 달성하면 아주 좋아한다. 이는 틀렸을 때 잃는 것보다 맞았을 때 버는 돈이 3배 많다는 뜻이다. 2대 1 비율에서는 3분의 1의 경우만 맞아도 심각한 지경에 처하지 않는다. 3대 1 비율에서는 40퍼센트 타율로도 큰돈을 벌 수 있다. 이렇게 낮은 타율로 수익을 낼 수 있다면 많은 실패를 시스템에 수용한 것이다.

미리 리스크를 확정하라

청산 전략은 진입하기 전에 가장 심각하게 고려해야 한다. 주식을 매수할 때 어느 가격에서 손절할지 이미 정해두어야 한다. 주가가 방어적인 매도선까지 떨어지면 동요하거나 자책할 시간이 없다. 결정을 내리지 말아야 한다. 결정은 이미 내려져 있어야 하며, 그저 계획을 따르면 된다. 각 종목을 매수하기 **전에** 매도가를 적어둬야 한다. 포스트잇에 적어서 컴퓨터 화면에 붙여라. 적어두지 않으면 잊어버리거나 주식을 계속 안고 가야 할 이유를 찾을 가능성이 높다. **미리 결정된 리스크 수준을 지키고 따르지 않는 것은 단기 투자자든 장기 투자자든 어떤 실수보다도 많은 손실을 안긴다.**

손절 원칙을 준수하라

손실을 걷잡을 수 없는 수준이 되도록 놔두는 것은 사실상 모든 투자자가 저지르는 가장 흔하고 치명적인 실수다. 손절 없이 거래하는 것은 브레이크 없이 운전하는 것과 같다. 사고는 시간문제일 뿐이다. 내가 보기에 손절할 의지가 없다면 투자를 해서는 안 된다. 대다수 투자자는 손실을 감수하지 못한다. 안타깝게도, 그 결과 그들은 포트폴리오에 장기적인 피해를 입힐 만큼 훨씬 큰 손실에 시달린다. 이는 아이러니다. 자존심 때문에 실수를 인정하기 싫어서 작은 손실을 거부하다가 결국 더 큰 손실을 입기 때문이다.

나의 거래 성과는 마침내 넘지 말아야 할 선을 긋기로 결정하고, 손실이 걷잡을 수 없는 수준이 되도록 방치하지 않겠다고 결심한 후에야 평범한 수준에서 뛰어난 수준으로 나아갔다. 당신도 같은 다짐을 하기를 권한다.

의사가 응급실로 들어오는 환자를 치료하는 방식으로 주가가 하락하는 주식을 처리해야 한다. 막 응급실로 호송된 사고 피해자가 피를 많이 흘렸다면 의사는 서둘러 출혈부터 막는다. 피를 많이 흘릴수록 회복 가능성이 낮아지기 때문이다. 주식도 출혈이 클수록 회복하기가 어려워진다. 출혈은 기하급수적으로 부담을 가하기 때문이다.

미리 정해진 손절 지점은 절대적인 최대치로 활용되어야 한다. 주가가 손절선까지 떨어지면 예외 없이, 주저 없이 즉각 매도하라. 어떤 것도 포지션에서 발을 빼지 못하도록 막아서는 안 된다. 안타깝게도 대다수 투자자는 손절선을 정하지 않는다. 손절 가격을 적는 사람은 더 적다. 또한 주가가 손절선까지 떨어졌는데도 매도하지 않는 사람도 많다. 그들은 대개 주가가 떨어지면 "다음에 상승하면 뺄 거야"라고 말한다. 그러면 두 가지 상황 중 하나가 일어난다. 주가가 상승해도 이 투자자들은 여전히 매도하지 않는다. 주가가 다시 좋아져서 느긋해졌기 때문이다. 또는 주가가 반등 없이 계속 하락하는 바람에 매도하기가 더 어려워진다.

주식으로 초고수익을 달성하고 싶다면 손실에서 회복되기를 기도하고 바라는 생각을 머릿속에서 지워야 한다. 시장은 당신이 무엇을 바라는지 신경 쓰지 않는다. 이런 생각을 하는 투자자는 불가피하게 '이번 한 번만' 손실 종목을 안고 가는 실수를 계속 반복하게 된다. 그래서 결국에는 시장에서 미미한 수익을 얻거나 손실을 낸다. 실제로 이런 투자자는 종종 모든 돈을 잃는다. 계획에 집중하고 규칙을 고수하라. 수익은 규율을 준수하고 긍정적인 보상/리스크 비율을 유지한 결과로 생긴다.

손절 슬리피지에 대한 대응

주식을 매수할 때 손절 가격을 적어두고, 해당 가격이 되면 즉각 실행에 옮겨야 한다. 이 결정적인 순간에는 거래를 최대한 빨리 실행해야 한다. 그러나 때때로 실행하기 전에 주가가 매도하려는 가격 밑으로 급락하기 마련이다. 이를 '슬리피지slippage'라 한다. 나의 조언은 그래도 즉시 발을 빼라는 것이다. 다음 매수 호가가 얼마든 팔아라. 이런 급락은 경고 신호를 내보내는 것이다.

내가 아는 어떤 자금 운용역은 대규모 포지션으로 이런 시나리오에 잘못 대처했다. 당시 뉴스에 주가가 급락하면서 그녀가 정해둔 매도 가격보다 많이 떨어졌다. 그 바람에 금세 15퍼센트의 손실이 나버렸다. 그녀는 내게 전화하여 의견을 물었다. 물론 나는 손절선을 지났다면 벌써 처분했을 거라고 말했다. 그녀는 포트폴리오 매니저에게 반등이 나올 때까지 기다렸다가 손실이 5퍼센트로 줄면 매도하라고 지시했다. 그러나 반등은 나오지 않았다. 오히려 주가는 더 떨어졌다. 결국 그녀는 60퍼센트의 손실을 내고서야 마침내 수건을 던졌다. 이런 일이 익숙한가?

물론 매도하자마자 하락하던 종목이 바로 반등한 적도 있었을 것이다. 그런데 그게 어떻다는 말인가? 손절은 대규모 피해, 더 나쁘게는 파멸로부터 보호하기 위한 것이다. 항상 맞힌다거나 높고 낮은 가격을 받는 것과 아무 관계가 없다. 주식시장에서의 성공은 희망이나 운과 무관하다. 성공하는 투자자는 규칙과 심사숙고한 계획을 갖추고 있다. 반대로 실패자들은 규칙이 없으며, 설령 있다 해도 오래 지키지 않고 엇나간다. **"최초의 손실이 최고의 손실"이라는 오랜 격언은 진실을 담고 있다.**

연속적인 매수 실패에 대처하는 법

연이은 매수 실패는 점검이 필요하다는 사실을 의미한다. 계속 손절당한다면 두 가지 문제가 있는 것이다.

1. 종목 선정 요건이 잘못되었다.
2. 전반적인 시장 환경이 적대적이다.

양호한 실적을 올린 후에 포트폴리오 전반에 걸쳐 손실이 나는 것은 강세장에서 조정이 임박했거나, 약세장이 다가오고 있다는 신호일 수 있다. 주도주는 전반적인 시장이 하락하기 전에 무너진다. 펀더멘털 및 타이밍과 관련하여 타당한 요건을 활용하고 있다면 종목 선정이 제대로 이뤄져야 한다. 그러나 시장이 조정 국면이나 약세장으로 접어들고 있다면 선정 요건이 양호해도 부실한 결과가 나올 수 있다. 이때는 매수가 아니라 매도하거나 심지어 공매도할 때다. 포트폴리오를 계속 주시하라. 비정상적 행동이 나오기 시작하면 조심하라. 제시 리버모어는 "나는 비정상적인 조정이 아닌 정상적인 조정을 두려워한 적이 없다"라고 말했다.

강세를 보이는 시장에서 손실을 겪고 있다면 타이밍이 틀린 것일 수 있다. 또는 종목 선정 요건에서 핵심 요소를 빠트렸을 수도 있다. 비정상적으로 연속적인 매수 실패를 내고 있다면 우선 위험 노출액을 줄여라. 손실을 빠르게 회복하려고 거래 규모를 키우지 마라. 이는 훨씬 큰 손실로 이어질 수 있다. 대신 포지션 규모를 줄여라. 보통 5,000주 단위로 매수한다면 2,000주씩 매수하라. 문제가 계속되면 1,000주 정도로 줄여라. 그래도 문제가 계속되면 다시 줄여라. 그러다가 거래 계획이 잘 통하면 반대로 규모를 키우면 된다.

이 전략을 따르면 상황이 안 좋을 때 돌이키지 못할 지경까지 거래하는 것을 막을 수 있다. 연속적인 손실을 방치하면 언젠가는 그런 지경에 이르고 만다. 사람들은 큰 손실을 내거나 반복적인 타격을 받으면 분노하는 경향이 있다. 그래서 거래 규모를 키워서 빨리 손실을 복구하려 든다. 이는 많은 투자자가 저지르는 실수로서 적절한 대처와는 완전히 상반된다. 그러지 마라. 더 크게 거래하는 것이 아니라 더 작게 거래하라. 같은 규모로 계속 거래하면 작은 실수도 수없이 베인 상처와 함께 죽음으로 이어질 수 있다. 대신 거래 규모를 줄이고 현금 비중을 늘려라.

재난을 보장하는 관행

재산이 사라지는 것을 보면서도 손절을 통해 스스로를 보호하지 않는 것도 좋지 않은데, 손실이 나는 투자에 더 많은 돈을 넣는 것은 더 나쁘다. 나쁜 포지션에 아까운 돈을 던지는 행위는 빈곤으로 가는 가장 빠른 길 중 하나다. 우리는 이를 '물타기'라 한다. 주식 중개인들은 종종 손실이 난 종목을 더 사라고 고객을 꼬드긴다. 그들의 목적은 주식을 더 많이 팔거나 애초에 자신이 한 부실한 추천을 합리화하는 데 있다. 그들은 물타기를 하면 매수 단가가 낮아진다고 말한다. 주가가 50달러일 때 사고 싶었다면 40달러일 때는 더 사고 싶어야 한다. 그렇지 않은가? 40달러에 포지션을 2배로 키우면 평균 매수 단가는 45달러가 된다. 와, 얼마나 좋은가! 이제 당신은 2배의 물량을 보유하게 되었다. 그렇게 리스크도 2배가 되었다. 손실액은 같다. 주가가 계속 하락했을 때 손실이 2배로 커지는 것을 제외하면 얻은 것은 하나도 없다. 30달러, 20달러, 10달러까지 떨어졌을 때 사는 건 어떨까? 말도 안 되는 짓이다! **주식 거래에서 돈을 잃는 것이 부끄러운 일은 아니다. 그러나 손실을 끌어안고 있으면서 계속 늘어나게 만들거나 물량을 늘리는 행위는 아마추어들이나 하는 자기 파괴적인 행동이다.**

고성장주를 정확한 지점에서 매수한 후에 주가가 하락한다고 해서 더 매력적으로 변하는 것은 아니다. 오히려 매력이 떨어진다. 많이 떨어질수록 덜 매력적이다. 주가가 긍정적으로 반응하지 않는다는 사실은 시장이 해당 종목을 무시한다는 적색경보다. 투자자들의 인식이 당신이 생각한 방향으로 가지 않는다. 어쩌면 전반적인 시장이 조정이나 약세장으로 향하고 있는지도 모른다.

기간 조정 때 매수하고 싶은 유혹은 누구나에게 찾아온다. 이전에 거래되던 가격에 비하면 헐값처럼 보이기 때문이다. 그러나 물타기는 패배자들이나 하는 짓이다. 주식 중개인이나 투자 상담사가 물타기를 권한다면 다른 사람으로 바꾸기를 추천한다. 이보다 나쁜 조언은 없다. **오직 패배자들만 패배주들에 물을 탄다는 사실을 명심하라**(폴 튜더 존스의 명언으로, 자신의 실패를 인정하지 못하는 패배자만이 하락주에 물을 탄다는 것을 강조한 문구다—감수자).

속도 조절법을 배워라

나는 대체로 약세장 또는 중기 조정 이후 100퍼센트 현금 포지션에서 빠져나올 때 바로 뛰어들지는 않는다. 나는 1년을 12회 동안 진행되는 경기로 여긴다. 즉 목표에 도달할 시간은 충분하다. 그래서 초반에는 천천히 움직이면서 중대한 실수를 피하고 시장의 테마를 찾는 데 초점을 맞춘다. 이는 운동선수가 워밍업을 하면서 경쟁 환경을 살피는 것과 비슷하다. 시장의 테마는 주가의 일반적인 변동 양상, 선도 산업군, 전반적인 시장 분위기, 경제적 및 정치적 영향의 형태를 띤다. 나는 리듬을 만들면서 그동안 속도를 조절하려 한다. 그리고 테마를 찾고 거래 리듬을 만든 후에는 스윙 궤적을 찾은 골퍼처럼 베팅 규모를 늘린다. 나는 계좌를 보호하는 한편, 적절한 기회를 참을성 있게 기다린다. 이윽고 최소한의 손실 가능성과 함께 기회가 나타나면 나는 타격할 준비를 마친 채로 움직인다. 인내가 핵심이다. **나의 목표는 수월하게 거래하는 것이다. 거래가 내게 스트레스를 안긴다면 요건이나 타이밍에 문제가 있거나 너무 규모가 큰 것인지도 모른다.** 수월하게 거래하려면 순풍이 불 때까지 참을성 있게 기다리는 법을 배워야 한다. 항해할 때 바람이 없는 날 바다에 나가서 종일 바람을 기다리며 그 자리에 떠 있고 싶지는 않을 것이다. 그보다 순풍이 부는 날을 기다렸다가 항해하는 게 낫지 않을까?

성공하면 규모를 키워라

～ 나는 주식 거래의 목표를 3단계로 설정한다. 최우선 목표는 자금을 보전하

는 것이다. 그래서 거래 여부를 판단할 때 잠재적 수익이 얼마나 될지부터 따지지 않는다. 그보다 잠재적 손실이 얼마나 될지 따진다. 두 번째 목표는 누적 손익과 리스크의 균형을 맞춰서 꾸준한 수익을 올리는 것이다. 큰돈을 버는 것보다 꾸준하게 버는 것이 훨씬 중요하다. 이 두 목표를 달성했다면 세 번째 목표는 탁월한 수익을 올리는 것이다. 이를 위해 나는 반드시 일정 기간 높은 수익을 올린 후에 베팅 규모를 키운다. 다시 말해서 최근 특히 좋은 수익을 냈다면 베팅 규모를 점차 키워본다. 물론 이는 상황이 적절하다는 것을 전제로 삼는다. 부를 쌓는 비결은 자금을 보존하면서 탁월한 수익을 내는 적절한 기회를 참을성 있게 기다리는 것이다.

- 빅터 스페란데오Victor Sperandeo

주식시장에서 큰돈을 벌기 위해 '모 아니면 도'식으로 결정을 내릴 필요는 없다. 주식 거래는 단번에 하는 것이 아니다. 현금에서 주식으로 넘어가는 과정은 점진적이어야 한다. 관심 종목에서 상승 종목이 늘어나고, 시장이 확연한 바닥에서 벗어나려 시도하면 진짜 돈으로 분위기를 살필 때가 온다. 이때 신중한 태도가 관건이다. 먼저 시험 매수로 평소보다 작은 포지션부터 잡아야 한다. 이 거래가 잘 풀리면 포트폴리오에 더 큰 포지션을 추가해야 한다. 이처럼 발가락부터 물에 넣어보는 접근법은 곤경을 피하고 성공을 발판으로 삼도록 해준다. **25~50퍼센트를 투자했을 때 수익이 나오지 않는데 75~100퍼센트를 투자하거나 마진을 쓸 이유가 있을까?** 확증이 나올 때까지 기다리면서 공격적인 자세를 취하기 전에 최소한 두어 번의 거래가 성공하는지 확인하라.

반대로 예상대로 주가가 상승하지 않으면 규모를 줄여라. 손실이 났는데 거래 규모를 키울 이유는 없다. **거래가 잘 풀릴 때 규모를 키우고, 잘 안 풀릴 때 규모를 줄여라. 그러면 최선의 거래는 최대 규모로, 최악의 거래는 최소 규모로 하게 된다. 그래야 재난으로부터 자신을 보호하고 큰돈을 벌 수 있다.**

나는 베팅을 공격적으로 늘리기 전에 포트폴리오를 살펴서 확증을 찾는다. 시장이 정말로 건강하다면 성공적인 거래가 이뤄졌어야 한다. 또한 1차로 상 승하는 주도주의 뒤를 이어서 다른 종목들도 상승할 준비를 해야 한다. 점 진적으로 결정하는 과정을 거쳐라. 성공하면 규모를 키우고, 잘못되면 규모 를 줄이며, 포트폴리오가 인도하는 방향으로 가라.

분할 매수 대 물타기

전문가와 아마추어의 핵심적인 차이는 전문가는 분할 매수를 하고 아마 추어는 물타기를 한다는 것이다. 무슨 뜻일까? 전문가와 아마추어가 어떤 거 래에 자금의 5퍼센트를 넣기로 결정했다고 가정하자. 전문가는 1차 매수에 2퍼센트, 2차 매수에 2퍼센트, 3차 매수에 1퍼센트를 넣는 식으로 분할 매 수를 한다. 또한 평균 매수 단가의 10퍼센트 아래에 손절선을 정한다. 그래 서 총자금의 0.5퍼센트를 리스크에 노출한다.

아마추어는 대개 단번에 포지션을 잡는다. 이후 주가가 하락하면 물타기 를 하기로 결정한다. 그래서 손실 포지션을 2배로 키운다. 그것도 여러 번에 걸쳐서 말이다. 그렇게 물타기를 3번 하면 5퍼센트짜리 포지션이 20퍼센트 짜리 포지션이 된다. 이때 주가가 계속 하락하면 매도하기가 더욱 어려워진 다. 추가 매수로 계속 그 종목에 매달렸기 때문이다. 나는 수익이 났을 때만 상승 시의 포지션을 키운다. 기간 조정 때 눌림목 매매pullback를 하더라도 언 제나 반등이 나오는 것을 보고 들어간다. **내가 전하고 싶은 교훈은 포지션 에서 수익을 보여주기 전에는 최초 매수 가격을 믿지 말라는 것이다.**

손절선을 본전까지 높여야 할 때

내가 따르는 기본적인 지침 중 하나는 손절폭의 몇 배로 주가가 오른 종목에서는 절대로 손실을 내지 않는다는 것이다. 보유 종목의 주가가 손절폭의 3배로 오르면 언제나 손절선을 최소한 손익분기점으로 올린다. 예를 들어, 50달러에 어떤 종목을 매수하고 손절폭을 5퍼센트(2.50달러/손절가는 47.50달러)로 설정했다고 하자. 주가가 57.50달러로 상승하면(상승폭이 손절폭의 3배), 손절선을 최소한 50달러로 올린다. 이후에도 주가가 계속 오르면 매도하여 수익을 확정할 기회를 엿보기 시작한다. 그렇지 않고 손익분기점에서 손절당해도 여전히 자금은 남는다. 얻는 것이 없지만 잃은 것도 없다. 수익이 나던 종목에서 본전만 찾으면 바보가 된 것 같은 기분이 들 수 있다. 그러나 양호한 수익을 손실로 바꾸면 훨씬 기분이 나쁠 것이다. 주가가 리스크의 2~3배로 오르면 손절선을 올려라. 특히 상승폭이 역사적 평균 수익을 넘어설 때는 더욱 그렇다. 그러면 손실을 방지하고 수익과 자신감을 지키는 데 도움이 된다.

모든 비율이 같은 것은 아니다

손절선을 정할 때 심한 가격 변동을 위한 여지를 남겨둬야 한다는 말을 들어보았을 것이다. 즉, 해당 종목의 변동성을 토대로 손절폭을 넓혀야 한다는 것이다. 나는 이 말에 반대한다. 대개 열악한 시장 환경에서 변동성이 높아진다. 어려운 시기에는 수익이 다른 때보다 줄어들 것이고, 수익을 내는 비율(타율)도 일반적인 경우보다 내려갈 것이다. 따라서 이를 보완하기

그림 13.1　타율별 10회 거래 시 총 누적수익률

수익	손실	G/L 손익비	@타율 30%	@타율 40%	@타율 50%
4.00%	2.00%	2:1	-2.35%	3.63%	10.00%
6.00%	3.00%	2:1	-3.77%	5.16%	14.92%
8.00%	4.00%	2:1	-5.34%	6.49%	19.80%
12.00%	6.00%	2:1	-8.89%	8.55%	29.34%
14.00%	7.00%	2:1	-10.86%	9.27%	33.95%
16.00%	8.00%	2:1	-12.93%	9.79%	38.43%
20.00%	10.00%	2:1	-17.35%	**10.20%**	46.93%
24.00%	12.00%	2:1	-22.08%	9.80%	54.71%
30.00%	15.00%	2:1	-29.57%	7.71%	64.75%
36.00%	18.00%	2:1	-37.23%	4.00%	72.49%
42.00%	21.00%	2:1	-45.01%	-1.16%	77.66%
48.00%	24.00%	2:1	-52.52%	-7.55%	**80.04%**
54.00%	27.00%	2:1	-59.65%	-14.88%	79.56%
60.00%	30.00%	2:1	-66.27%	-22.90%	76.23%
70.00%	35.00%	2:1	-75.92%	-37.01%	64.75%
80.00%	40.00%	2:1	-83.67%	-51.02%	46.93%
90.00%	45.00%	2:1	-89.56%	-63.93%	24.62%
100.00%	50.00%	2:1	-93.75%	-75.00%	0.00%

위해 손실폭을 더 좁혀야 한다. 거래하기 힘든 시기에는 타율이 50퍼센트 밑으로 떨어질 가능성이 높다고 봐도 무방하다. **타율이 50퍼센트 아래로 내려갈 경우 변동성 증가에 따라 기대 수익률이 높아지는 만큼 리스크도 높아진다. 이는 결국 마이너스 기대 수익률로 이어진다. 타율이 떨어질수록 기대 수익률이 더 빨리 마이너스가 된다.**

위의 표에서 보듯, 타율이 40퍼센트일 경우 최적의 손익비는 20퍼센트/10퍼센트다. 이 비율에 따라 10번의 거래에서 얻는 투자수익률ROI은 10.20퍼센트다. 기대 수익률이 왼쪽에서 오른쪽으로 갈수록 높아지며, 해당 비율에서 고점을 찍는다는 점에 주목하라. 그다음부터는 수익에 비례하여 손실이 늘어나면서 수익률이 실제로 하락한다. 이 사실을 이해하면 특정 타율에서 어떤 비율이 최고의 기대 수익률을 제공하는지 알 수 있다. 이는 최적의 비율을 찾는 일이 어떤 힘을 지니는지 보여준다. 이 비율보다 낮으

그림 13.2   40퍼센트 타율에서 10회 거래 시 총 누적수익률

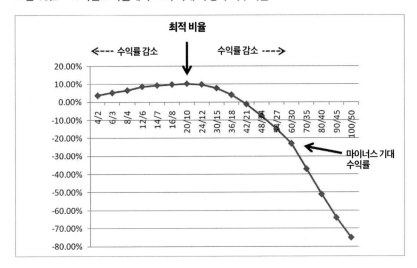

면 돈을 적게 번다. 반대로 이 비율보다 높아도 돈을 적게 번다.

수익이 20퍼센트에서 42퍼센트로 2배 이상 늘어나는 경우, 2대 1 손익비를 유지하여 손절선을 10퍼센트가 아닌 21퍼센트로 정하면 실제로는 돈을 잃는다. 같은 비율을 유지하는데 어떻게 돈을 잃을까? 손실이 지닌 위험한 속성 때문이다. 손실은 기하급수적으로 부담을 가한다. 50퍼센트 타율에서 100퍼센트 수익, 50퍼센트 손실을 내면 본전밖에 얻지 못한다. 오히려 4퍼센트에서 익절, 2퍼센트에서 손절하면 더 많은 돈을 번다. 물론 타율이 내려가면 사정이 훨씬 나빠진다. 타율이 30퍼센트인 경우 100퍼센트 수익, 50퍼센트 손실을 내면 단 10번의 거래에서 무려 93퍼센트의 손실을 입는다.

타율이 50퍼센트일 때는 48퍼센트/24퍼센트의 손익비에서 최적의 결과를 얻는다. 그렇다면 수익 거래의 비율이 겨우 40퍼센트로 줄어들면 어떻게 될까? 확인해보면 놀랄지 모르지만, 최적의 수치는 20퍼센트/10퍼센트

로 낮아진다.

거래를 잘못해서 타율이 50퍼센트 밑으로 떨어지면 더 넓은 하락폭을 허용해서는 안 된다. 이는 개인적 의견이 아니라 수학적 팩트다. 많은 투자자는 손실 포지션의 하락폭을 넓혔다가 더 큰 손실을 입는다. 결과가 나빠지기 시작하고, 많은 포지션에서 밀려난다. 손절한 종목에서 반등이 나오면 어떤 생각이 들까? '변동의 여지를 더 줬어야 했어. 그러면 아직 들고 있었을 거야'라고 생각한다. 이는 올바른 대처가 아니다.

어려운 시장 환경에서는 평소보다 수익은 줄어들고 손실은 늘어날 것이다. 또한 하락 갭은 더 흔하게 나올 것이며, 더 큰 슬리피지를 겪을 가능성이 높다. 이런 상황에 현명하게 대처하는 방법은 다음과 같다.

- 손절폭을 줄여라. 평소 손절폭이 7~8퍼센트라면 5~6퍼센트로 줄여라.
- 더 적은 수익에 만족하라. 평소에는 평균 15~20퍼센트의 수익을 취한다면 10~12퍼센트만 취하라.
- 레버리지를 쓴다면 즉시 마진 거래에서 발을 빼라.
- 전반적인 투자 금액뿐 아니라 포지션 크기 면에서도 리스크에 노출되는 정도를 줄여라.
- 타율과 리스크/보상 구도가 개선되면 한도를 점차 정상 수준으로 늘릴 수 있다.

분산한다고 보호받는 건 아니다

✎ 나는 언제나 어떤 산업 또는 기업에 열의가 생기면 거기에 집중 투자했다. 논평가들은 나의 방식이 위험하다고 말했지만, 나는 한 번도 위험하다고 생각한 적이 없다. 오히려 기회라고 생각했다.

- 케네스 히브너_{Kenneth Heebner}

분산은 여러 종목으로 자금을 나눠서 손실을 줄이는 데 활용된다. 이 전략은 평균적으로 수익을 기대할 수 있는 상황에 의존한다. 분산은 또한 단일 투자 상품을 거래할 때 어느 정도 심리적 혜택을 제공한다. 한 상품의 단기 변동이 다른 상품의 단기 변동을 상쇄함으로써 포트폴리오의 단기 변동성이 전반적으로 완화되기 때문이다. **하지만 분산을 과도하게 하고 보호 수단으로써 분산에 의존하면 절대로 초수익을 달성할 수 없다.** 약세장에서는 거의 모든 주식이 하락한다. 더불어 자금을 사방에 나눠 놓으면 세 가지 문제가 생긴다.

1. 각 기업을 면밀하게 관찰하면서 투자에 대해 알아야 할 모든 것을 알 수 없다.
2. 필요할 때 빠르게 포트폴리오의 위험 노출액을 줄일 수 없다.
3. 수익의 평균화 효과로 평균적인 성과만 거둔다.

포트폴리오 규모와 리스크 감수도에 따라 대개 4~6개 종목을 보유해야 한다. 대규모 포트폴리오라면 최대 10~12개 종목을 보유할 수 있다. 이 정도면 과도하지 않은 수준에서 충분히 분산된다. 20개가 넘는 포지션을 보유해서는 안 된다. 균등하게 분배한다면 각 포지션의 규모는 5퍼센트가 된다. 나는 주식투자를 하는 내내 "분산해야 한다"는 말을 들었다. CGM펀즈
CGM Funds의 켄 히브너는 20개 종목만 가지고 수십억 달러를 운용하면서도 시장수익률을 넘어선다. 그렇다면 개인 포트폴리오는 최대 10~20개 종목으로 충분하다. 2대 1 투자자라면 수학적으로 최적 포지션 규모는 25퍼센트(4개 종목으로 균등 분배)다. 이 경우 대박 종목은 포트폴리오에 실질적으로 기여할 수 있다. 4~6개 종목만 관리하면 15~20개 종목을 관리할 때보다 각 종목에 대해 잘 알기가 쉬워진다. 많은 포지션을 보유하면 시장이 등을 돌

릴 때 현금을 확보하고 빠르게 움직이기 어렵다. 분산화로 리스크를 완화하려고 어설프게 자금을 분산하지 마라. 대신 흥미로운 일들이 일어나고 있는 비교적 소수의 종목군, 최고의 종목에 집중하라. 보유 종목을 세심하게 지켜보면서 상황이 나빠지면 옮겨 갈 준비를 하라.

나는 지금까지 전체 자금을 단 네 종목에만 넣었던 때도 많았다. 가장 많은 수익을 올린 때이기도 하다. 리스크가 있는 것은 맞다. 그래도 탄탄한 방법론을 활용하면 리스크를 줄일 수 있다. 워런 버핏은 "리스크는 자신이 뭘하고 있는지 모르는 데서 나온다"라고 말했다. 엄격하게 선정 요건을 적용하고, 최고의 종목만 포트폴리오에 넣어라. 최정예 종목이 담긴 그룹에 넣을 가치 있는 주식을 많이 찾을 수는 없을 것이다. 결론은 분산화한다고 손실에서 보호받지는 못한다는 것이다.

눈밭을 맨발로 걸었던 이야기

부모나 조부모의로부터 자주 듣는 옛날이야기들이 있다. '라떼는 말이야' 식 스토리가 그것이다. 동생을 업고 눈 덮인 시골길을 맨발로 다녔다, 10킬로미터나 떨어진 학교를 다니곤 했다는 그런 이야기 말이다. 나도 주식투자와 얽힌 과거 경험을 말하려고 한다.

1980년대에는 변변한 호가도, 차트도, 리서치 도구도 없었다. 인터넷도(적어도 내가 접속할 수 있는 것은 없었다), 온라인 매매도, 투자자가 시장 상황을 파악할 수 있는 체결창도 없었다. 내가 가진 거라고는 종가가 실린 신문과 차트를 손수 그려 넣을 수 있는 그래프용지뿐이었다.

수수료도 엄청나게 높았다. 지금처럼 거래당 5~10달러가 아니라 100달러 이상이었다. 수수료 할인이 들어갔음에도 60달러 정도였다. 그러나 당시에는 아주 싸게 느껴졌다.

그때만 해도 나 같은 개미 투자자가 특정한 순간에 시장 현황을 파악하는 것은 거의 불가능했다. 그래서 나는 수완을 발휘했고, 약간은 대담하게 행동했다. 나는 수수료가 합리적인 수준까지 인하되었을 때 동네 디스카운트 증권사 지점에 계좌를 만들었다. 이 지점은 아주 유용한 서비스를 제공했는데, 로비에 호가 확인용 기계를 설치한 것이다. 다만 호가가 실시간으로 계속 지나가는 것이 아니라서 정지된 상태로 한 번에 한 종목씩 확인해야 했다. 이 기계는 오로지 지점을 방문하는 고객을 위해 제공되었다. 하지만 그곳에 의자는 없었다. 즉 한 번만 보고 지나가라는 것이었다. 그러나 나는 쉽게 물러서지 않았고, 장이 열리는 날이면 비가 오나 눈이 오나 지점 밖에 서서 신문을 읽었다. 그리고 10분마다 지점에 들어가 호가를 확인했다. 가끔은 길 건너편에서 핫도그를 먹거나 탄산음료를 마시며 휴식을 취하기도 했는데, 이때를 제외하고는 6시간 30분 내내 자리를 지켰다. 안 그러면 시장 사항이 어떤지 어떻게 알겠는가?

결국 나는 시장 데이터를 얻기 위해 컴퓨터를 샀다. 인터넷 거래가 이뤄지지 않던 시절이었고, 당연히 지금처럼 마우스만 클릭하면 2초 만에 매매가 체결되지도 않았다. 주식으로 돈을 벌기 위해서는 전화를 걸어야 했고, 높은 수수료를 지불해야 했다. 그래서 주식 거래가 너무 어렵다거나 시장이 너무 복잡하다거나 전문가가 모든 부분에서 우위에 선다는 말을 들으면 웃음이 나온다. 지금은 훨씬 공정하게 게임을 치를 수 있다. 가볍게 투자하는 사람들도 옛날에는 상상할 수도 없었던 도구—온라인 거래부터 공짜 차트까지—들을 활용할 수 있다. 완전 무장한 F-16 전투기를 손가락으로 조종할 수 있는 것이다.

주식판이 당신에게 불리하다거나 개미 투자자는 이길 수 없다거나 전문가만 시장에서 돈을 번다고 말하지 마라! 핑계에 불과하다. 나는 15살에 학교를 중퇴해서 돈도 없고, 배운 것도 없었다. 하지만 지금 그런 나도 주식시장에서 큰돈을 벌고 있다. 내 사례에 비추어 당신은 얼마나 잘할 수 있을지 생각해보라! 당신이 나보다 나은 성과를 거두지 못할 이유가 없다.

현명한 사람은 실수로부터 배운다고 한다. 나는 여기서 한발 더 나아가 정말로 현명한 사람은 다른 사람의 실수로부터 배운다고 생각한다. 나는 우리 시대의 뛰어난 투자자와 혁신적인 사상가를 자세히 살피면서 그들의 철학을 따르려고 했다. 나도 많은 실수를 저질렀지만 거기서부터 뼈저린 교훈을 얻었다.

지금까지 나의 경험에 기반한 탄탄한 투자법을 소개했다. 이제 투자법을 실행하고 규율을 지키는 일은 당신의 몫이다. 따른다면 분명 가치 있을 것이다.

성공을 빈다!

감사의 글

다음에 소개하는 분들에게 특별히 감사드린다.

소중한 지침을 제공하고 조건 없는 인내를 베풀어준 패트리샤 크리사풀리Patricia Crisafulli· 편집에 관한 조언과 우정을 베풀어주고 오랜 기간 나의 능력을 확고하게 믿어준 로렌 플레켄스타인Loren Fleckenstein· 헌신과 의리 그리고 가장 중요한 우정을 베풀어준 밥 와이즈먼Bob Weissman· 완벽한 프로 정신과 성실함을 갖춘 메리 글렌Mary Glenn과 맥그로 힐McGraw-Hill의 편집팀. 이 책을 내가 생각하던 방향으로 쓸 수 있게 해줘서 고마워요. 나의 출판 에이전트인 제프리 크레임스Jeffery Krames. (가끔 서로에게 고함을 치기는 하지만) 제프리는 뛰어난 에이전트다. 투자 경력 초기에 큰 영감을 주었을 뿐 아니라 바쁜 일정에도 소개글을 써준 데이비드 라이언. 편집에 관해 제안해주고 우정과 지지를 베풀어준 린다 루디Linda Ludy· '아슬아슬하게' 기한을 맞춰주고 뛰어난 편집 디자인을 해준 패트리샤 월렌버그Patricia Wallenberg· 고마워요. 어릴 때《생각하라 그리고 부자가 되어라》와《긍정적 사고의 힘》같은 훌륭한 고전뿐 아니라 비즈니스와 인생에서 나의 성장에 필수적이었던 다른 많은 책을 소개해준 데니스 매기Dennis Maggi· 그리고 오랫동안 나의 노력을 지지해준 모든 친구와 가족들.

모두 고마워요.

초수익 성장주 투자

초판 1쇄 발행 2023년 3월 24일
11쇄 발행 2024년 7월 31일

지은이 마크 미너비니
옮긴이 김태훈
감　수 김대현

펴낸곳 ㈜이레미디어
전화 031-908-8516(편집부), 031-919-8511(주문 및 관리)
팩스 0303-0515-8907
주소 경기도 파주시 문예로 21, 2층
홈페이지 www.iremedia.co.kr　**이메일** mango@mangou.co.kr
등록 제396-2004-35호

편집 이병철, 주혜란　**디자인** 황인옥　**마케팅** 김하경
재무총괄 이종미　**경영지원** 김지선

ISBN　979-11-91328-79-0 (03320)

* 가격은 뒤표지에 있습니다.
* 잘못된 책은 구입하신 서점에서 교환해드립니다.
* 이 책은 투자 참고용이며, 투자 손실에 대해서는 법적 책임을 지지 않습니다.

당신의 소중한 원고를 기다립니다.
mango@mangou.co.kr